工业和信息化部"十四五"规划教材
国家"双高计划"建设院校
人工智能技术应用专业群课程改革系列教材

> 本书是"智能工厂"系列教材之一,是国家"双高计划"建设院校人工智能技术应用专业群课程改革成果。

工业 MES 实施与应用

主　编　朱　轩　王继水
副主编　王云良　毛　杰
参　编　庄岳辉　葛满意

北京理工大学出版社
BEIJING INSTITUTE OF TECHNOLOGY PRESS

版权专有 侵权必究

图书在版编目（CIP）数据

工业 MES 实施与应用 / 朱轩，王继水主编. -- 北京：北京理工大学出版社，2021.9（2022.1 重印）
ISBN 978-7-5763-0455-8

Ⅰ. ①工… Ⅱ. ①朱… ②王… Ⅲ. ①制造工业-工业企业管理-计算机管理系统-高等职业教育-教材 Ⅳ. ①F407.406.14

中国版本图书馆 CIP 数据核字（2021）第 200142 号

出版发行 / 北京理工大学出版社有限责任公司
社　　址 / 北京市海淀区中关村南大街 5 号
邮　　编 / 100081
电　　话 /（010）68914775（总编室）
　　　　　（010）82562903（教材售后服务热线）
　　　　　（010）68944723（其他图书服务热线）
网　　址 / http：//www.bitpress.com.cn
经　　销 / 全国各地新华书店
印　　刷 / 三河市天利华印刷装订有限公司
开　　本 / 787 毫米 × 1092 毫米　1/16
印　　张 / 18.5　　　　　　　　　　　　　　　　责任编辑 / 江　立
字　　数 / 415 千字　　　　　　　　　　　　　　　文案编辑 / 江　立
版　　次 / 2021 年 9 月第 1 版　2022 年 1 月第 2 次印刷　责任校对 / 周瑞红
定　　价 / 55.00 元　　　　　　　　　　　　　　　责任印制 / 施胜娟

图书出现印装质量问题，请拨打售后服务热线，本社负责调换

前言

《中国制造2025》自2015年5月8日正式颁布以来，引起各界学者和专家的关注，这是我国继德国提出"工业4.0"后提出的中国版"工业4.0"，它以"创新驱动、质量为先、绿色发展、结构优化、人才为本"为基本方针，以"工业化和信息化深度融合、智能制造为主线"，这是我国实施制造强国30年战略中的第一个10年行动纲领。在此背景下，我国制造业掀起了转型升级的改革浪潮。

"致天下之治者在人才"，实现中国制造2025的目标关键在人才，而基础在教育。本书就是为贯彻落实《中国制造2025》方针，针对智能制造和工业互联网领域对技能型人才的迫切需求，结合职业院校的课程建设和人才培养工作，面向培养智能制造应用型人才的核心能力主线，通过校企"双元"合作开发形式编写的。本书将软件技术、自动化技术和制造运行管理知识相结合，遵循现行的系列国际标准——企业控制系统集成（ISO/IEC 62264）的基本框架，按照生产管理、库存管理、质量管理和设备管理四大制造运行管理范畴的活动顺序展开介绍，内容实用，操作性强。

本书以制造工业互联网背景下的制造执行系统（MES）应用、维护和技术支持等职业岗位实际需求选取知识点，采用项目引领、任务驱动的编排形式规划全书内容，并用实际的操作展示学习过程，让学生掌握项目中的技能点。全书贯彻"任务描述→相关知识→任务实施→任务评价"4阶段教学模式，在结构安排和内容选择上更加符合读者的认知习惯。

全书以校企合作项目"缸体智能加工车间MES系统"为载体，系统地介绍了MES在生产资源管理、产品定义管理、计划制订、计划排程、质量检验、数据采集、过程跟踪以及数据分析等主要生产活动中的应用。全书共分为六个项目，具体介绍如下：

（1）项目1介绍了MES系统总体设计过程，分析了MES的需求功能和软硬件系统体系架构，并阐述了MES系统设计的具体流程，同时还介绍了中国智能制造、中国制造2025、工业互联网等相关国家发展政策和新兴热门技术。

（2）项目2介绍了MES中数据管理的维护流程，分析了MES中用户信息、系统配置等数据定义活动，同时还介绍了生产资源模型、产品定义模型等数据模型定义标准。

（3）项目3介绍了MES中生产管理的维护流程，分析了MES中订单信息、生产计划、生产排程和生产控制等生产管理活动，同时还介绍了高级计划排程、精益生产和敏捷制造等现代生产管理技术。

(4) 项目4介绍了MES中物料管理的维护流程，分析了MES中库位定义、物料采购入库、物料出库打包、线边库收发料、工位物料跟踪接收和成品入库等物料调度管理活动，同时还介绍了物料需求计划、制造资源计划和企业资源计划等对物料管理思想产生推进作用的相关理论内容。

(5) 项目5介绍了MES中质量管理的维护流程，分析了MES中质检数据采集、质检计划制订、质检活动执行、质检结果分析和质量投诉管理等质量管理活动，同时还介绍了全面质量管理和统计过程控制等指导质量管理的理论和方法。

(6) 项目6介绍了MES中设备管理的维护流程，分析了MES中设备资源信息管理、故障维修响应记录、保养计划制订执行及设备状态监控分析等设备管理活动，同时还介绍了设备可利用率、设备综合效率等设备运行统计方法、设备维修智能化和全员生产维护等现代化设备管理理念和技术。

本书的编写和整理工作由常州机电职业技术学院、嘉兴职业技术学院和江苏大备智能科技有限公司联合完成，主要编写人员有朱轩、王继水、王云良和毛杰，另外还得到庄岳辉、葛满意等人的支持，全体人员在该书编写过程中付出了很多辛勤的汗水，在此一并表示衷心的感谢！

尽管我们尽了最大的努力，但是由于水平有限，书中难免存在错误和不妥之处，欢迎各界专家和读者朋友们给予宝贵意见，我们将不胜感激。联系邮箱：ZX1853@czimt.edu.cn。

编 者

目 录

项目 1　MES 系统总体设计 ··· 1
1.1　任务 1：系统需求分析 ··· 2
1.1.1　任务描述 ··· 2
1.1.2　相关知识 ··· 2
1.1.3　任务实施 ··· 27
1.1.4　任务评价 ··· 31
1.2　任务 2：体系结构设计 ··· 31
1.2.1　任务描述 ··· 31
1.2.2　相关知识 ··· 32
1.2.3　任务实施 ··· 39
1.2.4　任务评价 ··· 47
1.3　项目总结 ·· 48
1.4　知识拓展 ·· 49
1.5　课后练习 ·· 55

项目 2　MES 基础数据管理 ·· 57
2.1　任务 1：生产资源管理 ··· 58
2.1.1　任务描述 ··· 58
2.1.2　相关知识 ··· 59
2.1.3　任务实施 ··· 65
2.1.4　任务评价 ··· 76
2.2　任务 2：产品定义管理 ··· 77
2.2.1　任务描述 ··· 77
2.2.2　相关知识 ··· 77
2.2.3　任务实施 ··· 79
2.2.4　任务评价 ··· 84
2.3　项目总结 ·· 85

  2.4 知识拓展 ········· 86
  2.5 课后练习 ········· 92

项目 3 MES 生产过程管理 ········· 94

 3.1 任务 1：计划排程管理 ········· 96
  3.1.1 任务描述 ········· 96
  3.1.2 相关知识 ········· 96
  3.1.3 任务实施 ········· 102
  3.1.4 任务评价 ········· 110
 3.2 任务 2：生产调度管理 ········· 111
  3.2.1 任务描述 ········· 111
  3.2.2 相关知识 ········· 112
  3.2.3 任务实施 ········· 121
  3.2.4 任务评价 ········· 133
 3.3 任务 3：跟踪控制管理 ········· 134
  3.3.1 任务描述 ········· 134
  3.3.2 相关知识 ········· 134
  3.3.3 任务实施 ········· 135
  3.3.4 任务评价 ········· 138
 3.4 任务 4：绩效分析管理 ········· 138
  3.4.1 任务描述 ········· 138
  3.4.2 相关知识 ········· 139
  3.4.3 任务实施 ········· 141
  3.4.4 任务评价 ········· 144
 3.5 项目总结 ········· 145
 3.6 知识拓展 ········· 146
 3.7 课后练习 ········· 149

项目 4 MES 物料调度管理 ········· 152

 4.1 任务 1：物料库存管理 ········· 153
  4.1.1 任务描述 ········· 153
  4.1.2 相关知识 ········· 153
  4.1.3 任务实施 ········· 156
  4.1.4 任务评价 ········· 164
 4.2 任务 2：物料分派跟踪 ········· 164
  4.2.1 任务描述 ········· 164
  4.2.2 相关知识 ········· 165
  4.2.3 任务实施 ········· 169
  4.2.4 任务评价 ········· 176
 4.3 项目总结 ········· 177

4.4	知识拓展	177
4.5	课后练习	184

项目 5　MES 质量监控管理　　186

- 5.1 任务 1：质量数据管理　187
  - 5.1.1 任务描述　187
  - 5.1.2 相关知识　187
  - 5.1.3 任务实施　188
  - 5.1.4 任务评价　190
- 5.2 任务 2：质检计划管理　191
  - 5.2.1 任务描述　191
  - 5.2.2 相关知识　191
  - 5.2.3 任务实施　194
  - 5.2.4 任务评价　197
- 5.3 任务 3：质检活动执行　197
  - 5.3.1 任务描述　197
  - 5.3.2 相关知识　197
  - 5.3.3 任务实施　200
  - 5.3.4 任务评价　220
- 5.4 任务 4：巡检和结果评估　222
  - 5.4.1 任务描述　222
  - 5.4.2 相关知识　222
  - 5.4.3 任务实施　231
  - 5.4.4 任务评价　238
- 5.5 任务 5：质量投诉管理　238
  - 5.5.1 任务描述　238
  - 5.5.2 相关知识　239
  - 5.5.3 任务实施　240
  - 5.5.4 任务评价　243
- 5.6 项目总结　243
- 5.7 知识拓展　244
- 5.8 课后练习　251

项目 6　MES 设备检验管理　　254

- 6.1 任务 1：设备信息管理　255
  - 6.1.1 任务描述　255
  - 6.1.2 相关知识　255
  - 6.1.3 任务实施　259
  - 6.1.4 任务评价　261
- 6.2 任务 2：设备维护管理　262

6.2.1	任务描述	262
6.2.2	相关知识	262
6.2.3	任务实施	269
6.2.4	任务评价	277
6.3	项目总结	278
6.4	知识拓展	279
6.5	课后练习	286

参考文献 ··· 288

项目 1

MES 系统总体设计

【知识目标】

(1) 了解制造企业车间的管理活动。
(2) 理解数字化车间的特征和构成。
(3) 掌握 MES 的定义和特点。
(4) 熟悉 MES 的设计原则和体系结构。
(5) 熟悉 MES 软硬件的基本框架结构。

【能力目标】

(1) 能够对 MES 进行需求分析和功能规划。
(2) 能够对 MES 的体系结构进行规划设计。
(3) 能够对 MES 的软硬件环境框架进行构建。

【素质目标】

(1) 培养学生信息收集、筛选、整理的能力。
(2) 培养学生的判断分析能力和敏锐的观察力。
(3) 培养学生系统思考和独立思考的能力。
(4) 培养学生对行业领域、政策制度的敏锐性。
(5) 培养学生树立文化自信、民族自豪感和爱国主义情怀。

【项目背景】

制造业是中国国民经济的基础产业，是实现社会主义现代化建设的原动力，是国家实力的支柱。近年来，制造业面临转型的压力进一步加剧，特别在全球新冠疫情的持续冲击下，国内制造业亟待加速数字化转型，推进智能制造，以提升企业的核心竞争力，李克强总理指出"中国制造2025"的核心就是实现制造业智能升级。而企业要想提高运行效率，实现智能制造，就必须重视企业上层信息化系统与底层设备自动控制系统的衔接，MES 是实现两者间衔接的桥梁，重视 MES 及其相关技术的应用，是推进智能制造建设的基础且关键工作之一。

MES 是一套面向制造企业数字化车间执行层的生产信息化管理系统，因此，要学习

MES，就首先必须了解其主要的应用场所——数字化车间。在本项目的前半部分介绍中，通过文字、图片及实物等形象化展示一个示例的数字化车间，使学生了解数字化车间的空间分布、生产设备和信息系统等设备设施，以及数字化车间的组织结构、人员组成及运行管理过程。

MES 开发实施需要遵循统一标准，现行国际标准《企业控制系统集成》（ISO/IEC 62264）对制造运行管理（Manufacturing Operations Management，MOM）进行了完整、系统的描述，MES 作为针对解决 MOM 某一类问题设计开发的软件产品实例，可以看作 MOM 的一个子集。因此，该标准被越来越多的 MES 开发实施企业共同遵守。本项目中后半部分对照 ISO/IEC 62264 标准中关于 MES 的描述，通过文字、图片、视频等形式展示一个 MES 软件在示教数字化车间的部署情况，使学生了解 MES 系统的设计、组成、作用和使用流程。

1.1 任务1：系统需求分析

1.1.1 任务描述

通过学习相关知识，了解制造生产的两种组织形式，深刻体会数字化车间升级转型对实现智能制造的重大意义，理解数字化车间的构成和特征，明确 MES 在数字化车间中的应用价值，掌握 MES 的需求分析要点，以缸体智能加工车间 MES（CYL–MES）为例，准确、完整地描述企业对 MES 系统的用户需求，为 MES 系统的实施做好需求分析。

通过本任务的学习，学生应能够表述关于数字化车间和 MES 系统的如下知识：
(1) 车间的生产人员结构及主要生产管理活动。
(2) 数字化车间的主要构成。
(3) MES 的定义与特征。
(4) MES 在数字化车间生产中的应用。
(5) MES 的需求分析内容。

1.1.2 相关知识

一、制造企业车间管理活动

1. 流程制造与离散制造

车间生产
运行管理系统

产品制造分成两种形式：流程制造和离散制造。流程制造是指物料均匀、连续地按照一定工艺顺序运动，采用按库存，批量、连续的生产方式。例如，可口可乐的生产就属于流程制造，通过按照固定配方，将糖、碳酸水和食用香料等原料注入生产线，经过各种设备依照固定的流程进行加工，再经过包装得到最终产品。离散制造是装配式的生产，即在合格生产条件下，经过加工、装配、检验及包装等环节，将物料变成产品的过程，如图 1–1 所示。例如，电视机的生产属于离散制造，其过程是先加工生产主板、电源板、液晶板、喇叭等零件，再将零件装配到一起，最后组装成电视机。

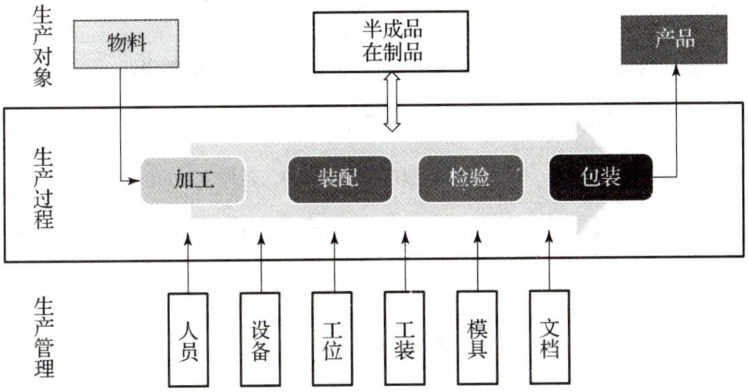

图 1-1 离散制造原理

流程制造由于生产批量大，物料需求均匀，生产计划等管理相对简单，主要依赖的是设备和工艺，对设备运行状态监测和控制显得极为重要，需要通过设备和工艺参数确保设备完好率、生产过程的可用性及产品质量的稳定性。这些特点使流程制造生产过程在同等工艺的条件下，设备运行越稳定，利用效率越高，则产量越大，质量越好，成本越低，企业的生产运行效果就越好。与此相反，在同等设备条件下，离散制造更侧重对生产过程的管控，包括生产计划制订、动态调度、生产过程的协同及库房精益化管理等，"管理出效益"对于离散制造立竿见影。从这个意义上讲，MES 对于离散型生产企业的作用更加明显。

2. 离散制造实例

图 1-2 所示为一个汽车发动机缸体的生产工艺路线，本书中的 MES 系统将以发动机缸体生产路线为例，介绍 MES 的相关知识。

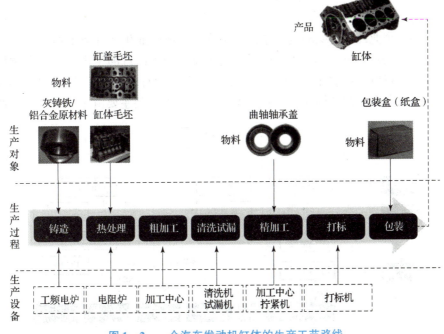

图 1-2 一个汽车发动机缸体的生产工艺路线

发动机缸体生产中用到的物料清单和设备清单分别见表1-1和表1-2。

表1-1 缸体物料清单

物料编号	物料名称	物料说明
M1001	原材料	灰铸铁/铝合金
M1002	缸体毛坯	缸体毛坯（硬度≥80，延伸率≥1.0%）
M1003	缸盖毛坯	缸盖毛坯（平面度=0.04，垂直度=0.05，位置度=0.01等）
M1004	曲轴轴承盖	曲轴轴承盖（表面粗糙度=0.8 μm，装入座孔要同轴等）
M1005	包装盒	产品包装盒

表1-2 缸体生产线设备清单

设备编号	设备名称	设备说明
E1001	工频电炉	用于调节金属熔化和升温，加热均匀
E1002	电阻炉	用于对缸体毛坯及缸盖毛坯进行一体化热加工处理
E1003	加工中心	包括立式和卧式加工中心，用于对缸体进行粗加工或精加工
E1004	试漏机	用于检测缸体的泄漏状态
E1005	清洗机	用于对缸体进行清洗
E1006	拧紧机	用于缸体部分的曲轴安装
E1007	打标机	用于在成品的特定位置打标记

3. 制造企业车间的组织结构

车间是制造企业内部组织的基本单位，是为了完成企业生产任务的组织机构。车间由若干工段或生产班组构成。生产车间的任务是根据计划部制订的生产计划，在质量部的质量保证监督下，将研发部设计开发的产品，按照工程部设计的生产工艺，完成产品的生产。一个生产车间的典型组织结构如图1-3所示。一个生产车间主要由车间主任、生管员、物

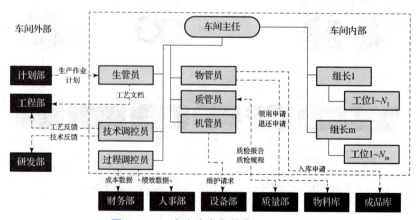

图1-3 一个生产车间的典型组织结构

管员、质管员、机管员、技术调控员、过程调控员、作业组长和作业工位等组成。其中，除了作业岗位外，其他岗位都需要与车间以外的部门进行业务沟通。

生产车间内各个岗位的主要职责如表 1-3 所示。

表 1-3 生产车间内各个岗位的主要职责

编号	岗位名称	业务联系部门	职责
1	车间主任	所有外部部门	车间生产的全过程管理
2	生管员	计划部、物料部、工程部、质量部和设备部	根据作业计划，定义、调整、检查和关闭产品生产过程，保证生产资源和作业计划的动态、有效匹配
3	物管员	物料库、成品库和质量部	根据物料需求计划和车间生产要求，领取、分发、跟踪和管理物料和工装，负责在制品跟踪管理和产品入库
4	质管员	质量部、研发部和工程部	根据质检计划，对物料、产品和设备进行检查，控制质量保证过程，确保生产对象、条件和过程符合质量要求
5	机管员	设备部、后勤部	根据设备维护计划和车间生产要求，管理、调配和维护设备，检测设备状态、保证生产正常进行
6	技术调控员	研发部、工程部、质量部和技术保障中心	根据产品技术文档和工艺清单，检查、协调、控制和报告生产中的技术执行过程，保证产品生产的技术规范性
7	过程调控员	质量部、财务部、人事部和技术保障中心	根据生管员拟定的计划和规程，跟踪、检查、协调、控制和报告生产过程，保证生产过程按照计划和规程进行
8	作业组长	工程部、技术部	负责作业组的全面管理及与车间其他岗位的协调，确保生产任务按时、按量、按质完成
9	作业工		根据生产指令执行生产作业并反馈执行结果

4. 制造企业车间的管理流程

车间管理是指对车间所从事的各项生产活动进行计划、组织、指挥、协调和控制的一系列管理工作。制造企业生产车间的主要管理流程如图 1-4 所示。车间的生产管理活动从接收生产订单开始，直到产品入库结束，中间经历生产排程排产、物料需求计划制订、作业分派、生产线准备、物料接收、生产线执行以及成品入库等过程，需要从工程部获取工艺资料，接受质量部的物料产品检验及质量标准检查，与设备部配合完成设备管理和维护工作，与研发部共同解决生产技术等问题。归纳起来，制造企业生产车间管理活动主要包含四个范畴：生产管理、物料管理、质量管理和设备管理。

制造企业生产车间管理流程中相关活动的具体描述如表 1-4 所示。

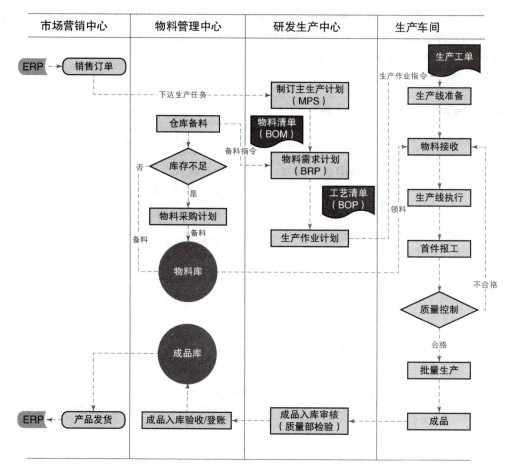

图1-4 制造企业生产车间的主要管理流程

表1-4 制造企业生产车间管理流程描述

编号	步骤名称	说明	承担部门	相关文档
1	销售订单	根据ERP系统中的市场订单需求,向生产中心下达产品生产任务	市场营销中心	产品生产任务表
2	制订主生产计划	根据生产任务,制订生产计划,规定生产周期、生产数量、产品型号和规格编制等任务	研发中心计划部	主生产计划
3	物料需求计划	根据产品工艺中的物料清单,计算满足生产条件所需物料种类、数量等,制订计划并通知仓库备料	研发中心经济部PMC物管员	物料需求计划物料清单
4	仓库备料	根据物料清单进行备料,对于材料不足的物料撰写物料采购计划,准备购买物料	物料管理中心物料库	备料申请物料采购申请

续表

编号	步骤名称	说明	承担部门	相关文档
5	物料采购计划	根据物料需求计划，评估物料库存，采购物料清单中库存不足的物料	物料管理中心 物料库	物料采购计划
6	生产作业计划	根据生产计划和生产工艺指定生产作业计划，规定各个车间、工段、班组及个人的具体生产任务	研发中心 计划部 物料库	生产作业计划 工艺说明 生产制造单
7	生产线准备	将生产所需的设备、材料按生产计划进行日程安排，确保生产过程的顺利执行	研发中心 生产车间	生产制造单 工艺说明书 验收标准表
8	物料接收	生产车间根据生产制造单领料，并核实物料是否符合要求，做好生产准备	研发中心 生产车间	生产制造单
9	生产线执行	按照生产管理制度、工艺说明、操作规程等进行生产，跟踪生产数据，统计物料消耗	研发中心 生产车间	生产管理制度 操作规章制度 工艺说明 生产报表统计
10	首件报工	按照生产工艺完成的第一批成品的生产，并报送抽样成品至品控员进行质量检验	研发中心 生产车间 质量部	首检记录表 首检检验报告
11	质量控制	对产品首件的生产质量进行质量检测，检查按照生产工艺工序制作产品是否有瑕疵，如果有则反馈生产工艺技术问题，如果没有则准备批量生产	研发中心 质量部	质量控制报告
12	批量生产	根据生产工艺，在生产周期内生产满足数量需求的统一规格的产品	研发中心 生产车间	生产管理制度 操作规章制度 工艺说明 生产报表统计
13	成品	生产出满足产品生产工艺需求的完成品	生产车间	
14	成品质量检验	生产完成后由质管员对半成品、成品质量进行监督管控并验收，出具验收合格书并申请入库	研发中心 质量部	检验报告 入库申请单
15	产品入库验收/登账	仓储员核对产品的单号、款号及质量合格证明资料，登记产品入库信息	物料管理中心 成品库	质量检验报告 入库登记单
16	产品发货	办理出库，按照要求进行发货	市场营销中心	出库单 发货单

二、制造企业数字化车间升级

1. 传统车间数字化转型升级的原因

在传统生产车间中,主要生产要素是"人、机、料",即由人以手工方式或控制机器将物料变成产品。在相同的条件下,人的知识、技能和经验起主导作用,生产效率主要取决于车间管理者的能力和执行者的效率,对于离散型制造业更是如此。具体而言,传统车间存在以下几个明显的问题:

从传统车间到数字化车间

(1)生产不可见。即使车间已部署了 ERP 系统,生产车间也有"盲区"。由于无法获取实时生产数据,管理层、采购部门、销售部门等均无法知道物料是否缺少、设备是否运转正常、产品生产到哪一步、人员是否空闲、质量是否合格等信息。

(2)信息记录与交换手段落后。依然使用纸质工单、工艺资料和领料单等载体来记录任务、签字、名称及数量等信息,有信息不完整、难以检索、容易出错等明显缺陷,无法形成完整的信息流,更别说信息集成了。

(3)生产计划与控制方法粗糙。车间生产计划制订包括排产(先后顺序)和排程(精确时间)两个步骤,这对于混线生产和定制化生产非常重要,是提高车间生产效率最关键的步骤之一。在传统车间中,排产和排程的好坏基本取决于生管员的经验,无法精确。在作业任务被分派后,由于没有执行数据反馈,对生产异常情况处理、订单变更和绩效分析等都难以有效应付,计划和控制无法形成闭环。

(4)产品质量难以追溯。产品质量问题通常是在用户使用时被发现的,由于没有生产过程数据,很难追溯导致问题的原因:是人员操作失误、物料质量不合格,还是设备运行异常?这些都只能靠经验来判断,因此导致同样的质量问题反复出现。

由此可以看出,在传统车间中要实现精益生产管理很难,更别说智能化了。解决这些问题的直接而有效的方法就是先实现数字化,再逐步实现网络化和智能化,渐进式提高生产管理水平,降低制造成本。

2. 数字化车间的特征和作用

数字化车间是基于生产设备、生产设施等硬件设施,以降本提质增效、快速响应市场为目的,在对工艺设计、生产组织、过程控制等环节优化管理的基础上,通过数字化、网络化、智能化等手段,在数字虚体环境中,对"人、机、料、法、环"等生产资源与生产过程进行设计、管理、仿真、优化与可视化等工作,以信息数字化及数据流动为主要特征,对生产资源、生产设备、生产设施以及生产过程进行精细、精准、敏捷、高效地管理与控制。

相对于传统车间,数字化车间的显著特征是:在"人、机、料"之外多了数字虚体(计算机、网络、软件、模型、报表和图形等的组合)。三体智能制造模型有助于理解数字化车间,如图 1-5 所示。

图 1-5 三体智能制造模型

依照上述三体智能制造模型，可以通俗的定义为：数字化车间＝传统车间＋车间数字虚体。

那么，什么是车间数字虚体呢？它是传统车间中的实体和行为在数字空间的映射。实体映射包括"人、机、料"的数字化表现，表达形式有图片、表格、视频、虚拟现实等。行为映射是根据采集的生产过程数据（如生产排产计划、生产工艺清单和设备启停时间等），推演得到生产过程的动态场景。因此，数字化车间实际上是虚、实两个版本的镜像车间，也称为"数字孪生模型"。图1-6所示为美的公司在南沙工业园展示的两条镜像生产线：虚拟车间是LED屏幕，屏幕上展示软件（如产品设计、工程设计、生产仿真）；实体车间是一条真实的产线，两条生产线的生产对象和生产过程一模一样。

（a） （b）

图1-6 美的"数字孪生"生产线
（a）数字虚体生产线；（b）物理实体生产线

数字孪生模型在制造企业生产过程中的作用，主要表现为：

（1）预见设计质量和制造过程。

建立的与制造流程对应的数字孪生模型，具备所有制造过程细节，并可在虚拟世界中对制造过程进行验证。企业可以通过数字孪生模型在设计阶段预测产品的性能，并根据预测结果加以改进、优化，并且在制造流程初期就能够了解详细信息，进而展开预见，确保全部细节均无差错。这有极大的意义，因为越早知道如何制造出出色的产品，就能越快地向市场推出优质的产品，抢占先机。

（2）推进设计与制造高效协同。

在数字孪生模型中，对需要制造的产品、制造的方式、资源以及地点等各个方面可以进行系统的规划，将各个方面关联起来，实现设计人员和制造人员的协同。一旦计划发生变更，可以在数字孪生模型中方便地更新制造过程，包括更新面向制造的物料清单，创建新的工序，为工序分配新的操作人员等，并在此基础上进一步将完成各项任务所需的时间和工序整合在一起，进行分析和规划，直到产生满意的制造过程方案。另外，借助数字孪生模型还可以设计出包含所有细节信息的生产布局图，包括设备、工具、资源甚至操作人员等信息，并将之与产品设计进行无缝关联。基于数字孪生模型，推动设计人员和制造人员实现协同，设计方案和生产布局实现同步，都大大提高了制造业务的敏捷度和效率，帮助企业应对更加复杂的产品制造挑战。

（3）确保设计和制造准确执行。

利用数字孪生模型可以对不同的生产策略进行模拟仿真和评估，结合大数据分析和统计学技术，快速找出有空档时间的工序，优化生产排产计划，实现资源利用率的最大化。

同时，在数字孪生模型中可以搭建规划和执行的闭合环路，将虚拟生产世界和现实生产世界结合起来，当生产计划发布开始执行后，利用数字孪生模型生成详细的生产工艺指导书，并与生产全过程管理关联起来，这样一来，如果发生任何变更，整个过程都会进行相应的更新，甚至还能从生产环境中收集有关生产执行情况的信息。此外，还可以使用大数据技术直接从生产设备中收集实时的质量数据，将这些信息覆盖在数字孪生模型上，对设计和实际制造结果进行对比，检查两者是否存在差异，找出产生差异的原因和解决方法，确保生产能完全按照规划来执行。

3. 数字化车间的构成

在体系结构上，数字化车间可以分为生产控制层和现场执行层两部分，如图1-7所示。生产控制层主要强调的是生产计划控制和执行，通过MES把ERP/MRP与企业的现场控制有机地集合起来。它的主要功能包括：排产排程、任务分派、计划跟踪与调整、生产绩效分析、物料管理、设备管理和质量管理等整个车间生产管理和执行控制任务。现场执行层主要强调的是设备的控制，包括数控设备、人机接口单元、数据采集等智能接口设备；实现生产数据采集、工序监控、人机结构管理、设备监控等功能，从生产控制层接收生产指令、系统运行参数等信息，并向其反馈工序进度、设备运行参数、物料使用信息等现场数据。

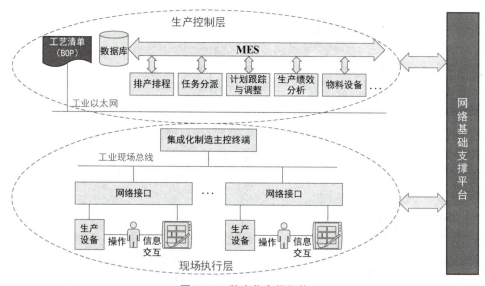

图1-7　数字化车间架构

要实现数字化生产车间，还要部署相应的自动化设备、工业网络、IT设施和软件等，用于支撑数字化车间功能的执行。数字化车间设备架构主要分为传感层、控制层和执行层，具体如图1-8所示。

（1）传感层：包括传感器、数字化设备接口及I/O等，实现车间现场层的数据采集和操作指令接收功能。

（2）控制层：下半层包括PLC、工业互联网等设备，用于汇聚传感层数据及形成操作指令，通过设备通信网络传送数据；上半层包括工控机、PC工作站等设备及HMI、SCADA等软件系统，形成业务数据，通过运营信息网络与执行层进行通信，通过自动化网络、

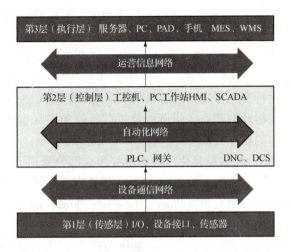

图1-8　数字化车间的设备设施架构

PLC、网关等设备与传感层通信。

（3）执行层：包括服务器、PC、PAD 等 IT 设备设施及 MES、WMS 管理软件，实现车间生产控制层的功能。

三、MES 的定义与内涵

1. MES 的发展历程

20 世纪 70 年代后半期，出现了一些解决单一问题的车间管理系统，例如设备状态监控系统、质量管理系统以及涵盖生产进度跟踪、生产统计等功能的生产管理系统。这一阶段企业通常引入的是单一功能的软件产品或系统，而不是整体的车间管理解决方案，因此存在系统之间的信息孤岛，以及上层系统与控制系统之间存在断层等问题。

MES 功能结构

20 世纪 80 年代中期，生产现场各单一功能的系统开始整合，随着底层控制系统和上层生产计划系统的发展，逐步产生了 MES 原型，主要是生产现场管理系统（Point of Production，POP）和车间级控制系统（Shop Floor Control，SFC）。

1990 年 11 月，美国先进制造技术中心（Advanced Manufacturing Research，AMR）明确提出了制造执行系统（Manufacturing Execution System，MES）的概念。AMR 提出制造业信息化三层模型，将位于计划层和控制层中间的执行层称为 MES，并且指出 MES 不仅是面向生产现场的系统，而且是作为上、下两个层次之间双方信息的传递系统，从而确立了 MES 的地位。此后，国际自动化学会（International Society of Automation，ISA）、制造企业解决方案协会（Manufacturing Enterprise Solutions Association，MESA）等国际组织也都对 MES 提出了各自的理解。

1993 年，ISA 提出了 MES 集成模型，包括工厂管理（资源管理、调度管理、维护管理）、工厂工艺设计（文档管理、标准管理、过程优化）、过程管理（回路监督控制、数据采集）和质量管理（SQC-统计质量管理、LIMS-Laboratory Information Management System，实验室信息管理系统）4 个主要功能，并由实时数据库支持。在 20 世纪 90 年代初期，MES 的重点是生产现场的信息整合。

1997年，MESA也提出了MES功能组件和集成模型，该模型包括11个功能模块。这一时期，大量的研究机构、政府组织参与了MES的标准化工作，进行相关标准、模型的研究与开发，其中涉及分布对象技术、集成技术、平台技术、互操作技术和即插即用技术。2004年，MESA更新了MES模型，提出了系统MES体系结构（c-MES），该模型侧重于核心业务活动如何与业务运行交互集成。当前MESA采用的最新MES模型为2008年开发的，该模型涵盖了从企业级战略计划到业务运营以及工厂运营和实际生产，它显示了战略、企业级运营和工厂运营之间的相互关系。

进入2000年以后，MES作为信息化应用的重要组成部分受到了市场的广泛关注。MES领域的并购十分活跃，越来越多的北美和欧洲MES软件供应商进入中国，中国本土不少自动化供应商，以及产品生命周期管理（Product Lifecycle Management，PLM）和ERP软件供应商也开始进入MES市场。随着企业加强精细化管理，以及面临着越来越严格的质量追溯和管控需求，越来越多的大中型制造企业开始重视MES的应用，对MES进行设计与实施，并在MES的应用和集成方面取得显著成效。

2013年以后，随着德国工业4.0、美国工业互联网、中国制造强国等战略的出台，智能制造成为全球制造业的发展目标，MES作为实现智能制造的重要推手，得到了广泛的关注，引发了应用热潮。

2. MES的定义

目前，国内外不同的组织和研究机构研究后形成了很多MES的理论和体系，包括MES的定义、定位模型、功能模型、数据流模型甚至实施方法模型等，但是并没有统一。比较著名的有以下几个。

（1）AMR对MES的定义。

美国先进制造研究机构AMR将MES定义为"位于上层计划管理系统与底层工业控制之间的、面向车间层的管理系统"，为操作人员、管理人员提供计划的执行、跟踪及所有资源（人、设备、物料、客户需求等方面）的当前状态。

AMR提出了决策层、执行层和控制层的企业信息集成三层业务模型，如图1-9所示。第一层决策层（ERP），主要为企业提供全面管理决策；第二层执行层（MES），主要负责车间级的协调、跟踪、发现并监控相关趋势；第三层控制层（SFC），直接负责工厂生产控制的环节。

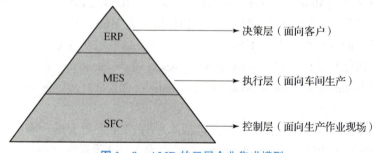

图1-9　AMR的三层企业集成模型

（2）MESA对MES的定义。

制造企业解决方案协会（MESA）对MES的定义为：MES能通过信息传递，对从订单下达到产品完成的整个生产过程进行优化管理。当工厂里有突发事件时，MES 能对此及时做出反应、报告，并利用当前的准确数据对它们进行指导和处理。这种对状态变化的迅速响应使得 MES 能够减少内部没有附加值的活动，有效地指导工厂的生产运行过程，从而使其既能提高工厂及时交货能力、改善物料的流通性，又能提高生产回报率。MES 还通过双向的直接通信，在企业内部和整个产品供应链中提供有关产品行为的关键任务信息。

MESA 对 MES 的定义强调了以下三点：

①MES 是对整个车间制造过程的优化，而不是单一解决某个生产瓶颈。

②MES 必须提供实时收集生产过程数据的功能，并做出相应的分析和处理。

③MES 需要与计划层和控制层进行信息交互，通过连续信息流来实现企业的信息集成。

（3）e-works 对 MES 的理解。

e-works 认为，MES 是一套对生产现场综合管理的集成系统。MES 用集成的思想替代原来的设备管理、质量管理、生产排程、分布式数控（Distributed Numerical Control, DNC）、数据采集软件等车间需要使用的孤立软件系统。MES 涉及车间现场管理的人、机、料、法、环、测、能（5M2E），从生产排产、生产计划执行、生产工艺指导、生产过程追溯、车间现场数据采集、生产物料供应、设备管控、生产质量管控、在制品管理、人员排班、生产绩效分析等多个维度对生产现场进行集成管理。制造企业应用 MES 的核心价值在于实现生产现场的透明化，实现生产过程的全程追溯，提高产品的按期交付率，遵从行业法规与标准，提高设备和人员绩效，提高生产质量等。

MES 是工业 4.0 实现纵向集成的枢纽，也是智能工程建设的核心系统，如图 1-10 所示。

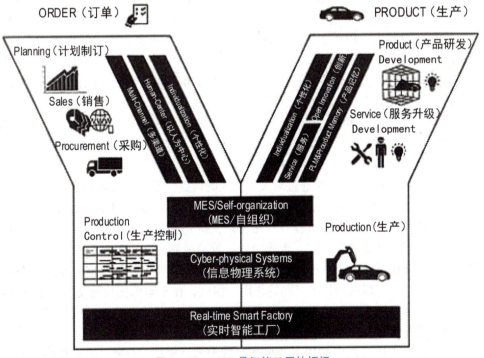

图 1-10　MES 是智能工厂的枢纽

（来源：德国专家 Scheer）

（4）ISA 对 MES 的定义。

国际自动化学会 ISA 发布了《ISA-95 企业控制系统集成标准》（简称 ISA-95 标准），其目的是建立企业信息系统的集成规范性，ISA-95 标准文件的内容包含以下八个部分：第一部分：模型和术语；第二部分：对象模型；第三部分：制造操作管理的活动模型；第四部分：制造运行管理集成对象和属性；第五部分：商务制造处理；第六部分：信息服务模型；第七部分：别名服务模型；第八部分：信息交换配置文件。

ISA-95 标准定义了企业级计划管理系统与工厂车间控制系统进行集成时使用的术语和标准，其内容主要包括信息化和标准化两个方面。ISA-95 标准所涉及的信息内容有产品定义信息、生产能力信息、生产进度信息、生产绩效信息。ISA-95 标准除了上述信息化内容之外，重要组成部分就是生产对象的模型标准化。ISA-95 标准的生产对象模型根据功能分成了四类、九个模型，即资源（人员、设备、材料和过程段对象四个模型）、能力（生产能力和过程段能力两个模型）、产品定义（产品定义信息模型）、生产计划（生产计划和生产性能两个模型）。

ISA-95 标准后来被采纳为国际标准（ISO/IEC 62264），在我国被采纳为 GB/T 20720 标准。ISO/IEC 62264 定义了公认的 MES 标准基本框架，国际上主流的 MES 产品基本上遵循 ISO/IEC 62264 标准。

3. MES 的特点

MES 具有以下特点：

（1）信息中枢：MES 通过双向通信，提供横跨企业完整供应链的有关车间生产活动的信息。

（2）实时性高：MES 是制造执行系统，可以实时收集生产过程中的数据和信息，并做出相应的分析处理和快速响应。

（3）个性化差异大：由于不同行业甚至同一行业的不同企业生产管理模式不尽相同，因此实施的 MES 个性化差异明显。

（4）二次开发较多：由于不同行业、不同企业对 MES 的需求的个性化差异，导致 MES 在实施时，二次开发的工作量较大。

（5）软硬一体化集成运行：随着工业互联网技术和 CPS 技术的发展，与 MDC/DNC 发展相似，MES 呈现出软硬一体化集成运行的特点。

4. MES 与其他信息系统之间的关系

美国先进制造研究机构 AMR 通过对大量企业的调查，发现现有的企业生产管理系统普遍由以 ERP 为代表的企业管理软件，以 SCADA、HMI（Human Machine Interface）为代表的生产过程监控软件和以实现操作过程自动化，来支持企业全面集成模型。一个制造企业的制造车间是物流与信息流的交汇点，企业的经济效益最终将在这里被物化出来。随着市场经济的完善，车间在制造企业中逐步向分厂制造过渡，这导致其角色也由传统的企业成本中心向利润中心转化，因而强化了车间的作用。因此，在车间承担执行功能的 MES 具有十分重要的作用，从三层企业集成模型可以看出，MES 在计划管理层与底层控制层之间架起了一座桥梁，填补了两者之间的空隙。

一方面，MES 可以对来自 ERP 软件的生产管理信息细化、分解，将操作指令传递给底层控制；另一方面，MES 可以实时监控底层设备的运行状态，采集设备、仪表的状态数据，经过分析、计算与处理，触发新的事件，从而方便、可靠地将控制系统与信息系统联系在一起，并将生产过程及时反馈给计划层。

对车间的实施信息的掌握与反馈是 MES 正常运行上层计划系统的保证，车间的生产管理是 MES 的根本任务，而对底层控制的支持则是 MES 的特色。

MES 作为面向制造的系统必然要与企业的其他生产管理系统有密切关系，MES 在其中起到了信息集线器的作用，它相当于一个通信工具，为其他应用系统提供生产现场的实时数据。

一方面，ERP 系统需要 MES 提供的成本、制造周期和预计产出时间等实时的生产数据；供应链管理系统从 MES 中获取当前的订单状态、当前的生产能力以及企业中生产换班的相互约束关系；客户关系管理的成功报价与准时交货取决于 MES 所提供的有关的生产实时数据；产品数据管理中的产品设计信息是基于 MES 的产品产出和生产质量数据进行优化的；控制模块则需要时刻从 MES 中获取生产工艺和操作技术资料来指导人员和设备进行正确的生产。

另一方面，MES 还要从其他系统中获取相关的数据，以保证 MES 在工厂中的正常运行。例如，MES 中进行生产调度的数据来自 ERP 的计划数据；MES 中生产活动的时间安排需要依据 SCM（Supply Chain Management，供应链管理）系统之中的主计划和调度控制；PDM（Product Data Management，产品数据管理）为 MES 提供实际生产的工艺文件和各种操作参数；由控制模块反馈的实时生产状态数据被 MES 用于进行实际生产性能评估和操作条件的判断。

MES 与其他分系统之间有功能重叠的关系，例如 MES、CRM（Customer Relationship Management，客户关系管理）、ERP 中都有人力资源管理，MES 和 PDM 两者都具有文档控制功能，MES 和 SCM（Supply Chain Management，供应链管理）中也同样有调度管理等，但各自的侧重点是不同的。各系统重叠范围的大小与工厂的实际执行情况有关，而且每个系统的价值又是唯一的。

5. MES 的业务价值

美国著名的工业领域咨询机构 ARC 在 2014 年指出，MES 是产品研发、生产、营销等活动的枢纽，是制造企业的核心信息化系统，如图 1-11 所示。

国务院在颁布的《国务院关于深化制造业与互联网融合发展的指导意见》（国发〔2016〕28 号）中重点指出，要"加快计算机辅助设计仿真、制造执行系统、产品全生命周期管理等工业软件产业化，强化软件支撑和定义制造业的基础性作用"。MES（制造执行系统）在文件中被列出。

MES 的重要性不仅体现在智能制造方面，在工业互联网中，MES 的地位也同样重要。工业互联网联盟（IIC）技术工作组及架构任务组联合主席林诗万博士认为"工业互联网在生产现场应用的关键在于如何利用或加强对生产环境的数据采集，实现或增强对生产过程的状态感知，并通过对数据的实时分析，做出最佳决策，通过独立或辅助现有的工业软件系统（如 MES 的功能模块）进行精准执行，完成对生产过程的闭环优化"。

现在，越来越多的制造企业逐渐认识到信息化的重要性，很多企业陆续实施了以管理研发数据为核心的 PLM 系统，以物料管理、财务管理、生产计划为重点的 ERP 系统，以及企业日常事务处理的 OA 系统，这些系统在各自领域都发挥了积极的作用。但由于市场环

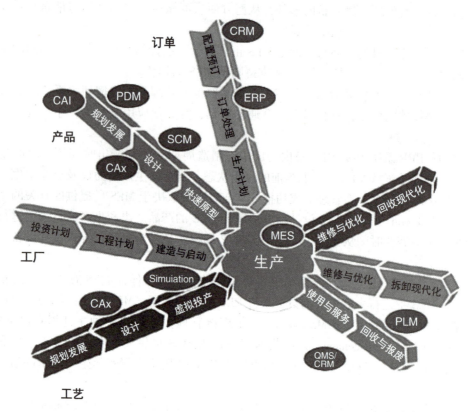

图 1–11　MES 是制造业信息化的枢纽

（来源：美国 ARC 顾问集团）

境变化和生产管理理念不断更新，单纯依靠这些系统还不能帮助企业实现良性、高效的运营，很多环节还处于不可控、不科学的状态中，比如，如何使计划和实际生产密切结合？如何使企业和生产管理人员在最短的时间内掌握生产现场的变化，从而做出准确判断和快速应对？如何保证生产计划得到合理而快速的修正？虽然 ERP 和现场自动化设备都已经很成熟了，但 ERP 服务对象是企业管理的上层，对车间层的管理流程一般不提供直接和详细的支持。尽管车间拥有众多高端数字化设备，也在使用各类 CAD/CAM/CAPP 软件，但在信息化管理方面，特别是车间现场管理这部分，如计划、排产、派工、物料、质量等，还处于传统的管理模式，这影响和制约了车间生产能力的发挥。

而 MES 恰恰就是 ERP 等上游系统与 DNC/MDC 等下游系统之间的桥梁，MES 强调控制、协调和执行，使企业信息化系统不仅有良好的计划系统，而且能使生产计划落到实处。可以将 ERP 的主生产计划按照车间设备、人员、物料等实际情况，分解成每一道工序、每一台设备、每一分钟的车间工序级计划。MES 能使企业生产管理数字化、生产过程协同化、决策支持智能化，有力地促进精益生产落地及企业智能化转型升级。

MES 在数字化车间的应用

四、MES 在数字化车间的应用

实现车间数字化即将车间的生产要素和生产过程用数字形式（软件和数据）表现，车间数字化主要通过 MES 来实现。表 1-5 描述了车间数字化的核心内容及对应的 MES 应用。

表 1-5 车间数字化的核心内容及对应的 MES 应用

车间数字化内容	MES 组件	数字化对象
生产资源数字化	基础数据管理	人员、设备、物料三种基本生产资源 由三种基本生产资源构成的工作段 辅助生产的相关备件 生产资源的能力和生产绩效
生产过程数字化	生产管理	在制品生产跟踪 生产报工与节拍 订单完成情况 各个工段生产情况监控查验 现场视频采集和环境分析
物料管理数字化	物料管理	仓库出入库、库存和缺料跟踪 物料的消耗与配送 配送执行状态跟踪和监控
质量管理数字化	质量管理	质检现场数据、质检设施数据 质量统计分析报表和异常报告 现场质量事故位置与故障分析
设备管理数字化	设备管理	设备购置、使用和报废 设备运行状态和参数 设备维护过程

五、MES 的需求特点

1. 基本性能需求

一套 MES 应该具有继承性、灵活性、可视性、实时性、可扩展性和可靠性等基础要求，具体要求如下。

MES 的需求特点

（1）继承性：系统应具有良好的继承性，可实现系统内部各功能模块的集成，并可提供外部系统的集成，包括向下与底层控制系统集成，向上与业务管理层 ERP、产品数据管理（Product Data Management，PDM）、供应链管理（Supply Chain Management，SCM）等集成。

（2）灵活性：可以在系统内根据企业的生产特点，灵活设置生产工作流程，自动激活对应的程序模块，并根据不同权限驱动消息机制和预警机制（如缺料、故障、超时的预警等）。

（3）可视性：系统应具备以数据采集为基础的生产、消耗、质量、设备等信息统计分析并提供丰富的信息表达方式，如视图、图形、报警显示、消息提醒等。

（4）实时性：系统应具备良好的实时响应的功能。系统要利用实时数据实现生产过程、产品质量的在线监控，提高快速反应能力，促进生产管理由被动指挥型向预防为主、在线监控的主动实时指挥型管理体系发展。

（5）可扩展性：系统应具有良好的开放性和可扩展性，在解决企业当前生产管理问题的同时，考虑企业未来发展所需要进行的功能扩展，以符合企业长期发展的需要。同时提供可柔性组合定制的用户界面、业务模块以及简易的二次开发功能，以满足企业自身个性化应用。

（6）可靠性：应具有较高的安全意识和安全保证，以应对黑客入侵、木马潜伏等安全威胁，避免由此造成的系统瘫痪、生产数据丢失和生产线停产等。

2. 基础数据需求

MES 的基础数据包括以下内容。

（1）企业的组织结构：可包含一个或者多个工厂，工厂细化为不同的部门组织，组织是拥有不同工作职能的业务实体。

（2）人员及角色，人员是生产制造过程重要的基础性单元。根据角色规划不同的系统权限，根据参数设定区分人员的角色和能力，根据信息制订完善的人员分配和调度计划。

（3）设备资源：根据实际生产情况和业务流程，规划每一个工作中心的设备资源分配，包括产量、生产节奏、维修计划、状态监控规则、故障诊断机制、设备数据采集和分析方法等。

（4）工作流及操作规范：根据业务实际对产品生产的流程进行定义，即用来定义制造产品的步骤顺序作为一个标准化的指导，并根据工作流中的每一个工作中心或者工作站的工序标准和要求制定统一化的操作流程，形成唯一的规范。

（5）产品及产品谱系：定义工厂内部的产品及产品属性，如零件、组装件、配件或规格、品类等，并归集同系列产品为产品组，形成不同的产品谱系信息。

（6）制造 BOM、工艺路线：根据产品搭建产品 BOM 架构，并根据产品设计配合工作流定义和物理模型的设备定义，合理设计产品的工艺路线。规定定义的范围包括数据记录、变更、版本追溯、工艺监控、纠错、报警机制等。

（7）在制品状态：定义范围包含在制品数量、产线位置、生产时间、状态等。

3. 核心功能需求

早在 1997 年，MESA 发布白皮书便提出了 MES 的功能组件和集成模型，定义了 MES 的 11 个核心功能模块及其与其他信息系统的集成关系，如图 1-12 所示。

（1）资源分配和状态管理（Resource Allocation and Status）。

管理机床、工具、人员、物料、其他设备以及其他生产实体（例如，进行加工必须准备的工艺文件、数控加工程序等文档资料），用以保证生产的正常进行。它还要提供资源使用情况的历史记录，确保设备能够正确安装和运转，以提供实时的状态信息。对这些资源的管理，还包括为满足作业排程计划目标对其所做的预定和调度。

（2）运作/详细调度（Operations/Detailed Scheduling）。

在具体生产单元的操作中，根据相关的优先级（Priorities）、属性（Attributes）、特征（Characteristics）以及配方（Recipes），提供作业排程功能。例如，当根据形状和其他特征对颜色顺序进行合理排序时，可最大限度减少生产过程中的准备时间。这个调度功能的能力有限，主要是通过识别替代性、重叠性或并行性操作来准确计算出时间、设备上下料，以做出相应调整来适应变化。

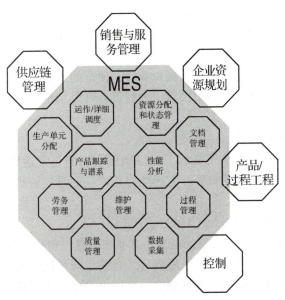

图 1-12　MESA 的 MES 核心功能模块

（3）生产单元分配（Dispatching Production Units）。

以作业、订单、批量、成批和工作单等形式管理生产单元间工作的流动。分配信息用于作业顺序的定制以及车间有事件发生时的实时变更。生产单元分配功能具有变更车间已制订的生产计划的能力，可对返修品和废品进行处理，用缓冲区管理的方法控制任意位置的在制品数量。

（4）文档管理（Document Control）。

管理生产单元有关的记录和表格，包括工作指令、配方、工程图纸、标准工艺规程、零件的数控加工程序、批量加工记录、工程更改通知以及班次间的通信记录，并提供了按计划编辑信息的功能。它将各种指令下达给操作层，包括向操作者提供操作数据或向设备控制层提供生产配方。此外它还包括对环境、健康和安全制度信息以及 ISO 信息的管理与完整性维护，如纠正措施控制程序。当然，还有存储历史信息功能。

（5）数据采集（Data Collection/Acquisition）。

能通过数据采集接口来获取生产单元的记录和表格上填写的各种生产作业数据和参数。可以从车间以手工方式录入这些数据，也可以自动从设备上获取按分钟级实时更新的数据。

（6）劳务管理（Labor Management）。

提供按分钟级更新的内部人员状态，作为作业成本核算的基础。包括出勤报告、人员的认证跟踪以及追踪人员的辅助业务能力，如物料准备或工具间工作情况。劳务管理与资源分配功能相互作用，共同确定最佳分配。

（7）质量管理（Quality Management）。

对生产制造过程中获得的测量值进行实时分析，以保证产品质量得到良好控制，使质量问题得到确切关注。该功能还可针对质量问题推荐相关纠正措施，包括对症状、行为和结果进行关联以确定问题原因。质量管理还包括对统计过程控制（SPC）和统计质量控制（SQC）的跟踪，以及实验室信息管理系统（LIMS）的线下检修操作和分析管理。

（8）过程管理（Process Management）。

监控生产过程、自动纠错或向用户提供决策支持以纠正和改进制造过程活动。这些活动具有内操作性，主要集中在被监控的机器和设备上，同时具有互操作性，跟踪从一项到另外一项的作业流程。过程管理还包括报警功能，使车间人员能够及时察觉到出现了超出允许误差的过程更改。通过数据采集接口，过程管理可以实现智能设备与制造执行系统之间的数据交换。

（9）维护管理（Maintenance Management）。

跟踪和指导作业活动，维护设备和工具以确保它们能正常运转并安排进行定期检修，以及对突发问题能够即刻响应或报警。它还能保留以往的维护管理历史记录和问题，帮助进行问题诊断。

（10）产品跟踪和谱系（Product Tracking and Genealogy）。

提供工件在任一时刻的位置和状态信息。其状态信息可包括：进行该工作的人员信息；按供应商划分的组成物料、产品批号、序列号、当前生产情况、警告、返工或与产品相关的其他异常信息。其在线跟踪功能也可创建一个历史记录，使零件和每个末端产品的使用具有追溯性。

（11）性能分析（Performance Analysis）。

提供按分钟级更新的实际生产运行结果的报告信息，对过去记录和预想结果进行比较。运行性能结果包括资源利用率、资源可获取性、产品单位周期、与排程表的一致性、与标准的一致性等指标的测量值。性能分析包含 SPC/SQC。该功能从度量操作参数的不同功能提取信息，当前性能的评估结果以报告或在线公布的形式呈现。

2004 年，MESA 在传统 MES 模型基础上，提出面向协同制造环境的新模型，即协同 MES 体系结构（c – MES）。c – MES 继承了早期 MES 的所有核心功能，更强调与企业供应链和价值链中其他人和其他系统集成的能力，如图 1 – 13 所示。

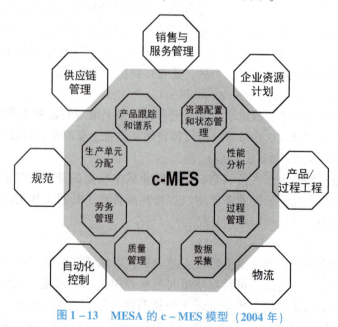

图 1 – 13　MESA 的 c – MES 模型（2004 年）

2008 年，MESA 发布新一版 MES 模型（Version 2.1）。模型涵盖了从企业级战略计划到业务运营，以及工厂运营和世界级生产，显示了战略、企业级运营和工厂运营之间的相互关系，如图 1-14 所示。

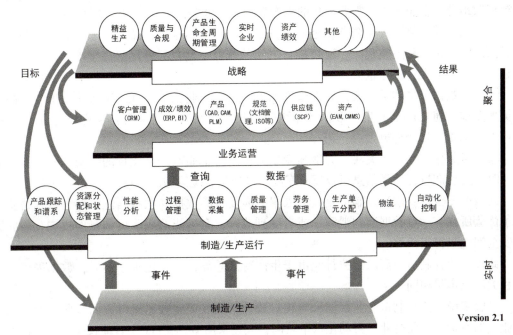

图 1-14　MES 模型 Version 2.1（2008 年）

4. 数据采集需求

实现生产数据的实时采集、存储、统一管理及科学地统计分析是制造企业生产信息化建设的迫切需要。目前，制造企业广泛应用了分布式控制系统（Distributed Control System，DCS）和可编程逻辑控制器（Programmable Logic Controller，PLC）控制系统，但是这些系统由多家供应商提供，相互独立且信息各自封闭，造成即使实现生产自动化却不能共享数据的问题，如各工区、部门和分厂的生产信息无法即时交流，阻碍了生产信息化的建设进程。

MES 的重要价值之一是数据和信息的转换。MES 不仅是面向生产现场的系统，还是控制层和决策层之间双方信息传递的系统。它通过实时数据库传输基本信息系统的理论数据和工厂的实际数据，以及提供生产计划与过程控制系统的数据通信功能，它也是企业应用的重要信息系统。离开了生产数据采集，生产管理部门不能及时、准确地得到工件生产数量，不能准确分析设备利用率等瓶颈问题，也无法准确、科学地制订生产计划及实现生产管理协同。因此，有效的生产数据采集，才能使 MES 可以实时跟踪计划执行情况，了解设备利用状况以及时应对产品问题，进而实现生产现场的透明化及生产过程的全程追溯，提升产品的按期交付率，提高生产质量。

随着物联网技术的发展，数据采集在数据的采集广度（采集数据种类更丰富）、采集深度（数据采集准确度更高、实时性更强、成本更低）及价值利用（数据实时分析与利用）方面得到快速发展，这将推动 MES 的普及和深化应用。

（1）MES 中数据采集的特点。

制造企业 MES 中的数据采集是一件工程实践性强、覆盖面广、技术要求高、执行难度大的工作。MES 数据采集的主要特点有：

①数据采集种类繁多，覆盖面广，关联性高。由于生产管控过程中涉及人、机、料、法、环、测、能各方面，每个操作可能涉及不同的物料、设备、工具及文档等资源，这些资源离散地分布在企业中，需要采集的生产数据种类繁多，彼此之间关联性高。

②通信协议与接口种类繁杂。企业设备多采购自不同年代，品牌厂家各异，设备支持的通信协议与接口种类差别大，通信接口之间的兼容性差，部分设备甚至不开放接口，造成数据采集难度大、工作量大。

③生产数据采集体量巨大，处理难度加大。随着企业竞争加剧，制造业提供的产品种类更加多样，随之产生的生产数据体量大幅增长，涉及的数据采集、规范与清晰、存储、分析等技术难度将变得更大。

④质量数据采集备受关注。为增强竞争力，制造企业对产品质量的要求不断提高，需要实时采集生产过程质量信息以及反映车间生产质量状况问题的信息。

⑤数据安全性要求高。制造业数据采集会涉及核心数据和敏感信息，部分数据是企业竞争优势所在，一旦数据遭到泄露，或者受到攻击，有可能造成不可估量的损失，因此数据安全问题显得很重要。

此外，流程制造与离散制造行业由于生产特点差异，自动化水平不同，数据采集的难度和关注点不尽相同。

一般来说，流程制造企业数据采集相对较低，重点关注数据接口方面。典型流程制造行业，如冶金、石化行业，自动化水平较高，大量采用 DCS、PLC、智能仪表、数字传感器等，能准确记录生产现场信息。MES 可以从设备仪表读取数据，实时性和准确度较高。流程制造行业数据采集的重点在于 MES 构建时与原有自动化设备做好数据接口。

离散制造行业的数据采集难度相对较高，重点关注采集数据的准确度及实时性。典型离散制造行业，如汽车制造企业，产品品种多，加工工序各异，设备品种多、型号多，设备产能预先设定难度较大，数据采集以人工采集为主，结合条形码采集等半自动信息采集技术进行工时、设备、物料、质量等信息的采集。这种采集方式时间间隔较大，并且容易受到人为因素的影响。离散制造行业数据采集重点在于保障数据采集的准确性和实时性。

（2）MES 中数据采集的内容。

MES 的数据采集功能是通过数据采集接口来获取并更新与生产管理功能相关的各种数据和参数，包括产品跟踪、维护产品历史记录及其他参数，带有时标的生产过程数据，带有时标的报警、消息、生产事件信息，手工实验数据（如各种检验指标），计量数据（如称重数据），批次信息（如批次号码）。概括起来包括连续数据的采集和离散数据的采集。

以人、机、料、法、环、测、能分类来讲，在生产现场需要采集的数据如表 1-6 所示。

表 1-6 生产现场采集数据

类型	岗位名称
人	操作人员、作业数据（所在工序/工位、操作时间、操作数据）
机	设备运行状态信息、实时工艺采集参数信息、故障信息、维修/维护信息
料	物料名称、物料属性（品种、型号、批次）、库存记录（库位、库存量）、消耗记录

续表

类型	岗位名称
法	生产计划、工序过程、产品加工时间、加工数量、加工参数、产品完工率、生产异常信息
环	地点、时间、光纤、温度、湿度、污染度
测	设备信息（设备类型、编号、地点）、检验信息（检验对象、批号、检验方法、检验时间、检验标准、检验结果）、计量信息（计量对象、批号、计量方法、计量时间、计量标准、计量结果）
能	水、电、气、风等主要能耗数据

（3）MES 中常见数据采集方式。

生产现场数据采集是多种数据采集技术的综合应用。目前，生产现场数据采集方式主要有两种：自动化采集和人工采集。自动化采集往往依托于通信条件比较好的生产设备及各种传感器的应用；人工采集大多是作为自动化采集的补充方式或替代方式，多用于自动化采集实现难度较大、经济成本较高的现场。

离散制造企业 MES 数据采集方式如下（如图 1-15 所示）。

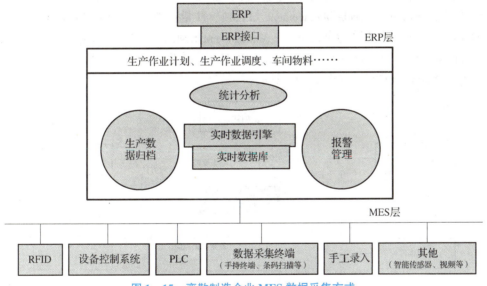

图 1-15　离散制造企业 MES 数据采集方式

①RFID 采集方式：通过 RFID（射频自动识别技术）来采集人员、物料、设备、工装等的编码、位置、状态信息，类似于条码扫描方式，需要在人员、物料、设备、工装上绑定 RFID 芯片，并事先将信息写入 RFID 中。

②设备控制系统采集方式：目前绝大多数设备都开发有专用的设备类接口，该接口利用外部计算机进行远程监控和设备管理，可以采集到设备各类生产过程信息及报警信息。目前部分 MES 供应商提供底层的设备监控系统，如 DCS、人机界面（Human Machine Interface，HMI）、数据采集与监视控制系统（Supervisory Control And Data Acquisition，SCADA）等，辅助实现设备的控制。

③PLC 采集方式：PLC 采集包括两种，一种是将 PLC 作为一个网关，利用 OLC 通过

RS232/485 与机床通信,从 PLC 直接读取设备加工日志文件,采集各种生产过程数据,包括程序名称、加工时间、转速等,再通过 PLC 的以太网接口转换信息给数据库;另一种是利用 PLC 直接采集机床 I/O 信号,传递给数据库。

④手持终端采集方式:利用专用的手持终端,输入机床运行及生产状态等信息,并通过以太网传递给数据库,该种方式可以用在没有数控系统的老旧设备上。

⑤条码扫描采集方式:将常用信息(操作员、产品批号、物料批号、运输设备编号、加工设备编号、异常类别等)进行分类并编码处理,转换成条码,现场用条码扫描器就可以直接读取。其中,二维条码的纠错能力较强,只要条码破损面积不超过 50%,因沾污、破损等原因丢失的信息一般都可以读出。

⑥手工录入方式:人工信息录入,包括人工触发、人工记录等方式。操作员在控制面板上,输入特定的触发程序,得到设备端的信息,从而实现设备的监控;或操作员在系统中手工录入,实现相关信息的填写上报。

⑦其他采集方式:可通过智能传感器、录像监控等方式进行采集。通过采集外置的智能传感器数据,实时获取生产现场的部分数据。

5. 信息集成需求

MES 由 ERP、高级计划与排程(Advanced Planning and Scheduling,APS)、产品生命周期管理系统(Product Lifecycle Management,PLM)、质量管理系统(Quality Management System,QMS)、仓库管理系统(Warehouse Management System,WMS)及数据采集与监视系统(Supervisory Control And Data Acquisition,SCADA)等集成,让基础数据和动态数据保持一致,实现数据充分共享,如图 1-16 所示。

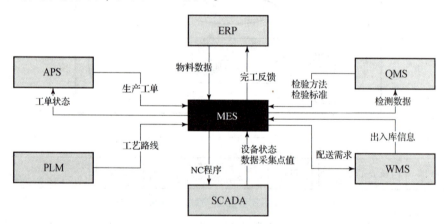

图 1-16 MES 与各系统之间的关系

(1)信息集成需求。
①MES 与 ERP 系统的集成。

从生产计划的角度看,ERP 在生产计划的前端,MES 在生产计划的后端。ERP 的生产计划是以订单为对象制订的无限产能计划。MES 则是以执行为导向,考虑约束条件生成以生产物料和生产设备为对象的生产排程,即基于时间的有限产能计划。MES 需要得到 ERP 生成的"粗"计划作为其计划的源头和基础。车间任务开工前,MES 需要根据现场任务的进度安排到 ERP 系统中领料;车间任务完成后,MES 需要将完工信息反馈给 ERP 进行入库登记，ERP 自动关联到响应订单并进行完工处理，从而实现计划的闭环控制信息。

车间工作订单信息、物料编码基本信息、产品 BOM 信息、配套加工领料单信息、物料库存及质量信息、配套单据及配套结果等基础信息存储在 ERP 中。车间领料信息、在制品信息、车间完工反馈信息等在生产车间的信息存储在 MES 中。

ERP 系统与 MES 集成主要包括以下功能：
➢ ERP 系统可向 MES 提供车间生产任务数据，作为 MES 排程计划的依据。
➢ MES 可向 ERP 系统提供领料需求及领料请求，以实现系统自动领料。
➢ ERP 系统向 MES 提供零件领料的详细信息，使车间及时了解生产准备情况。
➢ MES 向 ERP 系统提交完工信息、在制品/成品入库信息，以实现自动入库。
➢ ERP 系统结束后，MES 提供的零部件完工信息自动反馈到生产计划，使生产管理人员及时掌握车间任务进度。

②MES 与 APS 系统的集成。

APS（高级计划与排程系统）通常用来指定车间作业计划，是一套基于优化生产原理的生产排产软件。对于高级计划排程功能，最重要的是基础数据的准确及业务管理需求的明确。

APS 需要的基础数据见表 1-7 所示。

表 1-7 APS 需要的基础数据

主要大类	详细数据
库存信息	生产提前期、采购提前期、最大/最小库存量、现存量、可用量、用途量、经济批量等
物料信息	BOM 版本、材料消耗定额、替代件等
工艺信息	工艺路线、工序优先级、工序约束关系、工序加工、准备时间、转移时间等
设备信息	设备能力、设备效率、替代设备、瓶颈设备

MES 输入到 APS 的信息包括：
➢ 生产任务：MES 向 APS 提供车间的生产任务信息。
➢ 加工工艺：由 MES 或者其他系统向 APS 提供工艺规程上要求的内容，至少包括加工工序、各工序所需要的工装工具及其他物料、各工艺加工工时和所需工种、所需加工设备组（工作中心），以及图样、加工说明等辅助性内容。
➢ 库存数据：由 MES 或者其他系统向 APS 提供包括制订计划时的物料库存、可用工装工具刀具库存、近期计划可用入库等信息。
➢ 设备信息：由 MES 或者设备管理系统向 APS 提供可用设备能力、时间模型、设备所属设备组（工作中心）等内容。
➢ 工人信息：由 MES 或者人力资源管理系统向 APS 提供各工人加工技能、时间模型及所属班组等信息。

APS 向 MES 输出的信息包括：
➢ 排程仿真及结果对比分析：由于 APS 引擎内置大量的排程策略，采用不同的排程策略将得到不同的排程结果。因此，要将得到的不同排程结果进行对比分析，得到需要的结果。

> 排程结果：准备下达给车间的排程方案，可细化到某时某工人在某设备上加工某工序，同时需要配备何种工装工具及道具，准备哪些物资辅料。比较好的排程结果还包括该工序的详细制造指令（FO）。

③MES 与 CAPP、PDM 系统的集成。

CAPP（Computer Aided Process Planning，计算机辅助工艺过程设计）保存了结构化工艺文件数据。CAPP 和 MES 的集成，需要保证 MES 能够按照产品的 BOM 结构和总生产任务要求展开工艺级别的生产计划进行排产和调度，集成的主要工艺数据包括工艺过程信息（包括各工序）、BOM 结构、配料清单等。

PDM（Product Data Management，产品数据管理）是管理产品数据和产品研发过程的工具。PDM 系统向 MES 提供的信息包括产品的加工图样、产品的工艺信息、每道工序的作业指导文件等。

MES 收集生产现场各类数据，为后期产品的生产工艺、产品装配指导等进行优化，反馈至设计部门，进行改型、设计变更。

此外，MES 与 CAPP、PDM 三系统之间的集成还包括 CAPP 与 PDM 之间的集成，实现工艺文件在 PDM 中的流程审批和归档管理，即 CAPP 与 PDM 流程统一。

④MES 与质量管理系统（或 ERP 质量管理模块）的集成。

MES 虽包括部分质量管理系统，但与质量管理系统的侧重点有所不同。

质量管理系统是为生产提供质量标准，并进行质量标准和相关内容的管理与质量检查，质量管理系统的精度是产品及车间关键点的检查。而 MES 则是对车间生产的每个工位、工序的质量跟踪及管理，MES 质量管理的精度是对每个工位、工序的质量管理，实时性要求更高。

质量管理系统向 MES 提供质量标准信息，以实时呈现工位、工序的质量检验结果合格状况。MES 向质量管理系统提供关键点的质量检测结果。

⑤MES 与设备管理系统的集成。

MES 包括部分设备管理功能，设备管理系统的功能更全面。

设备管理系统存储设备的基础信息和各类计划信息。设备基础信息主要包括设备台账信息、设备操作、日检、保养、维护规程信息、设备技术精度信息等；计划信息主要包括各类保养计划、维修计划、润滑计划等。

MES 向设备管理系统提供的信息主要有作业实施信息、生产调度信息、设备状态信息和设备运行信息。通过对这些信息的统计分析，获取设备管理的决策信息，如设备故障率、设备能力数据等。

⑥MES 与人力资源管理系统的集成。

人力资源管理系统提供给 MES 人员基本信息、岗位信息、技能信息、技能等级等。

MES 反馈给人力资源系统的信息主要是产线人员的精细化考勤数据和排班数据，以便清晰了解产线人员的工作状况和技能状况，并向统计分析企业的人员绩效提供基础信息。

⑦MES 与自动控制系统（SCADA、DNC、PLC 等）的集成。

MES 向自动控制系统提供执行指令，自动控制系统向 MES 反馈执行结果及 MES 需要实时采集的工艺参数、设备性能参数等。

PLC、DNC、MDC 等自动控制系统或数据采集与监控系统 SCADA 将设备编号、设备状态、设备运行参数、任务单号、制品数量、生产过程信息等反馈给 MES。

（2）信息集成方式。

目前，MES 之间实现数据集成的方法主要有中间文件转换、数据复制、数据聚合、API 接口、XML、消息中间件的集成模式等几种方式。

①中间文件转换：将数据从源数据库中导出，形成一个中间文件，然后将中间文件包含的数据导入到目标数据库中，这是信息化建设初级阶段最常用的方法。

②数据复制：数据复制应用在同构的数据库中，保持数据在不同数据模型中的一致性。数据复制中，需要建立不同数据模型中数据转化和传输的机制及关系，以屏蔽不同数据模型间的差异。

③数据聚合：数据聚合是一种将多个数据库和数据库模型聚合成为一种统一的数据库视图的方法，用户能够以访问数据库的通用方法访问任何相连的数据库。但是，构建一个适用于多种异构结构数据源的通用接口难度比较大。

④API 接口：API 接口目前在系统集成中使用非常普遍，而且许多软件本身具有 API 接口。两个应用系统之中的数据通过设在其间的应用适配器的接口进行传输，从而实现集成。

⑤XML：XML 作为一种对数据格式进行描述的通用元语言标准，实现跨平台数据集成。

⑥消息中间件的集成模式：消息中间件（Message Oriented Middleware，MOM）指利用高效可靠的信息传输机制进行与平台无关的数据交流，并基于数据通信实现分布式系统的集成。消息中间件可以实现跨平台操作，为不同操作系统上的应用软件集成提供服务。

1.1.3 任务实施

一、A 企业问题分析

A 企业问题分析

A 机械集团有限公司创建于 1954 年，集团占地面积 25 万平方米，员工 580 人，总资产 5 亿元。经过近 70 年的发展，目前已发展成为一家生产发动机缸体、通风机、柴油机和机械零部件的企业集团。企业秉承"以质取胜、以诚取信"的经营理念，凭借深厚的机械制造历史底蕴，生产的产品都获得了顾客的认可。

为了满足各类客户的不同需求，A 机械集团有限公司的产品生产模式主要采用按订单设计（Engineer To Order，ETO）和按订单生产（Make To Order，MTO）两种模式。按订单设计是指产品为特定客户度身定制，这些产品有可能只生产一次，产品生产批量较小，但产品结构复杂，需要的原材料也多种多样，往往还需要大量的新材料、特殊组件、新工艺、新设备；按订单生产是接到客户订单之后再组织生产活动，需要根据客户订单的需求量和交货期来安排生产，生产产品具备批量小、种类多、交货期短、变化多等特点。

A 机械集团有限公司的主营产品是汽车发动机缸体。该产品由两大模块组合而成，一部分是厂内自制的模块，以缸体毛坯为主，通过铣削加工形成发动机缸体主模块，另一部分是外购模块，外购模块需要配合厂内自制模块进行统一装配，并进行后续的热处理加工等工作。

基于现有产品特性及生产模式，企业在实际生产管理过程中主要面临以下问题。

（1）生产排程不够灵活优化。随着订单的碎片化、规模化，公司逐渐形成了订单驱动型和计划驱动型并存的混流生产管理模式，以往按照计划驱动型生产管理的传统排程方式已经无法满足企业要求。同时，由于车间生产计划的编制和调整均采用人工排产的方式，生产调度高度依赖于车间调度员个人的能力，导致无法保障生产计划的合理化。

（2）无法实现生产现场实时监控。由于缺乏有效的管控方式，车间现场作业计划的完成情况及相关异常无法实时反应，人员、设备、物料、质量、效率等各类信息不能共享，不透明。

（3）无法实现全过程无纸化的自动追溯。随着企业产品应用于丰田、大众、沃尔沃、福特、本田等品牌车型中，面对主机厂严格的质量管控要求，企业无法满足客户的溯源要求，无法快速精准地查询到每批次产品的所有相关溯源数据，如市场售后质量问题的反向追溯，原材料和配件质量多的正向追溯，车间制造质量问题向销售和原材料正反向追溯，加工设备、班次、批次、信息追溯、原材料材质、供应商自检、进货检验、制造过程检验及其他关键质量信息追溯等。

二、CYL – MES 实施目标

为了解决生产排产、生产过程管控、质量追溯等环节的管理痛点，进一步提升公司的生产管理水平，提升公司行业竞争能力和企业发展速度，A 机械集团有限公司决定实施发动机缸体智能加工车间 MES 系统（简称 CYL – MES），逐步打造成发动机行业智能制造的先进企业。

CYL – MES 实施目标

企业参照制造业信息化先进理念和实践经验，充分结合自身体系规范、管理特点和生产车间实际需求，对缸体制造全过程信息化进行了全面的设计，形成了以 MES 为核心的生产管理整体规划方案，如图 1 – 17 所示。基于实施应用的整体效果考虑，公司决定按照"顶层规划、分步实施"的战略部署进行循序渐进的推进。

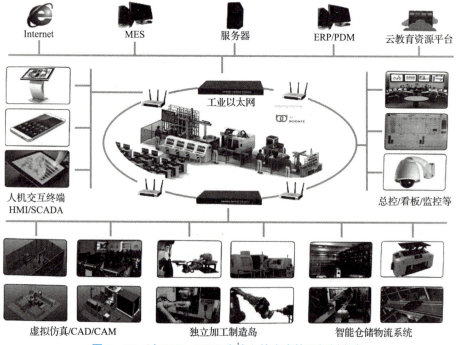

图 1 – 17　以 CYL – MES 为核心的生产管理规划方案

A 机械集团有限公司希望通过持续深入的实施、应用、优化，实现企业级 MES 的全局、体系性应用，实现从传统管理方式到信息化全面管控的转变，并达成以下具体目标：

(1) 重构生产执行层信息化架构，促进公司信息化总体架构优化。

(2) 采用微服务理念的技术架构，实现业务流程的快速建模和功能实现，并支持快速升级。

(3) 建立厂级数据中心，以元数据、主数据、编码中心理念重构数据体系。

(4) 融合制度约束于系统功能，由事后查错转化为过程防错；建立车间级问题管理流程，促进公司问题管理体系建设。

(5) 提升计划编制合理性、提升计划执行力。

(6) 现场展示看板，实时监控生产计划执行情况，现场异常及变更能及时反馈并柔性调度。

(7) 实现并优化车间设备维护管理业务流程，实现设备定检、巡检及故障风险报警。

(8) 产品制造记录无纸化、产量报告无纸化，且自动进行绩效核算，能进行产能分析。

(9) 构建单机质量 BOM，实现产品质量快速追溯。

(10) 实现车间外协项目投产和进度管理。

三、CYL – MES 需求分析

为了实现高效的企业运行，有效进行按单设计和按单生产，A 机械集团有限公司对 MES 系统提出了具体的目标要求，在开发团队的帮助下，企业认真分析生产管理中存在的问题，从高效计划、柔性调度、生产过程实时管控、数据信息有效传递、质量追溯等方面梳理出对 MES 的功能需求。

需求分析

1. 生产作业计划与调度

(1) 生产计划接收及分解。实现从 ERP 系统接收或者从相关人员手中导入生产计划，接收生产计划并将其分解为任务单元、平衡设备能力、指派加工设备、编制作业计划。主要包括对生产计划的编制、调整、查询；能力需求；设备能力负荷；物料需求；工具需求等。

(2) 作业计划预编制。能够根据任务优先级、交货期、工艺流程、瓶颈资源等约束条件，结合现有计划生产进度、车间资源（人员、物料、设备、场地等）实施负荷情况，平衡能力，实现初步作业计划的自动生成。其中，数据接口负责与其他信息系统集成以获取需要的设备、人员、物料等信息；经验数据为调度提供合理数据；调度模块则封装了调度规则实现作业计划的初步生成。

(3) 经验数据修正。通过分析采集对的数据对经验数据进行修正，以保证其实用性和准确性，根据产品的交货期和各阶段半成品的生产提前期制订车间的生产计划。

(4) 作业计划执行与反馈。作业计划通过工单的形式下发到生产现场，车间工人按工单接受任务，并及时反馈工作进度和完工状态。工单管理需要有新建工单、复制工单、下发工单、终止工单、修改工单等功能。一旦接收生产任务，则生成工单，如果出现变动，工单可根据现场的情况进行修改、暂停或者终止收回。

(5) 作业计划变更与资源调度。当生产过程中发生异常情况（如订单进度调整变更、物料缺料、机器故障、计划变更、质量故障等）时，能根据实时数据随时对作业计划做出

调整并对车间资源进行调度。功能涵盖工序合并、物料申请、首工件派工、转序单派工、生产控制、作业计划和物料补费等功能。

2. 在制品管理

（1）利用条码等识别技术，记录在制品的入库和出库等操作。

（2）对线上的在制品生产信息及批次信息进行监控和跟踪。

（3）实时收集单位时间内每道工艺的原物料消耗、产能、机器负荷、标准工时、成本核算等。

（4）记录生产中每道工艺投入、完成、返修、不合格在制品数量，定期生产相关在制品统计报表。

3. 生产过程追溯

（1）记录产品生产过程经过的路径、发生的问题、使用的物料。

（2）追踪到产品生产的相关责任人员，每一生产进行的时间。

（3）通过产品追查物料的供应商、批次等信息。

（4）根据物料追查影响的产品，并针对产品不同的状态进行及时的现场截留、停止发货或跟踪服务的处理。

4. 车间质量管理

（1）对质量数据进行采集，把采集的数据进行质量状况分析。

（2）对每一道工序进行质量把关，质检人员将该工序的检测情况，录入相应的检验结果和检验数据。通过质量追溯过程，实现对关键件的质量跟踪。

（3）质量控制与反馈，质量返修信息录入与查询。实时统计缺陷分布、分析缺陷发生原因，及时触发纠正措施，降低质量波动和返修率。

（4）质量报警。出现质量问题时，按触发等级自动报警，同时将报警信息以邮件或短信方式发给相关层级的人员进行提醒处理。

（5）完整记录制程质量及返修过程信息，形成产品质量档案库，帮助实现质量问题的快速反馈和跟踪。

5. 物料管理

（1）根据 BOM 结构，对生产计划进行物料的齐套性检查，触发对短缺物料的采购，并在物料无法获得时，调整生产计划，减少在制工单的缺料发生。

（2）依据生产计划的安排，提前安排物料备料，并按生产进度进行配送，根据生产现场发出的物料要料请求，及时进行物料补充配送。

（3）对线边物料进行管理，实现对物料的个体和批次在线推移、传递、消耗、转化等信息进行采集、记录、跟踪、整理、分析和共享等信息管理功能。现场缺料时，触发需求申请，拉动仓库及时补料。

6. 报表管理

（1）对制造执行过程中的人员、物料、设备、质量等信息进行统计，并能与历史数据进行对比分析形成报表。

（2）实时统计分析在制品分布、产出、质量趋势、产线效率、计划完成情况等企业关注的信息。

7. 数据采集、分析与集成

（1）通过扫描、自动读取、手工录入等多种方式采集生产过程中的大量数据。

（2）采集包括加工进度、完工记录、设备状态及运行参数等各种实时数据。

（3）关键采集部件的追溯信息。

（4）对生产过程关键数据要实时地进行统计分析。

（5）产品的工艺信息需要与 PDM 或者 CAPP 系统集成。

（6）生产计划、物料等信息需要与 ERP 系统集成，并能将工时、物料消耗等信息反馈给 ERP 等系统。

（7）设备、人员等信息需要从 MES 其他模块中获取。

1.1.4 任务评价

任务学习完成后，由教师、学生进行自评、互评和师评，评价学生是否完成对 MES 应用环境、内涵特征、业务价值等内容的学习，是否能结合企业实际情况完成 MES 的实施目标和需求分析等内容，需求分析是否真实合理、阐述是否详细、是否达到了学习的目标。评价完成后，将评价的结果填写到表 1-8 的评价表中。

表 1-8 MES 系统需求分析任务评价表

序号	评价指标	评分标准	满分	评价 自评	评价 互评	评价 师评	综合得分
1	MES 应用环境	能完整准确描述车间生产人员结构和生产管理活动	10				
2	MES 内涵特征	能正确描述和理解 MES 的定义和特征	20				
3	MES 业务价值	能正确描述和理解 MES 在制造生产中的价值	10				
4	MES 实施目标	能清晰描述 MES 的实施目标，实施目标与用户需求一致	20				
5	MES 需求分析	能清晰描述 MES 的需求分析，需求分析指标具有可测试性	40				

1.2 任务2：体系结构设计

1.2.1 任务描述

通过学习相关知识，了解 MES 系统的业务流程和体系框架，结合企业的真实需求，以缸体智能加工车间 MES（CYL-MES）为例，掌握 MES 系统设计的目的原则，能够合理规划 MES 的框架结构，为 MES 系统的开发与部署做好准备工作。

通过本任务的学习，学生应能表述关于 MES 系统设计规划的如下知识：

（1）MES 规划设计的原则和目标；

（2）MES 硬件支撑环境和数据采集方法；

（3）MES 软件结构和主要功能。

1.2.2 相关知识

一、MES 设计原则与目标

MES 设计原则与目标

作为车间信息管理技术的载体，MES 在实现生产过程的自动化、智能化、网络化等方面发挥着巨大的作用。MES 处于企业级的资源计划系统和工厂底层的控制系统之间，是提高企业制造能力和生产管理能力的重要手段。MES 相关设计原则如下：

1. 成本控制

MES 的规划应本着节约成本、高效率和低能耗的原则，减少对不必要的硬件或软件的购买和使用，确保 MES 在使用过程中不会造成附加成本的产生。

2. 目标一致性

MES 的体系架构必须要结合企业的实际需求而构建，与实际需求相吻合，减少不必要功能的使用，控制成本，尽量避免增加使用人员的工作量或复杂度。MES 的最终目的是提高生产效率、产品质量，降低工作难度等。

3. 整体性和扩展性

正确规划企业所需要的应用系统，确定各应用系统之间的界限和相互联系，尤其要关注在不同阶段实施的应用系统之间的衔接关系。信息系统关系到企业生产经营的方方面面，它们共同构成一个有机的整体，因此在制订总体规划时，应考虑各个部门对信息系统的需求。随着信息技术的发展、企业内外部环境的变化，总体规划需要相应的调整。要求总体规划具备良好的扩展性，可以根据需要增加或者减少子系统而对整体不会产生负面影响。

4. 系统安全性

采用多层结构的访问机制，数据库层只接受业务逻辑层的访问，任何用户都不可能直接访问数据库，从而保证了数据的安全性。MES 的任何用户都必须经过系统权限验证，在访问系统的过程中，用户还要接受模块、功能、记录多级权限的控制，不可访问授权范围之外的数据。

5. 可维护性

网络的普及性使 MES 物理网络的维护更加容易，系统需支持以太网的数据传输方式。MES 的定制化界面的开发需采用可以共享工具且有助于创建混合语言的解决方案，这使得 MES 人机界面的开发变得更加容易、方便，而且具有良好的调试性和可读性。另外 MES 的开发伴随着相关人员的专业培训，这些培训既包括基本知识和操作业务的培训，也包括基本开发的培训，以确保后期的可维护性。

6. 稳定性

MES 必须保持一定的稳定性，为了达到这个需求，MES 的开发需要经过详细严格的测试流程。内部测试：一般包括模块测试、集成测试和系统测试三个部分。模块测试主要针对生产信息管理系统中各功能模块进行测试，在各模块编码结束后进行。在生产信息管理系统实施过程中，多个模块可同时进行模块测试，内部接口的模块需与接口模块同时测试。集成测试是基于模块测试的测试，在进行集成测试之前将生产信息管理系统各功能模块组装到一起，对生产信息管理系统进行整体测试。系统测试是将软件放在整个计算机环境下，包括软硬件平台、某些支持软件、数据和人员等，在实际运行环境中进行一系列的测试。系统测试的目的是通过与系统的需求定义作比较，发现软件与系统的定义不符合或者矛盾的地方。外部测试：针对生产信息管理系统和外部系统的每一个数据接口，由双方的工程人员互相配合进行，主要的目的是测试数据接口的稳定性、正确性和完整性等。

MES 的项目目标是通过信息可视化和流程规范化，提高制造过程透明度，强化生产控制和响应速度，构筑可持续改善的准时工厂，构建企业执行层生产信息系统的通用平台，如图 1-18 所示。MES 通过定义通用的模型和响应术语，为能够更好地与企业的其他业务系统协同工作提供有益的参考。

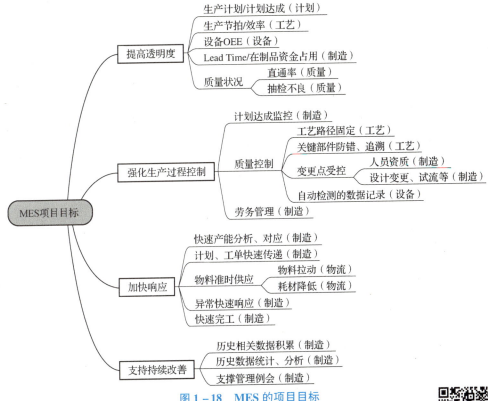

图 1-18 MES 的项目目标

二、MES 硬件支撑环境

MES 硬件支撑环境是需要纳入数字化制造系统以及数字化生产线的整体架构下进行规划的。

MES 硬件支撑环境

数字化制造系统是以数字化硬件环境为支撑的，综合利用网络化技术和计算机技术，实现数字化制造相关业务信息和过程管理的支撑系统，该系统涵盖设备层的数字化控制、车间层的数字化制造执行、企业层的数字化集成管理等，支持制造企业信息流、物料流和控制流的集成与协同运行。数字化制造系统涉及硬件支撑环境以及软件集成应用两个方面：硬件方面包括数字化加工和装配设备、物料存储与输送系统、检测与监控设备以及计算机网络控制设备；软件方面包括 CAPP、PDM、ERP、MES、DNC 等系统。

数字化生产线是实现快速响应制造的基础。采用顶层集成控制的形式，建立数字化加工设备的底层网络，实现数控程序的传输和集中管理，实现对设备状态和运行状况的测试监控。通过与车间生产管理系统的集成，达到对数控程序从设计到调试加工的一体化管理，以及设备状态和运行信息对车间生产管理系统支持的目的。

下面主要从底层控制和环境的角度，对其中的分布式数控系统、底层状态监控与执行信息采集系统、自动物料输送与存储设备、数字化监测设备等进行重点介绍。

1. 分布式数控系统

分布式数控系统（Distributed Numerical Control，DNC）作为实现生产指令向现场延伸的具体体现技术，已经在制造企业得到了广泛的应用，DNC 采用一台计算机控制若干台数控（Computer Numerical Control，简称 CNC）机床，使各机床数控系统能够完成各自的操作，其主要功能包括：

（1）NC 程序的上传和下载：其中 NC（Numerical Control，数字控制）程序的下载是 DNC 系统的基本功能。

（2）制造数据的传送：除 NC 程序的上传和下载功能之外，DNC 系统还具有 PLC 数据传送、刀具指令下载、工作站指令下载等功能。

（3）NC 程序管理：如实现基于中央集中的 NC 程序库在线管理等。

（4）与其他系统进行通信：通过企业网络系统可方便地实现 DNC 系统与企业其他信息系统（如 MRP Ⅱ、CAPP、CAM 系统等）的相互通信。

2. 底层状态监控和执行信息采集系统

底层状态监控与执行信息采集是实现数字化、精细化管理的关键。主要体现在是三个方面：一是机床状态数据采集与监控系统；二是刀具预调和监控装置；三是生产任务执行现场信息的采集。

（1）机床状态数据采集与监控系统。

MDC（Manufacturing Data Collection，MDC）即制造数据采集，一般通称为机床监控。MDC 通过现今的软硬件采集技术对数控设备进行实时、自动、客观、准确的数据采集，实现生产过程的透明化管理，并为制造执行系统提供生产数据的自动反馈。许多制造企业数字化车间基础 DNC 系统的成功应用，构建了数字化车间的网络基础，从根本上改变了以前程序手动传输、分散管理的局面。MDC 作为数字化车间的第一步，是 DNC 系统的有机延伸，可以为企业进行科学的量化管理提供决策依据。同时，MDC 提供的生产数据对 MES 也非常重要，MES 系统只有及时获取知识任务执行情况，形成生产的闭环处理，才能使计划更准确、更科学。因此，MDC 是 MES 成功实施的有力保障，是数字化车间实施中的关键技术之一。

①MDC 采集的信息：主要包括机床开机还是关机状态、机床处于加工/停机/故障状

态、主轴功率水平、故障报警号、故障开始时间/故障解除时间、单个工件的平均加工时间/最长时间、最短时间等。

②MDC 用到的手段：MDC 针对不同的机床有不同的采集方案，可大致分为带网卡机床、加硬件机床、辅助采集三种方式。

对高端带网卡的机床，如 Fanuc Siemens 840D/Heidenhain 等，不用添加任何硬件，即可获取刀具的坐标信息（包括绝对坐标、相对坐标、剩余移动量等）、转速和进给速度、报警号/报警内容、机床运行状态（包括编辑状态、自动运行状态、MDI（Manual Data Input）状态、试运行状态还是在线状态加工等）、主轴功率等。

对不支持网卡采集的机床，需增加硬件进行数据采集，如机床的实时状态（开机、关机等）、机床的工作状态（运行、空闲还是故障状态）、机床的开机时间、关机时间、运行时间、空闲时间、机床故障开始时间、故障消除时间、工件的加工开始时间、加工结束时间、工件最长加工时间、最短加工时间、平均加工时间等信息。

（2）刀具预调和监控装置。

刀具预调装置是数控机床以外预调刀具尺寸的精密仪器，是数字化制造系统必备的刀具准备设备，它适用于加工中心和数控机床等数字化设备的刀具准备，可节省辅助时间，充分发挥主机的作用和效率。刀具监控装置是现代自动化加工系统不可缺少的在线监测仪器。因为刀具磨损、破损是引起数字化制造设备中断加工过程的首要因素，一般制造企业的贵重或大型数控机床都需要配备刀具的监控装置。目前生产中可用的刀具监控装置有切削力监控、功率/电流监控、声发射监控和噪声监控等类型。

①切削力监控采用的力传感器一般安装在刀架或刀杆上，依据切削力变化监测刀具磨损和破损情况。

②功率/电流监控是利用主轴电动机或进给电动机的功率或电流变化计算出切削力的变化，来检测刀具磨损和破损情况。生产中可采用交、直流互感器，也可采用霍尔功率计或分流分压器等。

③声发射监控是利用刀具断裂或变形时以弹性波形式释放的能量，检测刀具的声发射值的变化，判断刀具是否出现破损。一般情况下，声发射传感器安装在刀架或刀柄上，但也可安装在冷却液喷管上。当刀具破损时，声发射信息通过刀杆或冷却液传播到传感器，经放大和滤波处理后，判断刀具是否出现破损。

④噪声监控是以传声器作为传感器接收切削区的噪声信号，利用特殊音频识别方法提取刀具工况的噪声信号，实现对刀具磨损和破损的监控。

（3）生产任务执行现场信息采集装置。

生产任务执行信息采集主要回答正在生产什么产品，已经生产了多少件，以及产品的质量信息等问题。生产任务执行信息的采集一般综合应用条码、终端机、触摸屏等装置，并通过与 MES 系统的集成实现制造执行过程的综合管控。生产执行信息采集一般通过人工操作的形式实现。

3. 自动物料输送和存储设备

对于大批量的生产组织形式，生产过程一般采取自动化的物料运送与存储设备。数字化制造系统的物料输送与存储设备是在生产全过程中担负运输、存储和装卸物料的自动化设备。与传统的物流设备相比，数字化制造系统的物流设备的突出特点是自动化程度高、由计算机管理、整体集成和系统性强。

（1）自动化输送设备是物流系统中起"流动"作用的重要设备，其主要功能是装卸和搬运物料，把生产各环节合理地衔接起来。目前比较适合数字化制造系统应用的自动化输送设备有三种：传送带、运输小车（有轨和无轨）和搬运机器人。

（2）自动化存储设备的主要功能是把生产过程中的毛坯、在制品、成品、工具和配套件等暂时保存起来。数字化制造系统中的物料存储设备主要有三种：自动化仓库、托盘站和物料进出站。

4. 数字化检测设备

检测和监控的数字化是数字化制造系统高效、正常运行的基础支撑，虽然不同的生产系统对检测与监控的内容和精确度要求不同，但是检测和监控设备的服务对象一般都集中于工件、刀具、加工设备、工件运储系统及工作环境等方面。下面重点对工件自动检测设备进行描述。

（1）在线检测装置。

在线测量装置可以实现在加工过程中对工件加工质量的自动检测任务。在生产过程中，一般情况下测量装置均安装在机床上，以实时测量的结果补偿控制机床运行。常见的在线测量方式分为两种：不停机测量和停机测量。不停机测量的常用测量装置有摩擦轮式、光电式和气动式，多用于大批量生产时精密磨削加工过程中的定尺寸测量。停机测量多属于工序间在线检测或者加工后在线检测，这种测量装置多数是可以安装在数控机床主轴或者刀架上的三维测量头，由数控机床的控制计算机直接控制测量。这种测量方法可以依据测量结果直接进行机床和刀具补偿，这样既节省了工件重新安装和运输时间，又避免了工件安装误差。需要说明的是，采用三维测量头虽然不需要单独购买测量机，但是在线测量会损失机床的加工时间，所以常用于单件、小批量的复杂精密零件加工过程中的测量。

（2）线外测量装置。

对于制造企业而言，其工件种类和测量内容繁多，一般都需要配备功能丰富、易于扩展的计算机数控坐标测量机。坐标测量机通常实现三个坐标测量，可以自动检测工件尺寸误差、形状误差和轮廓形状误差，并能自动提供误差修正补偿值。企业可以根据测量效率和柔性等方面的特殊需要，为坐标测量机配备回转工作台、托盘交换系统和测量头交换系统等附件。

（3）其他数字化测量装置。

服务于批量生产的数字化测量装置的类型很多，按工件的测量表面分为内表面测量装置、外表面测量装置、平面测量装置、齿形测量装置及曲面测量装置等。例如，光电塞规可以准确测试孔径尺寸、孔的圆度、锥度、圆柱度、喇叭口、腰鼓肚和孔内局部凹凸等；圆度仪可以精密测量圆度、同心度、同轴度、平面度、垂直度、轴线直线度、跳动和波度；轮廓测量仪可将测得的工件轮廓以数字量存入存储器中，并能显示工件轮廓、计算选定轮廓段的圆弧半径、两圆弧中心距、两直线间夹角、直线的倾角、两点间坐标差和距离等几何参数。

三、MES 软件体系架构

1. 生产中特殊框架条件

为了能够简单且安全地获得生产过程中所有必要的数据，在开发 MES 系统时，应当

MES 软件体系架构

考虑生产中的特殊框架条件。不同于在办公室使用的 IT 系统，MES 系统在人机工程学方面必须提高要求，以便在恶劣的生产环境中，工人可以无误地操作 MES 系统。简单而易于理解的操作对话是高水平的接受 MES 系统的一个强制性要求，否则很难成功地实施 MES 系统。

同样，应该注意在生产中恶劣的环境条件，如污垢、喷雾、蒸汽和油雾等。对这些恶劣条件不敏感的工业计算机是必需的，计算机选择适当的保护方式和健壮的用户界面，如触摸屏或键盘膜或其他合适的配件，如条形码扫描仪或 RFID 阅读器。

此外，流动性需求越来越大。因为 MES 系统随时随地可使用，所以在宽大的车间或很难到达的仓储位置里，应投入使用移动采集设备。使用采集设备不仅作为一个区域或一组终端，而且也可以在同一总线上分配多个终端，例如一个终端直接分配给一台设备的配置。

2. MES 的 IT 体系架构

IT 体系结构确定了如何使用硬件、软件和网络构成基础设施，使用哪些 IT 组件，如何构建 IT 系统之间的接口。除此之外，提出了企业使用哪些标准的问题：优先使用哪些操作系统？使用哪些数据库系统？如何在系统之间实现通信？这意味着，在开发 MES 系统之前，应该认真研究，是否满足个性化的 IT 基础设施的众多需求。

因此，良好的 MES 应无缝连接到现有的 IT 环境，每个授权的用户可以从标准客户端上访问 MES 系统里的相关功能服务。

MES 系统中典型的 IT 体系结构如图 1－19 所示。中心部件是 MES 系统的服务器，它被集成到现有的网络，且被安装上了所谓的生产数据库。在这个数据库里，不仅存储了原始数据，而且也存储了所有采集到的实际数据。因为与待处理数据的数据调整和使用客户端的数目变化很大，所以通过 MES 服务器的设计，给出了相应的 MES 系统可扩展性。现有的或将建立的数据安全机制和部件考虑了根据数据的重要性来存储 MES 数据。

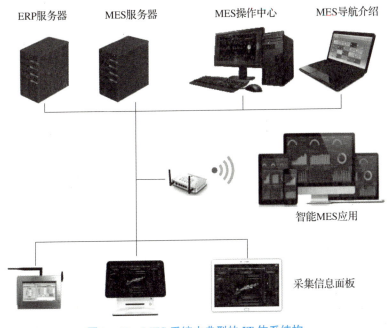

图 1－19　MES 系统中典型的 IT 体系结构

实际的 MES 系统的应用，是以 MES 操作中心（实际总览、评估和计划功能等）在标准计算机上应用的，这些计算机用于大多数的经理办公室、生产控制、维护、控制、人力资源、质量保证、生产调度和管理部门。通过 MES 操作中心，一方面可以显示、计算或更改相关的数据，另一方面，也提供给用户共享的功能和评估。

为了获得设备和工作地的数据，还使用可选的工况数据终端、工业个人计算机或配有相应附件的标准计算机（条形码扫描仪、读卡器及打印机等）。通过与 MES 服务器的在线通信，可以检查数据输入的合理性。当输入有错误时，立即显示给操作者。如果在线连接终端，脱机模式将自动激活，数据被存储在本地 MES 系统终端。如果恢复连接到服务器，缓存的数据将自动地传送到数据库。

3. MES 功能结构

在 ISO/IEC 62264 标准中，制造运行管理（Manufacturing Operations Management, MOM）被描述成四类不同性质的主要范畴：生产运行管理、维护运行管理、质量运行管理和库存运行管理，图 1-20 所示为这四大范畴之间及其与车间外部的交互全景，构成了整个工厂的制造运行管理模型。可以看出，MOM 是以生产运行管理为主线展开的，其他三个范畴以及车间外的管理模块（如订购单处理、成本核算、研究开发等）都是为生产管理提供支持的。

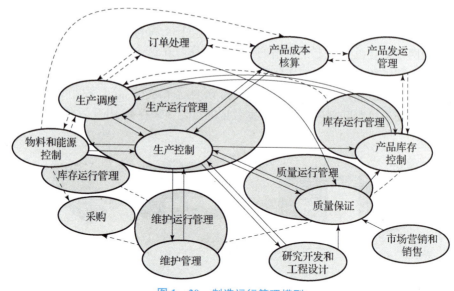

图 1-20 制造运行管理模型

MOM 中针对生产运行管理的八大活动是：生产资源管理、产品定义管理、详细生产调度、生产分派、生产执行管理、生产跟踪、生产数据采集和生产绩效分析，其活动模型如图 1-21 所示。

（1）生产资源管理：提供关于完成制造产品生产周期所需的一切软、硬件资源信息，包括人员、物料、设备及工艺规范等，向业务管理系统（如 ERP）报告当前有哪些资源可用。

（2）产品定义管理：从 ERP 中获取生产产品的定义信息，包括产品的工艺设计、操作规范等，确保生产的产品符合工艺规格。

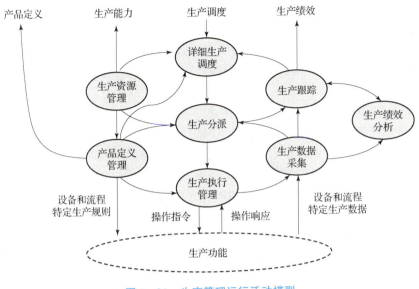

图 1-21 生产管理运行活动模型

（3）详细生产调度：根据业务系统下达的生产订单，基于人员、设备、物料和当前生产任务的情况，完成生产顺序（排产）和生产时间（排程）的分配。

（4）生产分派：按照生产作业计划分解成作业任务后派发给人员或者设备，启动生产过程，并控制工作量。

（5）生产执行管理：保证分派的作业任务得以完成。对于全自动化设备，由生产控制系统（PCS）执行；对于人工或半自动生产过程，需要通过扫码、视觉检测等方式确认任务完成，同时还要负责生产过程的可视化。

（6）生产跟踪：跟踪生产过程（包括物料移动、过车段的启停时间等）、归纳信息包括①人员、设备和物料；②成本和绩效分析结果；③产品谱系、向业务系统报告做了什么和生产了什么。

（7）生产数据采集：从 PCS 采集传感器读数、设备状态、事件等数据；通过键盘、触摸屏、扫码枪等方式采集人工输入、操作工动作等数据。

（8）生产绩效分析：用产品分析、生产分析和过程分析等手段对数据进行分析，确认生产过程并不断进行完善优化。

MES 的功能结构一般遵循 ISO/IEC 62264 标准定义的生产运行管理、库存运行管理、质量运行管理和设备运行管理范畴中的主要管理活动进行设计，在此结构框架下，MES 开发商可以结合企业和产品生产特征及需求等，定制额外的功能模块，从而满足企业的生产管理需求。

1.2.3 任务实施

一、CYL-MES 系统方案设计

在生产中应用以 IT 为基础的系统，例如 MES 系统，必须满足对其他系统结构产生影响

的特殊要求,如这些预先给定的要求:信息采集集成、数字孪生映射、可用性要求、人机工程学和可操作性,或者设备装置形成的环境条件。因为每一个生产条件都是独一无二的,刚性的 MES 系统灵活性较小,要以合理的成本适应这些给定的边界条件。这些给定的边界条件是由具有不同设计的生产过程的异构设备环境所组成的。现代 MES 系统必须根据客户需求,对不同的条件能可变的调节,保证系统不仅与生产层还能与管理层进行无缝的通信。因此,在 CYL – MES 系统的设计中,主要考虑以下的要求:

(1) 模块化构建的标准软件要满足用户不断增加的需求(可扩展性)。
(2) 考虑市场上 MES 系统和 IT 的规范(如操作系统、数据库等)。
(3) 完整构造在所有生产过程中产生的数据(信息集成)。
(4) 与周边其他信息的通信,例如 ERP 系统、设备和装置的控制或子系统。
(5) 标准模块不仅容易适应生产过程,而且也容易适应用户的功能。
(6) 高可用性和数据安全性。
(7) 简单、符合人机工程学的数据采集功能。
(8) 构造个性化的操作和计算方案。

为了满足上述的要求,根据最新发展的技术,开发了面向服务架构标准(SOA)的 CYL – MES 系统。这意味着,内部模块化结构以"服务"的相应形式,提供给 MES 系统服务。通过现有的软件模块可变组合形成的服务,在系统里提供所需求的 MES 系统结构。CYL – MES 系统的整体服务架构方案如图 1 – 22 所示。

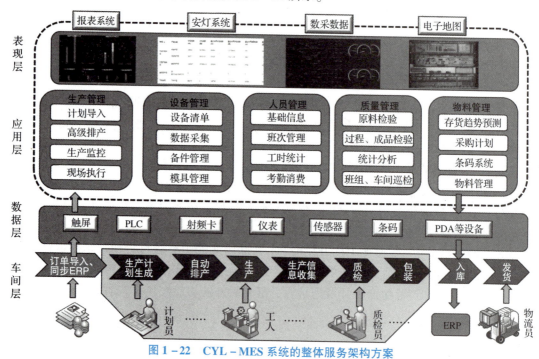

图 1 – 22　CYL – MES 系统的整体服务架构方案

由图可见,CYL – MES 系统的整体架构主要由车间层、数据层、应用层和表现层构成。①车间层:包括生产过程中不同品牌、规格、型号的传感器、PLC、条码、数控机床、机器人等感知和执行单元。②数据层:该层主要实现制造过程数据采集与传输。数据采集的方式主要有传感设备、RFID 设备、扫码设备等。③应用层:实现系统业务逻辑,即将生产管理、设备管理、人员管理、质量管理和物料管理等功能置于该层。当客户端提出任务请求时，应用层向数据层提出数据提取请求，并对提取出来的数据进行处理，将处理的结果通过应用服务器传送回客户端。④表现层：是用户与系统间信息交互的接口，负责结果展示及数据收集。车间层数据操作用户通过访问客户端应用程序，完成数据的人工录入和提交；生产管理层用户通过访问接口进行信息浏览和查询。

整体而言，CYL-MES 拥有较高的柔性和丰富功能，能够有效地集成 A 机械集团有限公司的现有系统环境，以支持所有业务流程的执行。

二、CYL-MES 硬件环境架构

1. 缸体加工数字化车间环境

CYL-MES 应用的缸体数字化车间主要包括一个环形生产线（如图 1-23 所示）和五个线边工位（如图 1-24 所示）。

CYL-MES
硬件环境架构

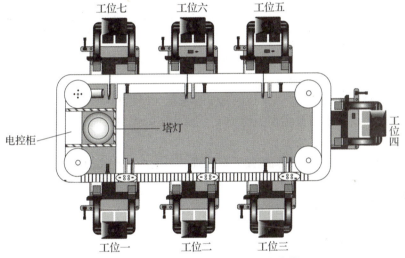

图 1-23 缸体数字化车间环形生产线

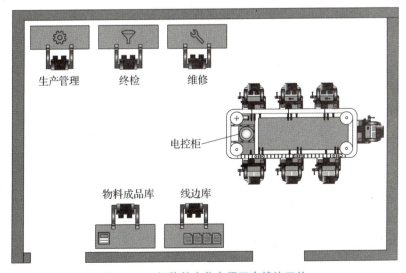

图 1-24 缸体数字化车间五个线边工位

(1) CYL-MES 数字化车间线上工位。

①工位一（铸造）：铸造工位配置了工频电炉和模具等设备。电炉实现铝合金/灰铸铁母液批量、连续熔化，电子配料系统自动配料；同时通过数据采集实时监测炉内熔解温度、时间、天然气压力等工艺参数。模具用于制造砂型，将铁水溶化后浇入模型中，冷却后开箱、清砂，完成毛坯制作。

②工位二（热处理）：热处理工位配置了电阻炉、铸造机等设备，完成缸盖缸体铸造成型、震砂、热处理和切割浇冒口等工序。铸造机配有智能加压控制系统、模温监控系统，智能加压控制系统可以监控电阻炉溶液温度、炉气温度、压力参数、充型位置等工艺参数。模温监控系统实时监测模具温度，及时反馈并调整工艺参数，实现铸件的顺序凝固。

③工位三（粗加工）：粗加工工位配置了数控加工中心，用于对缸体各面、孔等进行初次加工，目的是减少精加工加工负荷、控制加工切削量，以便后续精加工时产品质量更加可控。另外在上料位置增加了光感传感器，用来对不同机型缸体进行识别防错。

④工位四（清洗试漏）：清洗试漏工位配置了清洗机、试漏机等设备。清洗机主要用于对经过加工的工件水道、油道以及面和孔进行深度清洗，以便试漏机对工件进行泄漏测试。试漏机主要用来检验工件是否存在内部泄漏，探测可能存在的铸造缺陷（如气孔、砂眼等）。

⑤工位五（精加工）：精加工工位配置了拧紧机、研磨机等设备。拧紧机用于安装曲轴轴承盖，并通过在线扭矩测量实现关键加工参数的实时控制。加工中心分别进行粗镗和精镗，将孔加工到图纸要求尺寸。

⑥工位六（打标）：打标工位配置了打标机。当生产的产品检验完成后，生成产品整个生产过程工艺参数的二维成品码，通过激光打标机进行二维码激光雕刻，实现产品生产全过程的信息追溯。

⑦工位七（包装）：包装工位通过人工手工进行装配操作，将生产的产品放入到包装袋中，做好产品的封装和保存。

(2) CYL-MES 数字化车间线边工位。

①生产管理工位：生产管理工位配置了计算机、IPAD 等终端设备。本工位承担了所有的生产管理工作，包括生产计划制订、生产排程、任务分派下达、生产跟踪控制、查询统计和绩效管理等。

②物料成品库工位：物料成品库工位配置了计算机、扫码枪等设备，本工位包括物料库库位和成品库库位。库中存放灰铸铁、铝合金、曲轴轴承盖以及加工完成后的成品。生产订单下发后，由人工从本库取出相应数量的原料，放入料盒，推送至线边库工位。本工位中的计算机用来使用 MES 中的库存管理功能。

③线边库工位：包括配置手持 PAD、扫码枪和分料盒等。生产订单下发后，由原料库将原料运送到生产线边库。线边库管理员使用手持 PAD 上的线边库收发物料管理进行物料的收发操作，然后再将原料、轴承盖用分料盒配送至相应的工位。

④维修工位：包含计算机和扫码枪等设备。在环形线工位上发现的异常在制品都被转至维修工位进行维修操作，修好后再将其返还到环形生产线中。

⑤终检工位：包含计算机和扫码枪等设备。成品加工和装配完毕后，由包装工位操作工手动将产品转至本站，进行产品质量确认。终检完成后，在计算机上生产产品入库单，

将产品送至成品库位进行入库操作。

2. CYL-MES 网络拓扑结构

CYL-MES 网络拓扑结构如图 1-25 所示。基于有线网络/4G/5G 网络实现每一单独工件、每道加工工序的身份识别；基于工业协议转换器链接每一台设备的控制器，实现所有设备的互联互通互操作；基于数据层实现机器视觉、温度传感、能源仪表等各种智能传感和仪表的互联及数据采集。有线网络、无线网络覆盖整个车间，连接设备、传感器、智能仪表、卡看板、现场终端等几百个网络节点。

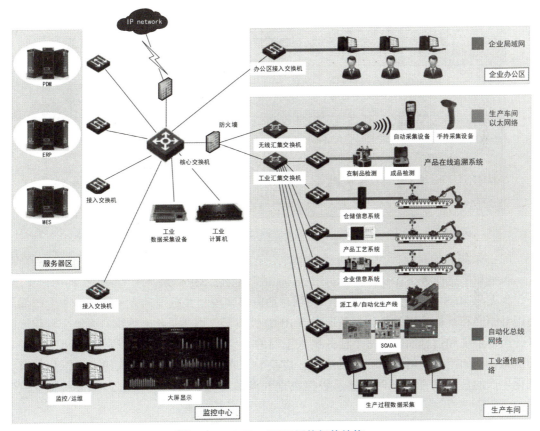

图 1-25 CYL-MES 网络拓扑结构

3. CYL-MES 数据采集方案

（1）车间物理连接服务。

CYL-MES 系统与设备、装置、控制系统和刀架等其他生产设施间的通信，承担了所谓的车间物理连接服务。根据要求以及技术的可能性，在设备侧开始丰富地实现简单设备接口的可能性，通过与设备传感器直接连接，能够轻易地获取节拍和数字信号，以及模拟测量值如温度、压力、转速与速度等。这些都可以变成一个简单的记录。选择价格合理的设备，通过一个串行接口与 BDE 终端直接连接，或通过 CYL-MES 系统中局域网加以集成。按照要求，设备接口根据需要模块化地加以扩展具有基于工业标准的安装和连接选项。

为提高有关数据交换的要求，调整数据或 NC 记录首先要传送到控制系统，使用 CYL-MES 系统进程通信控制器（Process Communication Controller，PCC）。进程通信控制器拥有支持多种协议和接口技术的丰富的驱动程序库。该驱动可被配置，由此按照响应的应用目的或使用情况加以个性化的调整。对于 MES 系统，进程通信控制器确保一个统一的、面向应用的视图，并承担"翻译"成具体的设备/自动化语言。

进程通信控制器支持一系列的特定部门的工业标准。例如，在塑料生产中注塑机集成的 Euromap 63 标准，或用于饮料和食品工业罐装生产线的连接的魏恩标准。高效而广泛应用的 OPC（OLE for Process Control，过程控制 OLE）接口可以用 PCC 实现。而针对 A 机械集团有限公司生产车间实际情况，CYL – MES 进程通信控制器通过标准化接口提供多样化的设备连接，如图 1 – 26 所示。

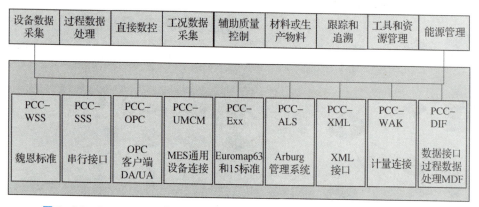

图 1 – 26　CYL – MES 进程通信控制器通过标准化接口提供多样化的设备连接

（2）采集和信息面板。

采集和信息面板（Acquisition and Information Panel，AIP）是基于 Windows 的用户界面，并作为人与 MES 系统之间的连接器。使用对话窗口实现相关数据的人工采集，在生产部门使用触摸屏和其他外围设备，如条形码或 RFID 读取器。因为采集对话窗口可以个性化地配置，所以采集和信息面板为每个任务提供正确的采集对话窗口，如图 1 – 27 所示。伴随着的信息，例如工件物料清单、工艺流程、检验指令或图样，可以为工人建立少纸化甚至无纸化生产的显示功能。同时，显示数控数据和调整参数，并直接输送到设备和装置控制器中。

为了简化数据采集和避免输入错误，可以从计量和检验设备中直接读取结果，并输入对话框中。

通过应用现代的界面构建采集和信息面板（AIP），并且根据在生产中用户的需求量身定制。通过应用程序组的划分以及在特殊情况下对每个工作地个性化配置，为员工和设计人员提供他们真正需要的功能，并符合他们正常的工作流程。为了直观地处理，多层次的输入窗口考虑了适用于所有 MES 应用的基于应用的采集工作流。这些应用从通过常规的 BDE/MDE 对话窗口进行人员时间采集的简单应用（如上下班打卡），直至物料记录、检验结果或者批次和批号的完整应用。

（3）备用的数据采集功能。

可以使用移动设备诸如智能手机或 PAD，如图 1 – 28 所示，这是非常有意义的，特别是在大型生产领域里采集现场数据。

用户界面与终端设备屏幕自适应匹配，使用基于浏览器的界面采集数据和信息检索。

项目1　MES系统总体设计

图1-27　在BDE上简单对话例子和工人自检验AIP应用

图1-28　在智能手机上CYL-MES系统应用的例子

例如，员工在工作地或者职工公司通过连接在互联网的个人计算机上，进行生产工序的查看、接收、执行和完工层操作。

三、CYL-MES软件功能设计

1. CYL-MES软件功能结构

根据客户提出的要把车间生产管理"人""机""料""法""环"五大要素信息相连，通过MES系统的数据分析与统计实现对生产管理智能化识别、定位、跟踪、监控和管理的功能目标，遵循ISO/IEC 62264中制造运行管理模型的四大管理范畴（生产运行管理、维护运行管理、质量运行管理和库存运行管理），CYL-MES从数据管理、生产管理、物料管理、质量管理和设备管理五个方面进行功能模块设计，具体功能结构设计如图1-29所示。

系统功能设计

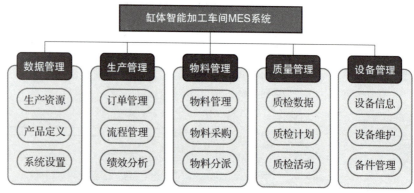

图 1-29 系统具体功能结构设计

（1）数据管理：主要实现对产品、产品物料清单、产品工艺的管理及工厂日历的管理。本模块为车间生产计划的制订及调整的基础依据。

（2）生产管理：主要实现编制各车间生产计划，参考各车间信息实时生产进度，协同监控各车间生产计划执行情况。参考装配齐套查询功能、车间装配、生产进度报表以及生产能力，对下月计划进行统筹编制和调整。

（3）物料管理：用于实现对原料、零件、半成品、成品进行管理。此模块可以与 ERP 系统进行集成应用，向 ERP 系统提交物料申请计划，直接接收总厂配送的物料，减少库存管理人员的工作量，加快物料流转过程中业务处理数据，并提高准确性。

（4）质量管理：用于提供工序质检结果的记录功能，针对不合格的工序，系统提供维护质量判定结果的录入功能，同时支持根据不同判定结果，判断是否需要生成不合格品通知单信息，以及不合格品通知单的详细信息维护信息。

（5）设备管理：用于实现对设备整个生命周期的管理，通过对设备联网和设备通信的改造，对设备运行数据和生产数据实时采集，实现对设备操作过程实时监控、设备故障自动预警，从而使设备保持良好的运转，提高资源和设备利用率，挖掘生产潜力，提高企业效益。

2. CYL-MES 软件部署

CYL-MES 软件部署图如图 1-30 所示。

CYL-MES 软件包含两大类：服务器端和客户端。服务器端程序部署在一台服务器中，其中包含数据库系统、应用服务器软件和 MES 服务器软件。系统提供了两种形式的客户端程序，包括 Web 页面和 App，每种形式的客户端又分为不同用途的客户端，具体介绍如下。

（1）生产管理客户端与车间大屏。生产管理客户端与车间大屏位于车间的管理区。生产管理客户端是 Web 页面形式，用计算机上的浏览器访问。该客户端软件提供了所有生产管理功能，包括基础数据管理、生产计划制订、生产排程、生产任务下达、生产跟踪与控制、生产信息查询与统计以及生产绩效管理等。车间大屏用于实时显示车间的各种生产数据，便于管理人员及时了解生产运行情况。

（2）工位生产客户端：工位生产客户端位于环形产线的每个工位上，以 App 形式提供，用工位 PAD 访问。工位生产客户端用于接收工位生产任务，采集工位生产数据。

（3）库存管理客户端：库存管理客户端位于物料成品库工位，以 Web 页面形式提供，

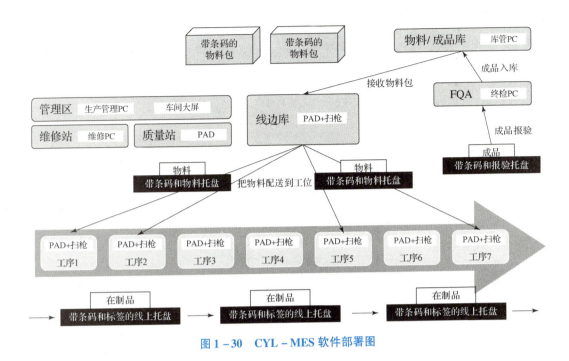

图 1-30　CYL-MES 软件部署图

通过计算机上的浏览器访问。库存管理客户端包含的功能有：物料库位管理、物料出入库管理、成品库库位管理和成品出入库管理。

（4）线边库收发料客户端：线边库收发料客户端位于车间的线边库工位，以 App 形式提供，用手持 PAD 访问，主要功能是接收库房发来的物料包，按照工序物料需求，将物料精准配送到生产工位上。

（5）维修客户端：维修客户端位于车间的维修工位，以 Web 页面形式提供，用计算机上的浏览器访问。维修客户端用于处理从环形产线上的工位传来的维修任务。

（6）终检（FQA）客户端：终检客户端位于车间的 FQA 检验区，以 Web 页面形式提供，用计算机上的浏览器访问。FQA 客户端接收最后一道工序传来的产品信息，如果检验不合格，则退回工序；如果检验合格，则生产成品入库单。

（7）质量客户端：质量客户端位于车间的质量站，以 App 形式提供，用手持 PAD 访问，用于处理物料异常，首检检验和巡检。

1.2.4　任务评价

任务学习完成后，由教师、学生进行自评、互评和师评，评价学生是否完成对 MES 总体设计、硬件架构、数据采集、软件设计等内容的学习，是否能结合企业实际情况完成 MES 的总体规划、硬件架构和软件设计等内容，MES 设计方案是否实现了生产现场的闭环管理、是否所有的核心资源都覆盖了信息化管理、是否实现了与 ERP 等系统的集成化管理。评价完成后，将评价的结果填写到表 1-9 的评价表中。

表1-9 MES系统体系结构设计任务评价表

序号	评价指标	评分标准	满分	评价			综合得分
				自评	互评	师评	
1	MES方案设计	能实现生产现场的闭环管理，建立以生产任务为中心的信息化管理集成	20				
2	MES硬件环境	能有效地支持车间的生产执行，实现对生产环节的监控	20				
3	MES网络结构	能有效实现生产设备的互联互通互操作，能支持数据采集	20				
4	MES数据采集	能对生产中的不同设备数据进行采集，采集方式多样化	20				
5	MES软件功能	能对车间的各项核心资源都覆盖信息化管理功能	20				

1.3 项目总结

本项目从认识数字化车间和MES系统开始逐步介绍MES在数字化车间的具体应用，并以缸体智能加工车间MES系统为例，对MES的需求分析、业务流程、功能设计、软件部署开发流程做了说明。具体知识结构导航如图1-31所示。

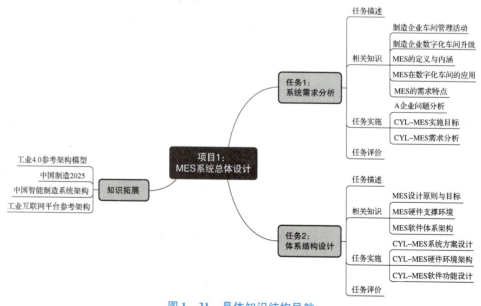

图1-31 具体知识结构导航

1.4 知识拓展

工业4.0

一、工业4.0参考架构模型

工业4.0是德国政府在2013年的汉诺威工业博览会上正式提出的概念，其目的是为了提高德国工业的竞争力。所谓工业4.0，是基于工业发展的不同阶段做出的划分，其中，工业1.0是以蒸汽机为标志，工业2.0是以电力使用为标志，工业3.0是以信息化为标志，工业4.0则是以智能化为标志。

1. 数字工厂概念模型

数字工厂是支撑工业4.0现有的最重要的标准之一。对于数字工厂，德国工程师协会的定义是：数字工厂是由数字化模型、方法和工具构成的综合网络，包含仿真和3D虚拟现实可视化，通过连续的没有中断的数据管理集成在一起。数字工厂集成了产品、过程和工厂模型数据库，通过先进的可视化、仿真和文档管理，以提高产品的质量和生产过程所涉及的质量和动态性能。从本质上说，数字工厂是实体工厂在数字化虚拟空间的映射，实现了虚拟（设计与仿真）到现实（资源分配与生产）的过程。

数字工厂的概念模型如图1-32所示，分为实物层、虚拟层和工具应用层三个层次。

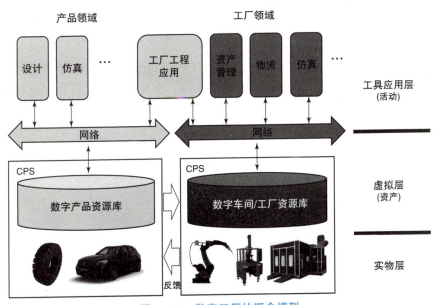

图1-32 数字工厂的概念模型

（1）实物层：包括产品构件和工厂生产资源两部分。其中产品构件是工厂的产出物，如汽车车灯、发动机和轮胎等；工厂生产资源是指工厂的生产设备，如传感器、控制器和执行器等。

（2）虚拟层：是对实物层的物理实体进行语义化描述，转化为可被计算机解析的"镜像"数据，同时建立数字产品资源库和数字工厂资源库的联系。

（3）工具应用层：用来实现从实物层到虚拟层的工具，涉及产品全生命周期，包括设计、仿真、工程应用、资产管理和物流等各个环节。

2. 工业4.0的概念

工业4.0是指利用物联信息系统（Cyber – Physical System 简称 CPS）将生产中的供应、制造、销售信息数据化、智慧化，最后达到快速、有效、个人化的产品供应。工业4.0的核心内容可以归纳为：一套系统，即信息物理系统 CPS；两大主题，即智能工厂和智能产品；三大集成，即横向集成、纵向集成和端到端集成。其中，三大集成是工业4.0的核心特征，指明了实现工业4.0的技术方向。

（1）企业内部灵活可重组的网络化制造系统的纵向集成，将各种不同层面的自动化与IT系统集成在一起（如传感器和执行器、控制、生产管理、制造执行、企业计划等各种不同层面），强调生产信息流的集成，包括订单、生产调度、程序代码、工作指令、工艺和控制参数等信息的下行传递，以及生产现场的工况、设备状态、测量参数等信息的上行传递。

（2）通过价值链及网络实现企业间的横向集成，将各种不同制造阶段和商业计划的IT系统集成在一起，强调产品的价值流（增值过程）集成，既包括一个公司内部的材料、能源和信息的配置（如原材料物流、生产过程、产品外出物流、市场营销等），也包括不同公司间的配置（形成价值网络）。

（3）全生命周期管理及端到端系统工程，通过集成 CAD/CAM/CAPP、PLM、ERP、SCM、CRM、MES 等软件/系统，实现用户参与设计（个性化），并通过虚拟设计、虚拟评估和虚拟制造，更好地把用户需求同生产制造完美地结合起来。并涉及产品直到维护服务的全生命周期，随时将用户意见反馈给前端的设计阶段，动态提升产品质量。

3. 工业4.0参考架构模型

德国工业电子与信息技术标准化委员会（DKE）于2015年3月发布了工业4.0参考架构模型（RAMI4.0），如图1-33所示。RAMI4.0用一个三维模型展示了工业4.0涉及的所有的关键要素，将产品开发和生产全过程及价值链和分层结构相结合，为描述和实现工业4.0提供了最大的灵活性。

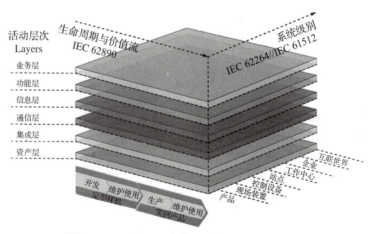

图1-33 工业4.0参考架构模型（RAMI4.0）

（1）活动层次。类似于计算机网络的OSI七层模型，各层实现相对独立的功能，同时下层为上层提供接口，上层使用下层的服务。从下到上各层代表的主要功能为：

资产层+集成层：数字化（虚拟）表示现实世界的各种资产（物理部件/硬件/软件/

文件等）。

通信层：实现标准化的通信协议，以及数据和文件的传输。

信息层：包含相关的数据。

功能层：形式化定义必要的功能。

业务层：映射相关的业务流程。

（2）生命周期与价值流。将数字化环境下的产品生产全过程划分为样机开发和产品生产两个阶段，通过强调不同阶段考虑的重点不同，描述产品全生命周期的数字化和智能化实现要素。

（3）系统级别。描述工业4.0不同生产环境下的功能分类，与IEC 62263规定的层次一致。更进一步，由于工业4.0不仅关注生产产品的工厂、车间和机器，还关注产品本身以及工厂外部的跨企业协同关系，因此在底层增加了"产品"层，在工厂顶层增加了"互联世界"层。

二、中国制造2025

制造业是国民经济的基础，是科技创新的主战场，是立国之本、兴国之器、强国之基。当前全球制造业发展格局和我国经济发展环境发生重大变化，因此必须紧紧抓住当前难得的战略机遇，突出创新驱动，优化政策环境，发挥制度优势，实现中国制造向中国创造转变，中国速度向中国质量转变，中国产品向中国品牌转变。

《中国制造2025》提出，坚持"创新驱动、质量为先、绿色发展、结构优化、人才为本"的基本方针，坚持"市场主导、政府引导、立足当前、着眼长远、整体推进、重点突破、自主发展、开放合作"的基本原则，通过"三步走"实现制造强国的战略目标：第一步，到2025年进入制造强国行列；第二步，到2035年我国制造业整体达到世界制造强国阵营中等水平；第三部，到新中国成立一百年时，我国制造业大国的地位更加稳固，综合实力进入世界制造强国前列。

围绕实现制造强国的战略目标，《中国制造2025》明确了9项战略任务和重点：一是提高国家制造业创新能力；二是推进信息化与工业化深度融合；三是强化工业基础能力；四是加强质量品牌建设；五是全面推行绿色制造；六是大力推动重点领域突破发展；七是深入推进制造业结构调整；八是积极发展服务型制造和生产性服务业；九是提高制造业国际化发展水平。

1. 五项基本方针

（1）创新驱动：改善中国制造的发展方式，即转到创新驱动发展轨道上，解决一些重大的核心技术、核心零部件。

（2）质量为先：有两方面含义，一是提高制造业的发展质量，二是发展质量和品牌。

（3）绿色发展：我国制造业在全社会能源消耗中占70%，制造业绿色发展、节能减排、低碳发展影响全局，同时也要通过制造业的节能减排来促进制造业的创新发展。

（4）结构优化：有两方面，一方面是从一般的制造业来看，显示确实存在产能过剩的问题，但是我国高端制造业、生产性服务业发展不足；另一方面是产业链要提升，我国在全球产业分工中一直处在低端的位置上，能源消耗、单位增加值所产生的消耗源于我们的价值链比较低端。

（5）人才为本：要培育与制造强国发展目标相适应的人才，包括高端人才，也包括大量高技能的技术工人。

2. 五项重大工程

五项重大工程如表 1-10 所示：

表 1-10　中国制造 2025 五项重大工程

智能制造工程	• 开展信息技术与制造装备融合的集成创新和工程应用，开发智能产品和自主可控的智能装置并实现产业化 • 建设重点领域智能工厂/数字化车间 • 开展智能制造试点示范及应用推广 • 建立智能制造标准体系和信息安全保障 • 搭建智能制造网络系统平台
工业强基工程	• 支持核心基础零部件（元器件）、先进基础工艺、关键基础材料的首批次或跨领域应用 • 突破关键基础材料、核心技术零部件工程化、产业化瓶颈 • 完善重点产业基础体系
绿色制造工程	• 组织实施传统制造业能效提升、清洁生产、节水治污、循环利用等专项技术改进 • 开展重大节能环保、资源综合利用、再制造、低碳技术产业化示范 • 实施重点区域、流域、行业清洁生产水平提升计划 • 开展绿色评价
高端装配创新工程	• 实施一批创新和产业化专项、重大工程 • 开发一批标志性、带动性强的重点产品和重大装备
制造业创新中心建设工程	• 形成一批制造业创新中心 • 重点开展行业基础和共性关键技术研发、成果产业化、人才培训等工作

3. 十大重点领域

十大重点领域包括：新一代信息技术、高档数控机床和机器人、航天航空装备、海洋工程装备及高技术船舶、先进轨道交通装备、节能与新能源汽车、电力装备、新材料、生物医药及高性能医疗器械、农业机械装备。国家将引导社会各类资源集聚，大力推动十大重点领域突破发展。

三、中国智能制造系统架构

2015 年 5 月中国发布《中国制造 2025》文件，全面推进实施制造强国的战略。2018 年在德国工业 4.0 参考架构模型（RMAI 4.0）基础上，提出《国家智能制造标准体系建设指南（2018 年版）》，构建了图 1-34 所示的智能制造系统架构。

中国智能制造系统架构

此架构通过生命周期、系统层级和智能功能三个维度构建完成，主要解决智能制造标准体系结构和框架的建模研究。

1. 生命周期维度

生命周期是指从产品原型研发开始到产品回收再制造为止所经历的市场生命循环过程，中间包括设计、生产、物流、销售、服务等一系列相互联系的价值创造活动。生命周期中

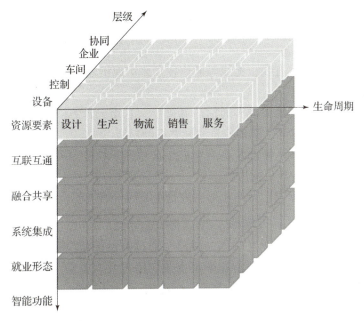

图 1-34 中国智能制造系统架构

各项活动相互关联、相互影响,且不同行业的生命周期构成不尽相同。

(1) 设计是指通过对客户需求、产品技术特征和生产过程之间的关系进行全面深入的研究,确保获得高质量的产品,同时使制造成本降到最低的产品研发过程。

(2) 生产是指通过劳动创造所需要的物质资料的过程。

(3) 物流是指产品从供应地向接收地转移的实体流动过程。

(4) 销售是指产品从企业转移到客户手中的经营性活动。

(5) 服务是指商家与客户接触过程中所产生的一系列活动过程及结果,包括维护、回收等。

2. 系统层级维度

系统层级是指与企业生产活动相关的组织结构的层级划分,包括设备层、控制层、车间层、企业层和协同层。智能制造的系统层级体现了装备的智能化和互联网协议(IP)化,以及网络的扁平化趋势。

(1) 设备层是指企业利用传感器、仪器仪表、条码、射频识别、机器、机械和装置等实现实际物理流程并感知和操控物理流程的层级。

(2) 控制层是指用于企业内处理信息、实现检测和控制物理流程的层级。

(3) 车间层是实现面向工厂或车间的生产管理的层级。

(4) 企业层是实现面向企业的经营管理的层级。

(5) 协同层是不同企业通过互联网络共享信息实现协同研发、智能生产、精准物流和智能服务等功能的层级。

3. 智能功能维度

智能功能是指基于新一代信息通信技术使制造活动具有自感知、自学习、自决策、自执行和自适应等一个或多个功能的层级划分,包括资源要素、系统集成、互联互通、信息融合和新兴业态等五层，实现了物理世界与信息世界的融合。

（1）资源要素是指对生产时所需要使用的工艺文件、原材料、制造设备等物理实体进行数字化过程的层级。

（2）互联互通是指通过有线、无线等通信技术，实现机器之间、机器与控制系统之间、企业之间的互联互通的层级。

（3）融合共享是指在系统集成和通信的基础上，利用云计算、大数据等新一代信息技术，在保障信息安全的前提下，实现信息协同共享的层级。

（4）系统集成是指实现从智能装备到智能生产单元、智能生产线、数字化车间、智能工厂，乃至智能制造系统的集成的层级。

（5）新兴业态是指为形成新型产业形态进行企业间价值链整合的层级。

四、工业互联网平台参考架构

2017年，我国提出发展工业互联网的战略，通过打造网络、平台和安全三大体系，推进大型企业集成创新和中小企业应用普及两类应用，建设工业互联网的支撑体系。同年，由工信部牵头组办的工业互联网产业联盟发布了《工业互联网平台白皮书（2017）》，提出了图1-35所示的工业互联网平台参考架构。

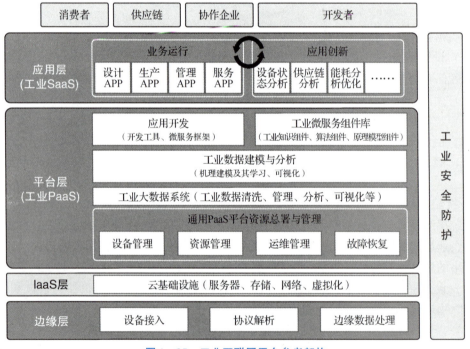

图1-35 工业互联网平台参考架构

工业互联网平台是面向制造业数字化、网络化、智能化需求，构建基于海量数据采集、汇聚、分析的服务体系，支撑制造资源泛在连接、弹性供给、高效配置的工业云平台，包括边缘、平台（工业PaaS）、应用（工业SaaS）三大核心层级。

（1）边缘层是基础，通过大范围、深层次的数据采集，以及异构数据的协议转换与边缘处理，构建工业互联网平台的数据基础。一是通过各类通信手段接入不同设备、系统和

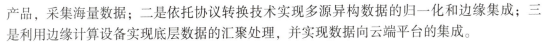

产品，采集海量数据；二是依托协议转换技术实现多源异构数据的归一化和边缘集成；三是利用边缘计算设备实现底层数据的汇聚处理，并实现数据向云端平台的集成。

（2）平台层是核心，基于通用 PaaS 叠加大数据处理、工业数据分析、工业微服务等创新功能，构建可扩展的开放式云操作系统。一是提供工业数据管理能力，将数据科学与工业机理结合，帮助制造企业构建工业数据分析能力，实现数据价值挖掘；二是把技术、知识、经验等资源固化为可移植、可复用的工业微服务组件库，供开发者调用；三是构建应用开发环境，借助微服务组件和工业应用开发工具，帮助用户快速构建定制化的工业 App。

（3）应用层是关键，形成满足不同行业、不同场景的工业 SaaS 和工业 App，体现工业互联网平台的最终价值。一是提供了设计、生产、管理、服务等一系列创新性业务应用。二是构建了良好的工业 App 创新环境，使开发者基于平台数据及微服务功能实现应用创新。

1.5　课后练习

一、名词解释

1. 离散制造。
2. 数字化车间。
3. MES。
4. 中国制造 2025。
5. 生命周期。
6. MDC。

二、单选题

1. 在《国家智能制造标准体系建设指南》中提出了智能制造系统架构，指出智能制造包括三个维度，其中不包括的是（　　）。
   A. 生命周期　　B. 生产周期　　C. 系统层级　　D. 智能功能
2. 与流程制造相比，在同等设备下，离散制造的关键在于（　　）。
   A. 工人质量　　B. 生产管理　　C. 生产产量　　D. 生产成本
3. MES 系统是面向制造企业车间（　　）的生产信息化管理系统。
   A. 执行层　　　B. 控制层　　　C. 计划层　　　D. 表示层
4. MES 系统是企业级的资源计划层与工厂底层（　　）之间的各种工厂管理系统的集合。
   A. 执行层　　　B. 控制层　　　C. 计划层　　　D. 表示层
5. 需求分析阶段的目的是需要确定产品的（　　）。
   A. 数据模型　　B. 功能实现　　C. 建设目标　　D. 程序开发
6. 在需求分析过程中，需求分析人员按照（　　）四步走的路线，完成需求分析报告。
   A. 初始→构造→移交→细化　　　　B. 初始→移交→细化→构造
   C. 初始→构造→细化→移交　　　　D. 初始→细化→构造→移交
7. MES 的基本性能需求中不包括（　　）。

A. 继承性 B. 可视性 C. 集成性 D. 可靠性

8. MES 的意思是（   ）。

A. 分布数控 B. 数字控制 C. 制造执行 D. 生产管理

9. MOM 中针对生产运行管理的活动有（   ）个。

A. 六 B. 七 C. 八 D. 九

10. 工业互联网平台由三大核心层级构成，其中不属于工业互联网平台构成的层级是（   ）。

A. 设备层 B. 边缘层 C. 平台层 D. 应用层

三、简答题

1. 请描述离散制造和流程制造之间的区别，并举例说明？
2. 请叙述数字化车间中车间数字虚体主要作用？
3. MES 的特点有哪些？MES 在制造企业有哪些体现的应用价值？
4. MES 的核心功能有哪些？
5. MES 的数据采集方法有哪些？

项目 2

MES 基础数据管理

【知识目标】

(1) 理解生产资源的种类以及各个生产资源的定义与属性。
(2) 理解产品定义的要素以及各个要素的属性。
(3) 理解产品定义与生产能力之间的匹配关系。

【能力目标】

(1) 能够利用 MES 创建、修改和检索生产资源数据。
(2) 能够利用 MES 创建、修改和检索产品定义数据。

【素质目标】

(1) 培养学生信息收集、筛选、整理的能力。
(2) 培养学生判断分析能力和敏锐的观察力。
(3) 培养学生系统思考和独立思考的能力。
(4) 培养学生养成科学严谨、耐心专注和求真务实的工程素养。
(5) 培养学生利用科学的思维方式认识事物、解决问题的意识。
(6) 培养学生严谨、负责、遵规和守正等职业品质。

【项目背景】

在国家智能制造和工业互联网战略推动下,制造业开始了由"数控一代"向"智慧一代"的转变。目前,大多数制造企业已经意识到传统"数控设备+人工管控"的方式已经不能满足现代制造业精益化管理和智能化决策。种种迹象表明,实现生产过程全生命周期的数据采集,建立统一的生产现场数据源,打通各部门、各环节生产数据链,进行彻底的制造过程的数字化改造是智能制造技术在未来制造业发展中的重要的一步。

数据化改造的基础在于数据的标准化,根据生产数据规范标准对生产环节中的数据进行定义,可以促进生产制造各环节涉及的产品标识、服务接口、核心数据集合、扩展数据的规范化和标准化,有助于实现数据之间的交互和共享。在 MES 中,数据的定义主要包括产品定义和生产资源定义等。

其中,产品定义与生产能力匹配对应是启动生产的条件。产品定义描述如何生产产品以及产品生产的条件,而产品生产的能力则由当前生产过程中可用的生产资源决定。所以,实现数字化生产，首先需要对生产资源和产品定义进行描述。

当业务系统（ERP等）接收销售订单后，根据产品型号、工艺、数量和提货要求等形成产品定义，MES中的产品模型定义组件获取产品定义的信息并规范具体的生产活动；然后，由MES的生产资源服务组件告知业务系统车间当前的生产资源和生产能力，如果产品定义和生产能力相匹配，就可以启动生产。为了规范对生产资源和产品定义的描述，ISO/IEC 62264系列标准中定义了各种数据模型，在MES中则使用数据模型对资源和产品进行定义。

根据缸体智能车间MES系统的功能要求，在任务1中，基于管理需求，建立、维护和检索MES系统中用户的信息管理，包括用户角色、权限等；在任务2中，根据实际生产需求，建立和维护产品定义数据，并建立生产资源与产品定义之间的关联。

2.1 任务1：生产资源管理

2.1.1 任务描述

通过学习相关知识，了解MES数据模型中车间生产资源数据以及相关的基本概念，明确数据之间的约束依赖关系，从而掌握MES的车间生产资源数据初始化建立方法。

结合缸体智能车间生产案例，体验使用MES中的相关管理功能，完成以下车间生产资源数据（表2-1）初始化的全部过程，为MES在车间生产执行中发挥作用做好准备。

表2-1 车间生产资源数据

编号	数据	说明
1	人员	参与车间生产的人员
2	设备	用于车间生产的生产设备
3	工位	生产车间内的一个生产空间单元
4	终端	与MES交互的终端设备（包括工位的PAD和线边库的PAD）
5	物料	用于生产产品的物料
6	工位生产能力	工位上配置了具有某种生产技能的人员和具某种特性的设备，就形成了工位生产能力
7	工序	产品的一个生产加工步骤
8	工序工位规则	逻辑工序和物理工位的对应关系
9	生产工艺流程	由若干工序组成的产品生产加工过程，也称为工艺路线
10	生产线体	用于生产某种产品的物理路线
11	托盘	用于承载物料和在制品的托盘

2.1.2 相关知识

一、生产资源模型

生产资源模型

生产资源包括人员、设备、物料和过程段。ISO/IEC 62264-1 标准描述了生产资源的对象模型，这些模型为 MES 系统开发、咨询和实施提供了统一的语言和工具。在 MES 系统开发中，可以根据这些模型定义对象的类；在 MES 咨询及实施过程中，也可以利用这些模型来描述或实施设计方案。

1. 人员模型

人员模型描述生产和管理人员的属性和能力，人员模型的 UML 类图如图 2-1 所示。

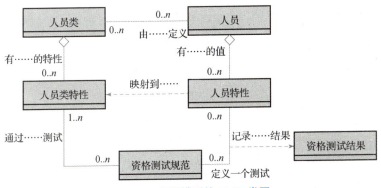

图 2-1 人员模型的 UML 类图

在生产车间中，将人分成人员类（岗位），每个人员类由若干人组成。人员和人员类具有与岗位要求相匹配的特性，这些特性需要通过某种资格测试来证明（如职业资格证、上岗证、工龄等）。

在缸体生产车间中，假设对清洗工位清洗工的要求是有 6 个月以上操作清洗机的经验。那么，对清洗工位的人员描述可以用表 2-2～表 2-7 表示。

表 2-2 清洗工人员类

人员类（Worker Class）			
序号	属性	描述	示例
1	ID	人员类的唯一标识	WC004
2	说明	用于说明当前人员类的含义及附加信息等	可以操作清洗机

表 2-3 清洗工人员类特性

人员类特性（Worker Class Property）			
序号	属性	描述	示例
1	ID	人员类特性的唯一标识	WCP002

续表

人员类特性（Worker Class Property）			
序号	属性	描述	示例
2	说明	用于说明当前人员类特性的含义及附加信息等	使用过清洗机的时间
3	值	特性的值，一般是范围	6
4	值的计量单位	用于说明当前人员类的含义及附加信息等	月

表2-4 清洗工人员

人员（Worker）			
序号	属性	描述	示例
1	ID	人员的唯一标识	W4001
2	说明	用于说明当前人员的特殊信息	缸体车间的清洗机
3	姓名	人员姓名	张紫豪

表2-5 清洗工人员特性

人员特性（Worker Property）			
序号	属性	描述	示例
1	ID	人员特性的唯一标识	WP005
2	说明	用于说明当前人员类特性的含义及附加信息等	使用过清洗机的时间
3	值	特性的值，一般是范围	6
4	值的计量单位	用于说明当前人员类的含义及附加信息等	月

表2-6 清洗工资格测试规范类

清洗工资格测试规范（Qualification Test Specification）			
序号	属性	描述	示例
1	ID	资格测试规范的唯一标识	WP005
2	说明	用于说明该资格/资质的含义	使用过清洗机的月书
3	版本	资格/资质版本	V2020

表2-7 清洗工资格测试结果类

清洗工资格测试结果（Qualification Test Result）			
序号	属性	描述	示例
1	ID	资格测试结果的唯一标识	QTS1005

续表

清洗工资格测试结果（Qualification Test Result）			
序号	属性	描述	示例
2	说明	用于描述该资格测试的特殊信息	使用过清洗机的证明
3	日期	测试的日期和时间	2020/01/01
4	结果	测试的结果	6
5	结果度量单位	测试结果的计量单位、数据类型或者数据范围	月
6	截止日期	过期时间	2020/06/30

2. 设备模型

设备模型描述设备的属性、能力和维护活动，设备模型的 UML 类图如图 2-2 所示。

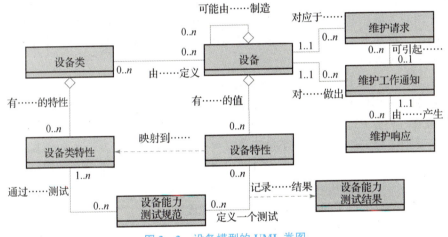

图 2-2 设备模型的 UML 类图

和人员模型类似，设备也分为设备类（如机床），每个设备类都由若干单位设备构成（如6号机床、8号机床）。设备或设备类具有与生产工艺要求项对应的特性（功能和性能），这些特性需要通过某种设备测试规范来证明（如合格证、测试报告等）。

可以看出，设备模型中的设备类、设备、设备类特性、设备特性、设备能力测试规范、设备能力测试结果与人员类模型中的六个模型类似。与人员不同，设备是需要维护的。因此，设备模型中多了三个类：维护请求、维护工作通知和维护响应。利用这三个类可以描述设备的维护活动。

3. 物料模型

物料模型是描述物料的属性和能力，物料模型的 UML 类图如图 2-3 所示。

和人员模型类似，物料模型也分为物料类（如缸体毛坯），每个物料类由若干单体物料构成（如灰铸铁、铝合金）。物料或物料类具有与生产工艺要求相对应的特性（质量），这些特性需要通过某种质量测试规范来证明（如检测报告等）。

可以看出，物料模型中的物料类、物料定义、物料类特性、物料定义特性、质量保证测试规范、质量保证测试结果与人员模型中的六个模型相似。和人员不同，物料需要分批

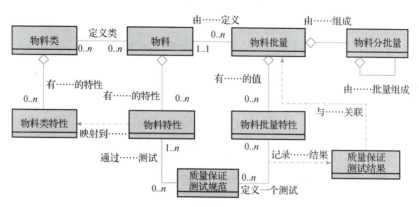

图 2-3 物料模型的 UML 类图

使用。因此，在物料模型中多了三个类：物料批量、物料批量特性和物料分批量。利用这三个类可以描述物料的批量管理活动。

4. 过程段模型

前面介绍的人员、设备和物料是最基本的生产资源，也就是所谓的"人、机、料"。在数字化车间中，将基本生产资源进行组合就构成了过程段。例如，对于缸体生产线，我们可以定义如下过程段：

(1) 粗加工过程段 P1：铸造工位→热处理工位→粗加工工位→热处理工位。

(2) 精加工过程段 P2：清洗工位→试漏工位→精加工工位。

(3) 包装过程段 P3：打标工位→包装工位。

以上简要地按照工位组合划分了过程段，每个工位包括人员、设备和物料三种基本生产资源。在车间生产调度中，可以根据订单以过程段为单位进行排产和排程，这样不仅效率高，而且简单清晰。另外，过程段和下面要介绍的产品段常常有对应关系，这样能够很快地确认产品生产需求与车间生产能力之间的匹配度。

在过程段模型中，如图 2-4 所示，过程段被定义为人员段技术规范、设备段技术规范、物料段设备规范和过程段参数的集成，也就是符合所要求技术规范的生产资源的组合。这些技术规范可以用人员、设备和物料的特性来定义，具有这些特性的人员、物料和设备被选中，构成一个过程段。

通俗地讲，过程段就是在数字化车间中定义一些生产单元，这些生产单元对应产品工序。对每个生产单元设定基本生产资源（人员、设备、物料）必须满足的条件，符合条件的基本生产资源构成该生产单元。过程段模型提供了定义和筛选基本生产资源的框架、流程和工具，便于在软件开发和系统集成时参照。

二、生产资源管理活动

生产资源主要是人员、设备、物料和过程段，过程段是人员、设备和物料的组合。在生产运营管理活动中，首先要回答的问题是：数字化车间有哪些资源？有哪些资源现在可用？哪些资源将来可用？这些数据必须从车间获取，形成生产能力信息，MES 将生产能力发送给业务系统（如 ERP）。业务系统可以根据此信息将生产订单派发到合适的车间，也可以及时安排物料采购、设备更新等活动。这个过程就是生产资源管理，如图 2-5 所示。

生产资源管理活动

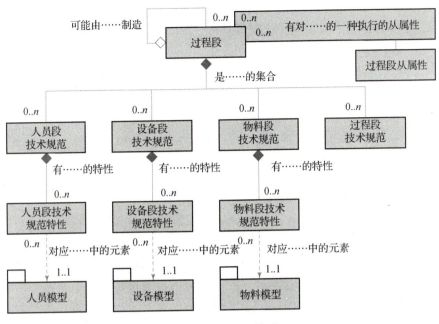

图 2-4 过程段模型

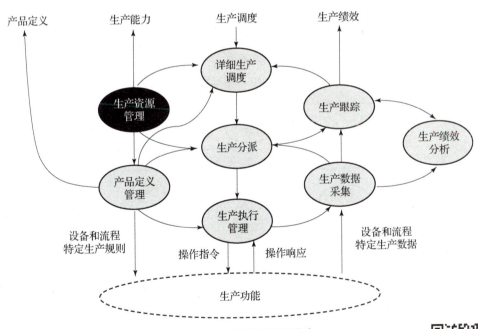

图 2-5 生产资源管理活动

在缸体生产车间中,人员、物料和设备组合多个工位,可以将工位理解成生产资源的集合。下面介绍缸体车间生产资源的相关知识。

工位和工序

三、工位与工序

工位是一个物理概念,是位于生产车间中最基本的一个生产单元。一个工位上通常要配备人员、设备、原料工具进行生产装配。一般情况下,工位上生产设备和生产人员的配置相对固定,生产人员需要具备操作生产设备的技能,这种相对固定的搭配关系构成了工位的生产能力。在生产车间中,每个工位都具备一定的生产能力,因此在 MES 的数据初始化过程中,工位的定义是必须的。

工序是组成生产过程的基本单位,指产品的生产加工步骤。在生产车间中,工序可以规定只允许在一个工位上进行,也可以规定允许在若干工位中的任意一个工位上进行。因此,在 MES 的数据初始化过程中,需要定义工序和工位的对应关系。

四、生产工艺流程与生产线体

生产工艺流程是一个逻辑概念,是生产一个产品要经过的所有加工步骤,以及这些加工步骤的顺序关系。生产工艺流程通常被表示为一张工序顺序图,也就是生产工艺流程图。一个产品对应一个生产工艺流程。

生产工艺

生产线体是一个物理概念,是用于生产某种产品的物理产线,包含了参与一个产品生产的所有工位。生产线体是按照生产工艺流程设置的,其中的每个工位对应生产工艺流程中的一个工序。一个产品可以对应多个生产线体,也就是说,生产车间可以通过为某个产品设置多条物理产线来提高产能。生产线体是订单排程的基本单位,一个生产订单的各个工序生产任务会被排在同一个生产线体中的各个工位上进行生产,不会跨线体安排任务。

图 2-6 所示为一个数据示例,包含了工序、工位、工序工位规则、生产工艺流程和生产线体。数据示例中定义了 6 中工序（工序 A~工序 F）和 8 个工位（工位 1~工位 8）,定义了 3 条工位规则（工序 A 对应工位 1,工序 B 对应工位 2 和工位 3,工序 C 对应工位 4）,为两个产品分别定义了生产工艺流程（工艺流程 A、工艺流程 B）,工艺流程 A 对应两条生产线体（线体 1,线体 2）,工艺流程 B 对应一条生产线体（线体 3）。

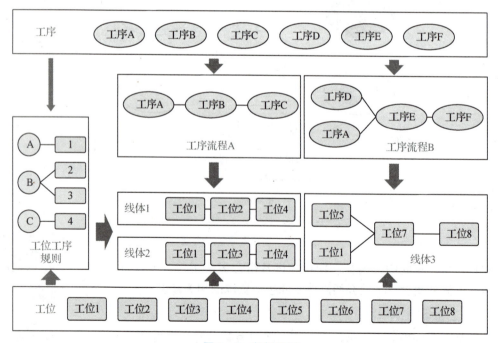

图 2-6 数据示例

2.1.3 任务实施

CYL-MES 生产资源数据初始化操作实施分为两个步骤。第一步初始化的数据包括：人员、设备、工位、终端、物料和工位生产能力。初始化顺序如图 2-7 所示。

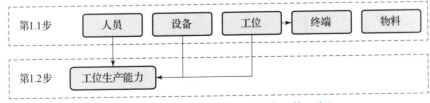

图 2-7 生产资源数据初始化顺序（第一步）

第二步初始化的数据包括：工序、工序工位规则、生产工艺流程、生产线体和托盘等。初始化顺序如图 2-8 所示。

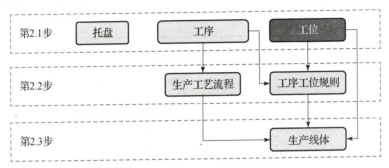

■ 表示该数据已在前面步骤初始化过了

图 2-8 生产资源数据初始化顺序（第二步）

下面按顺序对数据初始化第一步和第二步中的各项生产资源数据的初始化步骤和方法进行详细介绍。

一、人员信息

人力资源是一个重要的资源，在制造企业甚至可能是"最重要的资源"。生产中的人力资源能力必须根据工作量和工作资质进行灵活的计划和配置。人员信息数据的初始化通过 CYL-MES 中的"人员管理"功能实现，如图 2-9 所示。在此界面中，所有员工的相关信息被存储下来，在调用时再被激活。

用户设定

CYL-MES 中员工信息的维护也在此功能中加以集中维护，通过系统授权的命令操作（添加、修改和删除），允许对单个或者批量的数据信息进行编辑，如图 2-10 所示。其中，生成的员工二维码可以打印在车间人员的工牌上，用于对员工的工作时间进行采集（如上下班打卡、休息缺勤记录）。

设备信息

二、设备信息

对于制造企业来说，生产设备是带来绩效的最重要的资产。CYL-MES 中设备的初始化通过"设备管理"功能实现，如图 2-11 所示。

在 CYL-MES 中，需要通过接口与装备控制装置（PLC）进行通信，并接收存储设备

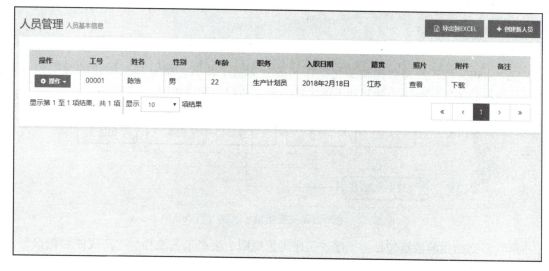

图 2-9　人员管理主界面

图 2-10　员工编辑界面

状态数据，为此，在设备具体定义界面中，还需要通过设定 IP 地址和采集端口将异构的生产设备与 MES 相连接，如图 2-12 所示。

三、工位信息

工位数据的初始化通过 CYL-MES 中的"工位管理"功能实现，工位管理界面如图 2-13 所示。在此界面中，可以通过状态查看工位的在线可用状态，工位的生成可以通过 Excel 表格批量导入或添加功能单个录入。

在工位的定义界面中，工位由两种类型组成，分别是工作工位和线边库工位，工作工位也被称为生产工位，具体如图 2-14 所示。

工位信息

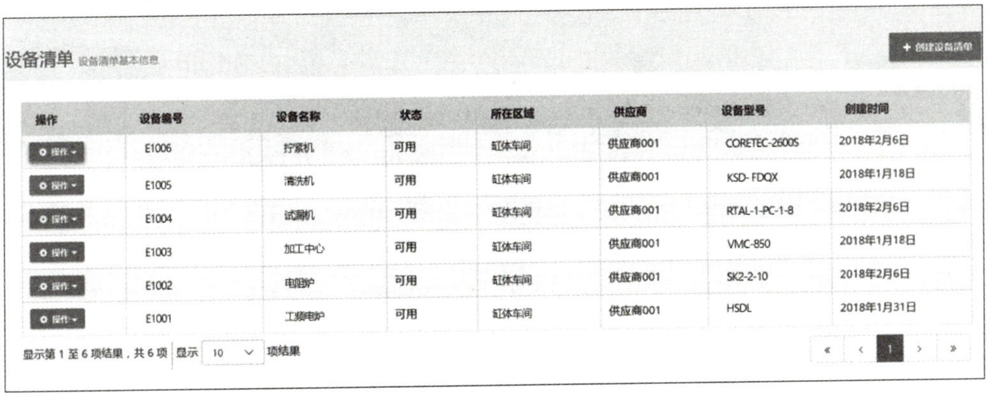

项目 2　MES 基础数据管理

图 2-11　设备管理主界面（设备清单）

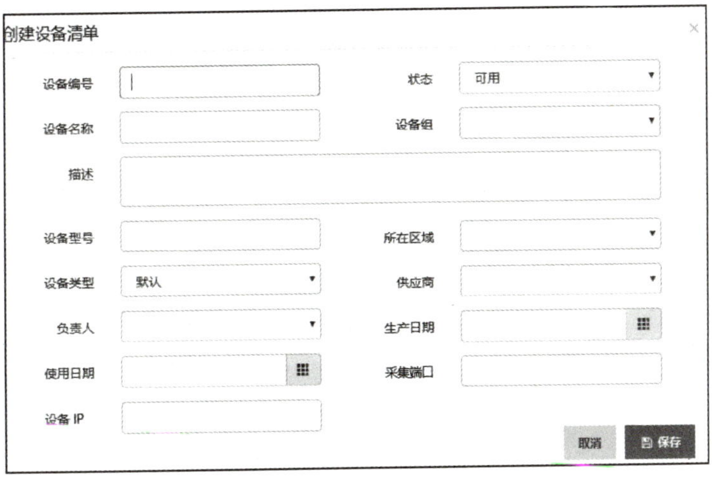

图 2-12　设备定义界面

四、终端信息

终端数据的初始化通过 CYL - MES 中的"工位终端管理"功能实现。工位终端管理主界面如图 2-15 所示。在此功能模块中，存储了工位终端 PAD 的网络连接 IP 地址和采集端口，为工位员工与 MES 系统交互提供用户接口。

在工位终端 PAD 的定义界面中，如图 2-16 所示。通过"MAC"地址定义加入 MES 中的 PAD 的唯一标识，PAD 的 IP 地址可以设置成静态的，也可以设置成动态获取的，每次工位 App 启动时，系统都会将 PAD 的当前 IP 地址写入终端数据库中。一个工位可以配置多个 PAD 终端。

终端信息

五、物料信息

物料数据的初始化通过 CYL - MES 中的"物料管理"功能实现，如图 2-17 所示。在物料管理功能中可以存储用于制造缸体的相关物料，输入物料的条形码可以搜索已经存在的物料信息，对于某个物料的详细情况和应用情况可以通过详情和追溯功能来查阅。

物料信息

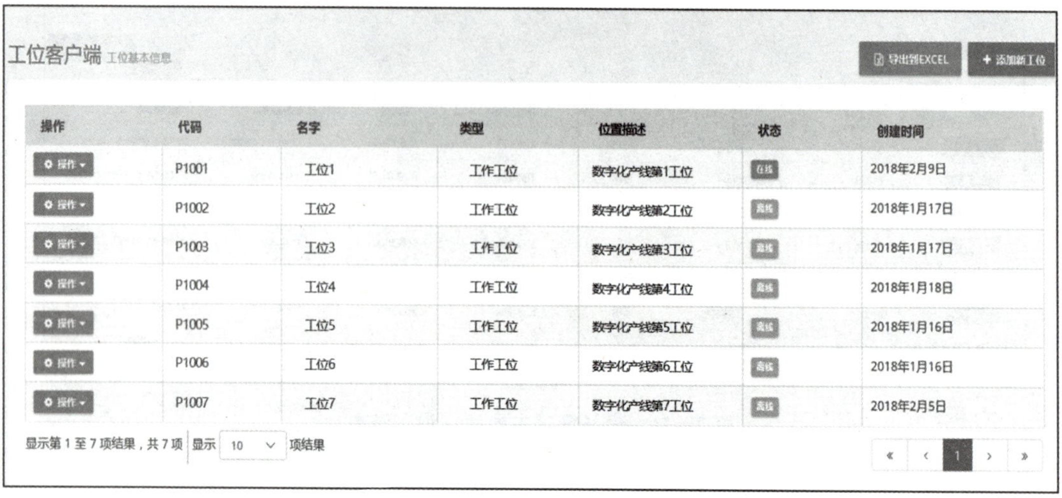

图 2-13　工位管理主界面（工位客户端列表）

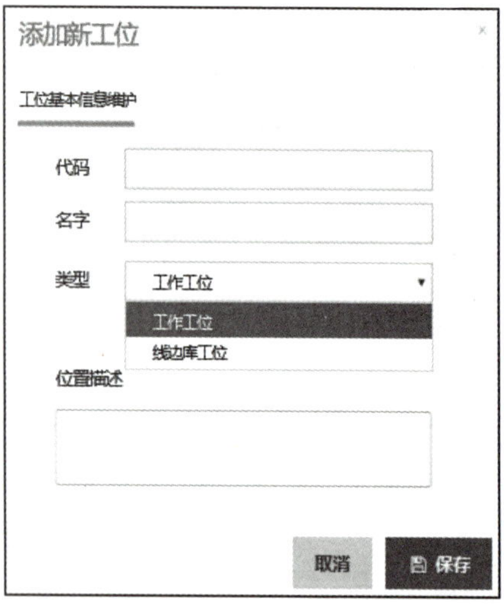

图 2-14　工位定义界面

在物料定义界面中，如图 2-18 所示。条形码通过扫码器直接获取，作为物料在 CYL-MES 物料存储中的唯一标识符。物料的计量单位可以是件、片、根，也可以是捆、盒、箱等；物料的种类分成主料和辅料，主料一般是构成产品生产成本的主要材料，在生产过程中，主料会按照实际生产订单的需求数量进行，通常采取定期配送的方式，辅料在生产车间会有一定的存量，能够满足车间在一段时间内的生产需求。在一些管理精细化程度较高的企业，辅料与主料采取相同的管理方式。

在物料追溯中，分成三栏信息，如图 2-19 所示。在追溯基本信息栏中，显示了物料的应用概览信息，主要包括物料条形码、应用的产品、应用的工艺、应用的工单和应用的工序等。在订单信息中，是物料应用的订单情况，主要包括订单号、订单名称和产品名称等。追溯详情栏中，列出了物料在工序和设备中，具体的应用时间、数量和工位等。

项目 2　MES 基础数据管理

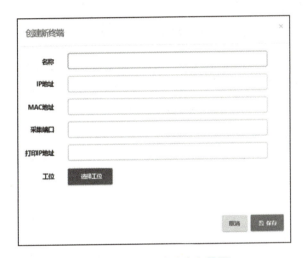

图 2-15　终端管理主界面

图 2-16　工位终端定义界面

六、工位生产能力

工位生产能力数据的初始化通过 MES 中的"生产能力管理"功能实现。生产能力管理主界面如图 2-20 所示。工位生产能力中的工位与工位信息中的数据相关联,当在工位中添加新的工位时,在工位生产能力界面中将出现新增的工位名称,通过设置人员和设置设备,使工位和人员、设备形成固定的关系,从而体现出工位的生产能力,一个工位可以对应一台设备,也可以同时对应若干台设备。

工位生产能力

工序信息

七、工序信息

工序数据的初始化通过 CYL-MES 的"工序管理"功能实现。在如图 2-21 所示的界面中,存储了产品生产的工序信息,如工序代码、名字和工时等。

在工序定义中,需要设置包括工序代码、名称和照片等基本信息,另外还需要对 6 个

69

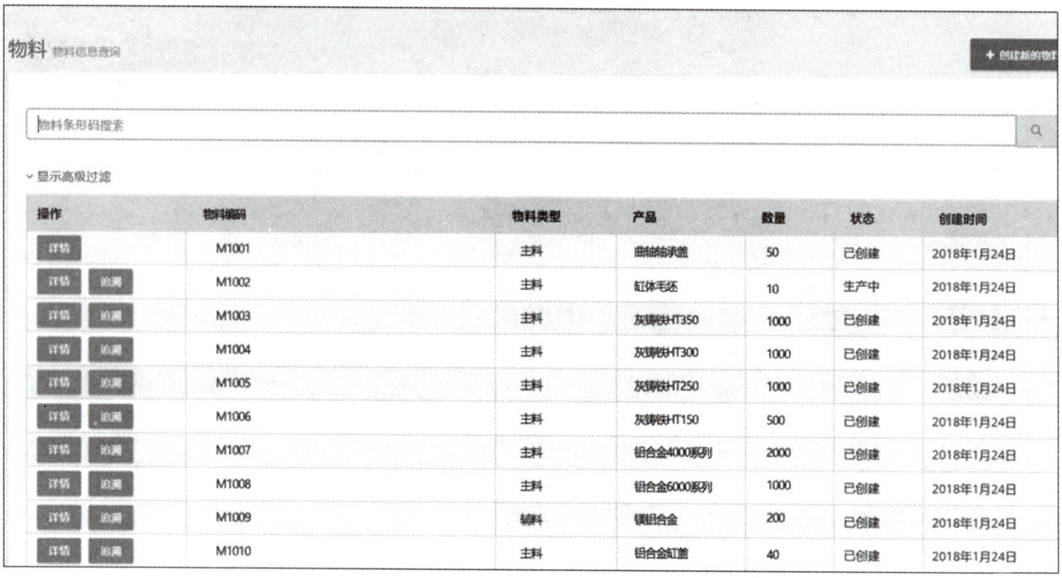

图 2-17 物料管理主界面

图 2-18 物料定义界面

控制该工序的生产规则开关项进行设定，如图 2-22 所示。"允许进行标签打印"设置是否在客户端工位任务处理界面上出现"标签打印"按钮，确定是否可以按照生产订单的产品要求打印产品标签；"首检输出限制"设置是否在该工序中做订单首件检验，如果不做，则直接向下一道工序输出首件在制品；"输出进行打印"设置在输出在制品时，是否需要打印纸质单据绑定到输出托盘一起传给下一道工序；"工位输出对物料进行检查"设置是否需要系统根据工位接收到的物料数量和收到的前置工序在制品数量自动计算本工序可输出的在制品数量；"分料自动下发任务"设置当该工序的物料一旦由线边库完成了发料操作，相应的工位任务是否自动下发到该工位，不用再手动下达工位任务；"没有物料和前置工序自动下发任务"设置在该工序没有物料和前置工序，在生产排程完成后，该工序对应工位的任务是否自动下达到工位，不用再手动下达工位任务。

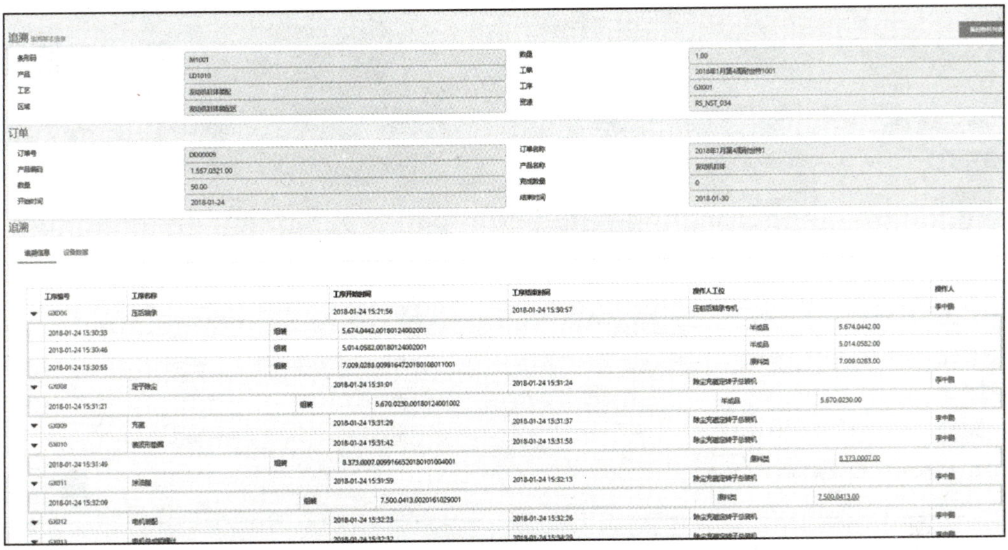

项目 2　MES 基础数据管理

图 2-19　物料追溯界面

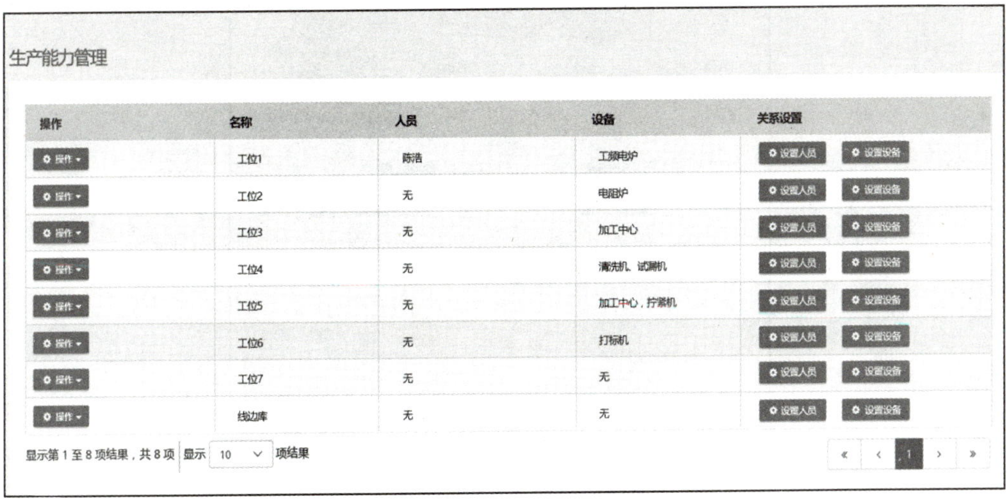

图 2-20　生产能力管理主界面

八、工序工位规则

工序工位规则的初始化通过 CYL - MES 中的"工序工位管理"功能实现，工序工位管理主界面如图 2-23 所示。其中，左侧工序列表中的信息与工序数据相关联，当在工序中增加新的工序信息时，工序列表会出现新增的工序名称。右侧是工序所配置的相应工位，一个工序可以配置一个或者若干个工位，工位的创建可以通过添加工位功能按钮实现。

工序工位规则

九、生产工艺流程

生产工艺流程数据的初始化通过 CYL - MES 中的"工艺路线管理"功能实现。工艺路线管理主界面如图 2-24 所示。其中，左侧栏目显示系统

流程定义

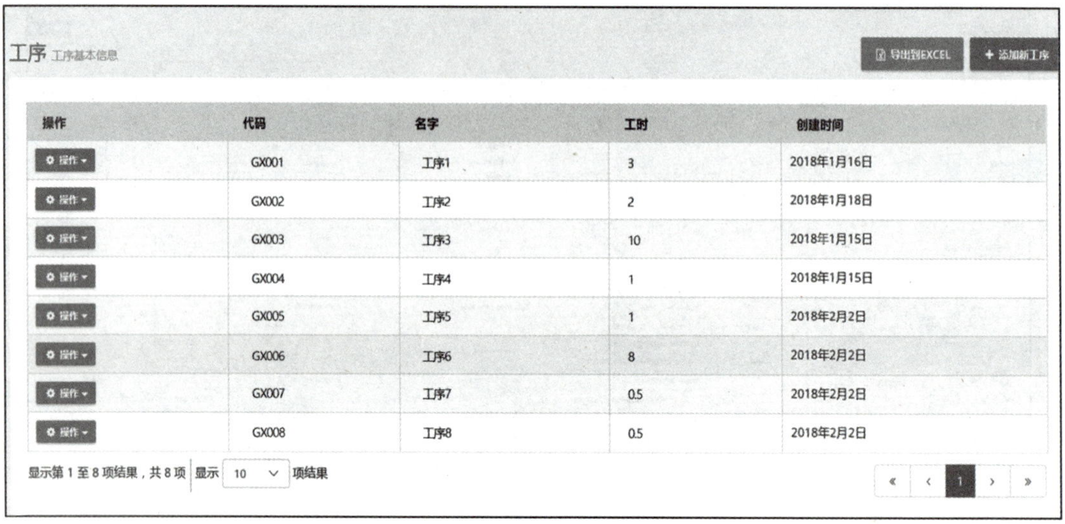

操作	代码	名字	工时	创建时间
操作▼	GX001	工序1	3	2018年1月16日
操作▼	GX002	工序2	2	2018年1月18日
操作▼	GX003	工序3	10	2018年1月15日
操作▼	GX004	工序4	1	2018年1月15日
操作▼	GX005	工序5	1	2018年2月2日
操作▼	GX006	工序6	8	2018年2月2日
操作▼	GX007	工序7	0.5	2018年2月2日
操作▼	GX008	工序8	0.5	2018年2月2日

图 2-21　工序管理主界面

图 2-22　工序定义界面

已存储的工艺信息，工艺信息中除了显示工艺名称之外，还列出该工艺适配的生产产品类型数量。在右侧的栏目中则显示出选中工艺适配生产产品的具体信息。

生产工艺具体路线可以通过"工艺路线图编辑"功能进行绘制，如图 2-25 所示。在工艺路线图编辑窗口中，左侧列出的是系统中可用的工序，右侧是图形编辑区域，可以通过拖动工序至图形编辑区域来设置工序之间的排序情况。当单击工序间的连线时，在图形编辑区下方会显示前后工序之间的生产规则。生产规则包括前置要求和静置要求两项：前置要求是指前后工序输出在制品数量的比例关系，即后序生产一个在制品需要前序提供几个在制品；静置要求是指前后工序在时间上的衔接关系，即前序输出了在制品后，后序是可以立刻生产，还是需要等待一段时间后才能开始生产。

项目 2　MES 基础数据管理

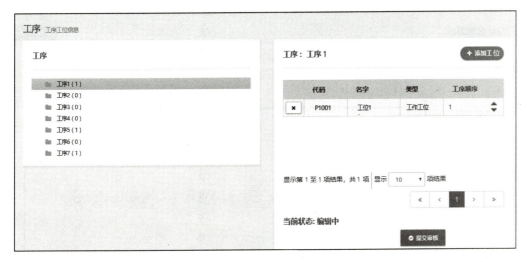

图 2-23　工序工位管理主界面

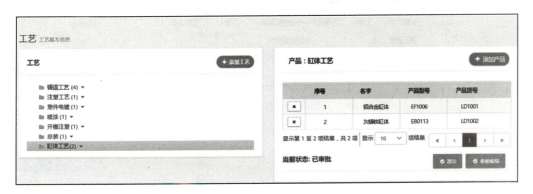

图 2-24　工艺路线管理主界面

十、生产线体定义

生产线体数据的初始化通过 CYL-MES 中的"线体管理"功能实现。线体管理主界面如图 2-26 所示。在该界面中，列出了线体编号、线体名称和线体关联的工艺路线图等基本信息。对于线体对应工位等详细信息的设置和查看，可以通过信息数据栏中的相关功能按钮实现。

在设置线体界面中，用于设置生产线体和生产工艺之间的对应关系，如图 2-27 所示。左侧列出了系统中存储的生产线体名称，在选择好需要设置的生产线体后，在右侧栏目将列出与该生产线体相对应的生产工艺信息。在完成线体和工艺对应关系的设置后，可以通过设置工位功能完成线体中工位的设置。

工艺维护

在线体工艺工位编辑器中应用于设置线体中工位的与工艺流程对应的关系，如图 2-28 所示。在该功能界面中，工艺的流程信息是不能进行修改的，所能做的是为工艺流程中的每个工序设置对应的工位。单击右侧栏目中工艺流程图的工序模块后，再选择左侧栏目中的可选的工位。当每个工序都被指定了对应的工位后，生产线体的定义就完成了。

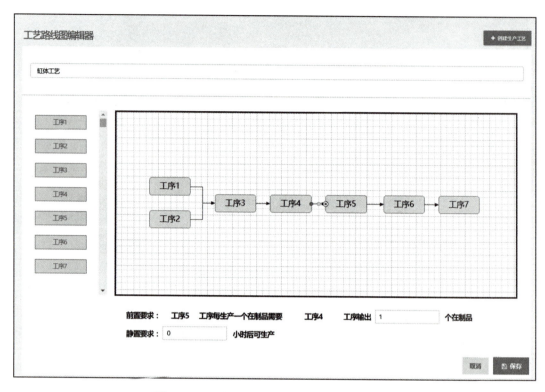

图 2-25　工艺路线编辑器定义工序间生产规则

图 2-26　线体管理主界面

托盘信息

十一、托盘信息

在数字化车间中，托盘是一种可以重复使用的物流容器。当托盘被占用时，托盘编号与托盘承载的内容进行了绑定，托盘解绑后，又变成一个可用的空闲托盘。在 CYL – MES 中，管理两类托盘：一类是"输出托盘"（托盘编号以 SC

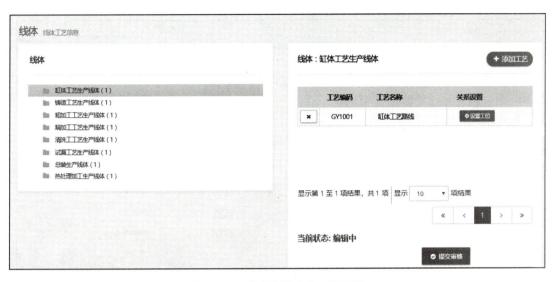

图 2-27 生产线体对应工艺设置

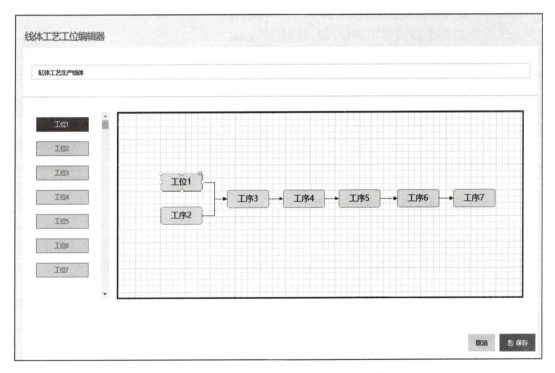

图 2-28 生产线体工艺流程对应工位设置

开头),另一类是"报验"托盘(托盘编号以 BY 开头)。线边库分配物料使用"输出"托盘,工位间传递在制品也使用"输出"托盘;生产工艺流程中最后一道工序向 FQA 申请成品报验时,使用"报验"托盘。

托盘数据的初始化通过 CYL-MES 的托盘管理功能实现。托盘管理主界面如图 2-29 所示。在界面中列出了托盘相应的编号、数量和绑定状态等基本信息。

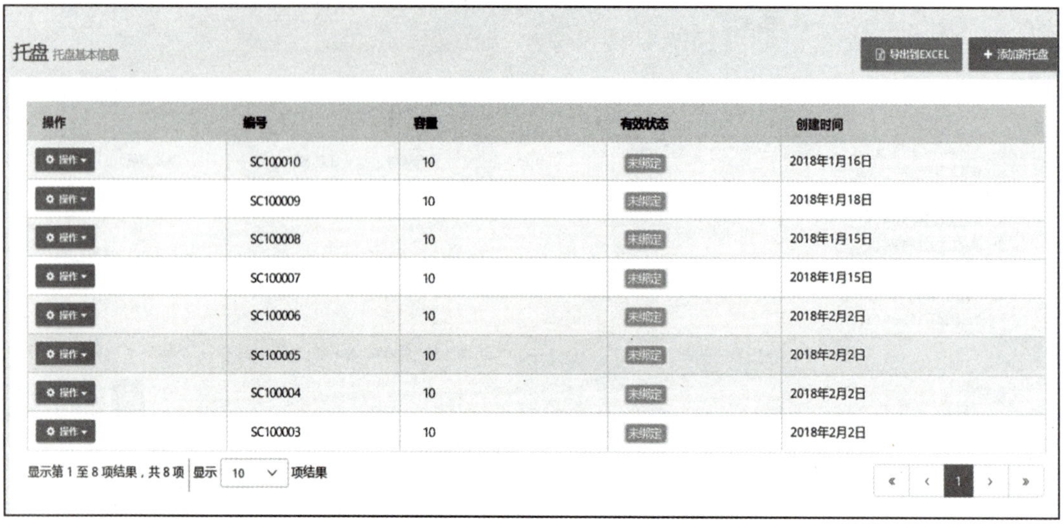

图2-29 托盘管理主界面

在托盘的定义界面中，如图2-30所示，可以一次性添加多个相同类型和相同容量的托盘。其中，当选择托盘类型为"输出"时，将生成以"SC"为开头的递增编号；"报验"类型的托盘，将自动生成以"BY"开头的递增编号。

2.1.4 任务评价

任务学习完成后，由教师、学生进行自评、互评和师评，评价学生是否完成对MES生产资源模型、生产资源管理活动、工位与工序、生产工艺流程与生产线体等内容的学习，是否能结合企业实际情况完成MES的车间生产资源初始化的全部过程。评价完成后，将评价的结果填写到表2-8的评价表中。

图2-30 托盘的定义界面

表2-8 MES中生产资源管理任务评价表

序号	评价指标	评分标准	满分	评价			综合得分
				自评	互评	师评	
1	生产资源模型	能正确表述生产资源模型中有关资源模型的相关概念	15				
2	生产资源管理活动	能正确表述数字化车间中生产资源管理业务流程活动	15				
3	工位和工序	能正确表述工位、工序概念以及两者间的对应关系	10				

续表

序号	评价指标	评分标准	满分	评价 自评	评价 互评	评价 师评	综合得分
4	生产工艺流程与生产线体	能正确表述生产工艺、线体的概念以及两者间的对应关系	10				
5	生产资源数据初始化	能按照生产数据定义流程,初始化 MES 中生产资源数据	50				

2.2 任务2：产品定义管理

2.2.1 任务描述

通过学习相关知识，了解 MES 数据模型中产品定义数据以及相关的基本概念，明确数据之间的约束依赖关系，从而掌握 MES 的产品数据初始化建立方法。

结合缸体智能车间生产案例，体验使用 MES 中的相关管理功能，完成产品数据初始化的全部过程，为 MES 在车间生产执行中发挥作用做好准备。

2.2.2 相关知识

一、产品定义模型

产品定义模型

产品定义模型是指描述或者表示产品全生命周期的状态和数据的集合（如形状、结构、材料、工艺、价格、性能）。在数字化车间中，产品信息数据从生产工艺、物料清单与资源清单之间共享的信息获取，如图 2-31 所示的重叠区域。

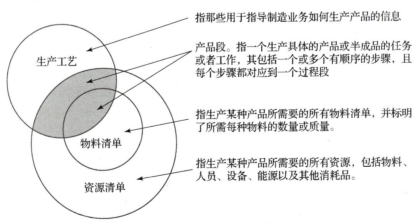

图 2-31　产品定义数据

产品定义模型如图 2-32 所示。

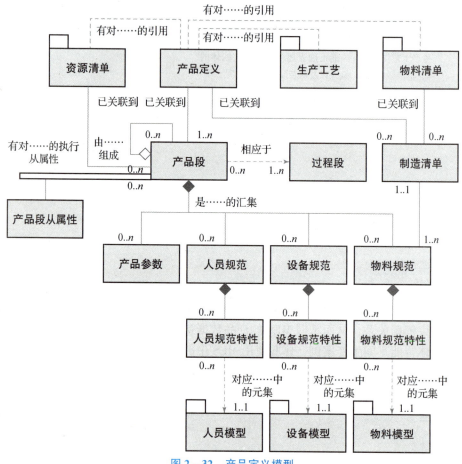

图 2-32　产品定义模型

其中生产工艺描述如何生产该产品，物料清单和资源清单描述生产该产品所需要的生产资源，这些信息由负责工艺设计的部门（如研发部）提供。订单和工艺文件到达车间后，需要将产品信息分解成若干产品段，每个产品段对应车间生产的一个过程段。产品段模型和过程段模型类似，描述了生产该产品所需要的人员、设备、物料的规范以及产品工艺参数，并选择满足这些条件的人员、设备和物料形成过程段完成该产品段的生产。

二、产品定义管理活动

MES 中的产品定义管理组件从 ERP 获取产品定义信息，及关于如何生产一个产品的信息。管理与新产品相关的活动包括一系列定义好的产品段，如图 2-33 所示。

产品定义是生产规则（生产工艺）、资源清单和物料清单的一个组合。生产规则描述如何生产产品，资源清单和物料清单则描述生产含特定产品需要什么条件。在实际 MES 软件中，产品定义由一组数据构成，下面介绍这些数据的含义。

产品定义
管理活动

三、产品定义数据

表 2-9 描述了 CYL-MES 中使用的产品定义数据。

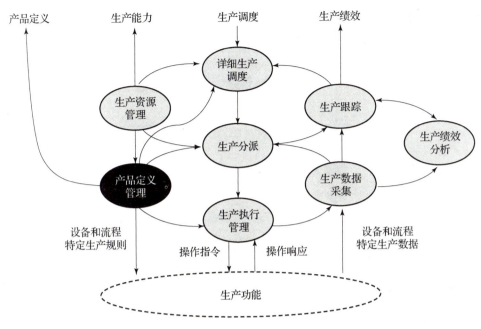

图 2-33 从产品定义管理活动

表 2-9 车间生产资源数据

编号	数据	说明
1	产品型号	产品型号是产品大类分类
2	产品货号	产品货号是产品型号下的细分型号,一个产品型号下会有多个产品货号
3	工序	产品的一个生产加工步骤
4	生产工艺流程	由若干工序组成的产品生产加工过程,也称为工艺路线
5	产品货号和生产工艺流程对应关系	为每个产品(产品货号)唯一指定一个生产工艺流程
6	产品工序 BOM	产品生产工序的物料清单,简称工序 BOM;工序 BOM 在产品 BOM 的基础上,为每种物料指定了工序
7	生产需求	一个产品货号在每个工序上的生产需求具备某种属性的人员来完成,需要具有某种特性的设备来完成,这些总称为生产需求
8	工艺指导书	用于指导工位上的操作工进行生产操作的文档或手册

2.2.3 任务实施

CYL-MES 的产品定义数据主要包括产品型号、产品货号、工序生产需求和工艺指导书,初始化的顺序如图 2-34 所示。

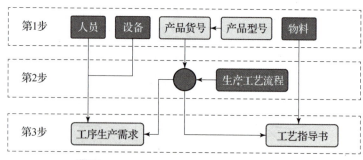

图 2-34　产品定义数据初始化步骤

以下将按顺序对产品定义数据初始化步骤进行详细介绍。

一、产品型号

产品型号数据的初始化通过 CYL-MES 中的"产品型号管理"功能实现。产品型号管理主界面如图 2-35 所示。产品型号是用于表示产品大类的唯一标识。

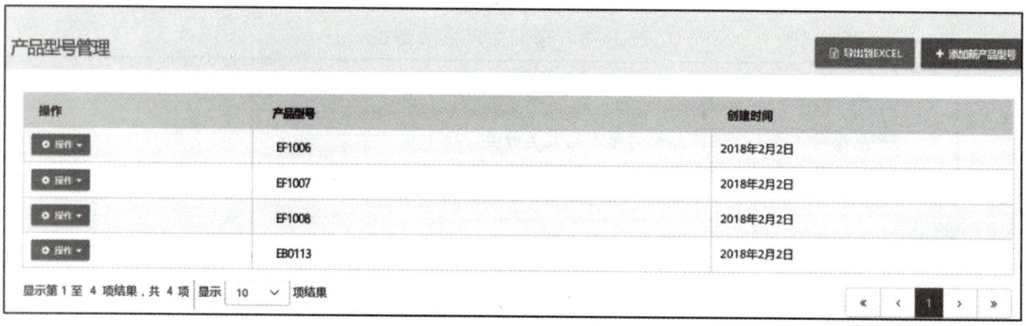

产品型号

图 2-35　产品型号管理主界面

二、产品货号

产品货号数据的初始化通过 CYL-MES 的"产品货号管理"功能实现。产品货号管理主界面如图 2-36 所示。在产品货号中除了列出型号、货号、名称和工艺两路线图等基本属性之外，还需要对产品属性、产品附件、产品 BOM 和产品工艺路线图进行关系设置，具体作用如下：

产品货号

（1）定义产品属性：给产品货号定义产品属性，这些属性可以在生产过程中被测量，用于实时监控产品的质量。

（2）定义产品附件：产品附件是指产品生产工艺指导书，是用于指导工位上的操作工进行生产操作的文档或手册。

（3）定义产品 BOM：给产品货号定义物料需求清单。

（4）定义工艺路线图：给产品货号指定生产工艺流程。

在产品货号定义时，填写或选择的信息包括"产品货号""产品型号"和"产品名称"，并可上传一张产品照片，存储到系统的产品信息中，产品货号定义界面如图 2-37 所示。

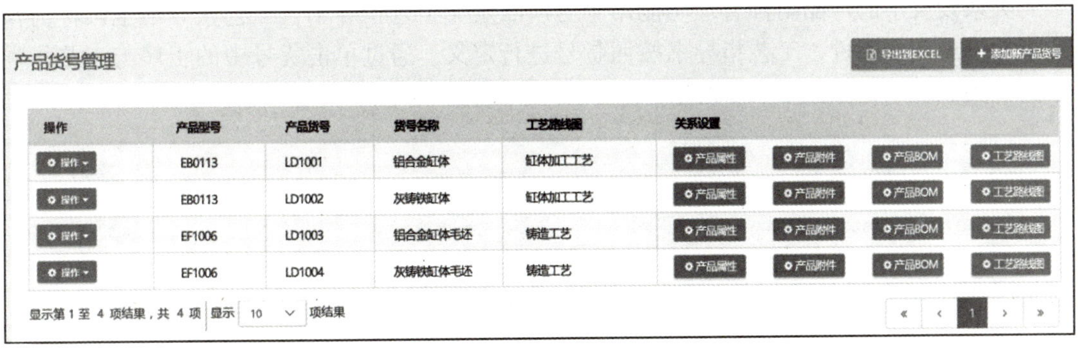

图 2-36 产品货号管理主界面

图 2-37 产品货号定义界面

在产品货号的关系设置功能中，产品属性功能用于编辑产品可用于测量的相关特性，产品属性管理主界面如图 2-38 所示。在此界面中，可以定义属性的名称、PLC 标识、属性检查方式（包括相等比较和范围检测）、属性标准上限值和属性标准下限值。在明细列表中，将列出货号已经绑定的相关产品属性信息。

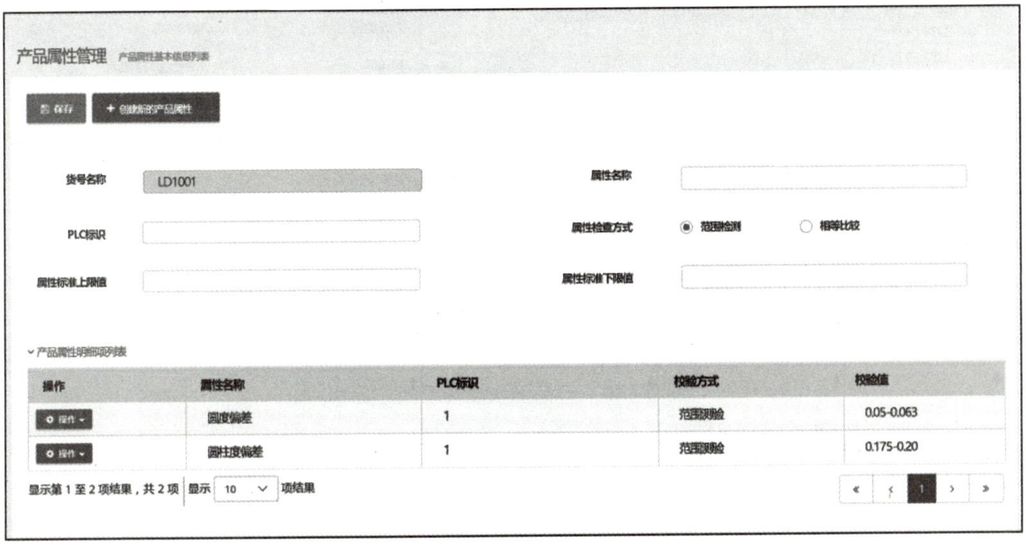

图 2-38 产品属性管理主界面

关系设置中的产品附件管理功能用于为产品定义工艺指导书，工艺指导书也可称为作业指导书或产品附件。工艺指导书按照货号进行定义，通过单击货号中的工序与工艺指导书进行关联绑定，如图 2-39 所示。

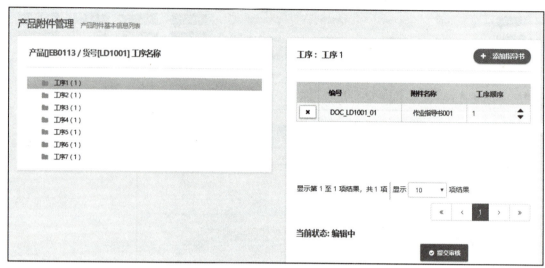

图 2-39 产品货号定义工艺指导书

可使用关系设置中的产品 BOM 功能为产品货号定义产品工序 BOM，产品 BOM 管理的主界面如图 2-40 所示。其中，左侧栏目的工序是为货号指定好生产工艺路线后自动生成的，与生产工艺路线中工序顺序相关联。然后可以通过单击左侧的工序，定义工序所需的物料名称和数量，形成与产品工序关联的 BOM 清单。

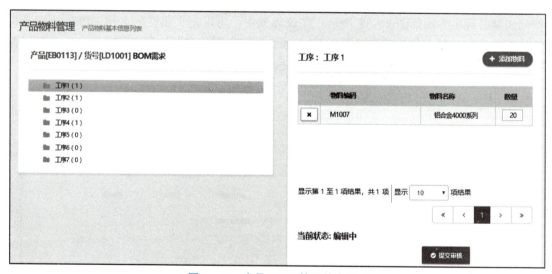

图 2-40 产品 BOM 管理的主界面

关系设置中的工艺路线图功能为产品货号指定生产工艺路线，如图 2-41 所示。一般情况下，工艺路线图不能多选，一个产品货号只能对应唯一的一个生产工艺路线。

图 2–41　为产品选择工艺路线图

三、生产需求

生产需求数据的初始化通过 CYL–MES 中的"生产需求管理"功能实现。生产需求管理主界面如图 2–42 所示。在此界面中，生产需求的产品信息与系统中的产品货号信息关联绑定，可使用"工序规则"功能为产品货号定义关联的生产需求。

生产需求

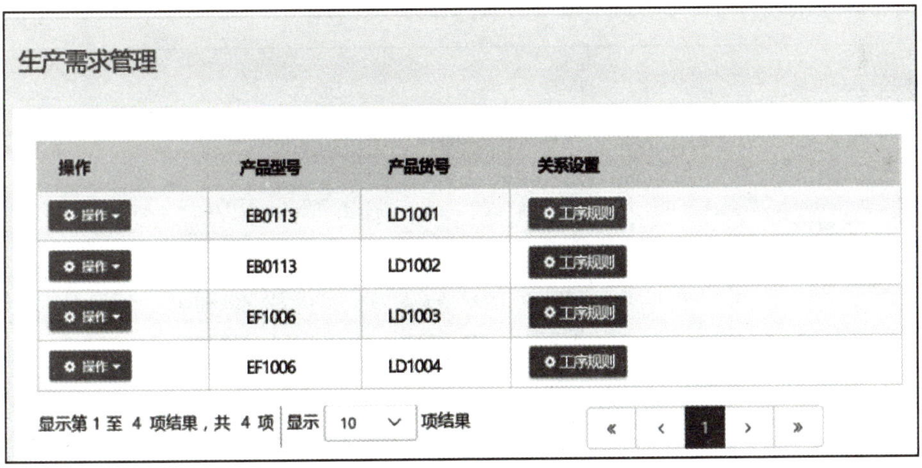

图 2–42　生产需求管理主界面

在生产需求工序规则功能设置中，按货品所关联的生产工艺的工序分类设置生产需求，如图 2–43 所示。生产需求的内容包括人员规则和设备规则。其中，人员规则是指工序上需要配置什么样的人员，可以在系统弹出的人员选择对话框中进行选择；设备规则是指工序上需要配置什么样的设备，可以在系统弹出的设备选择对话框中进行选择。当选择完毕后，在界面中，将显示工序所绑定的人员和设备名称。

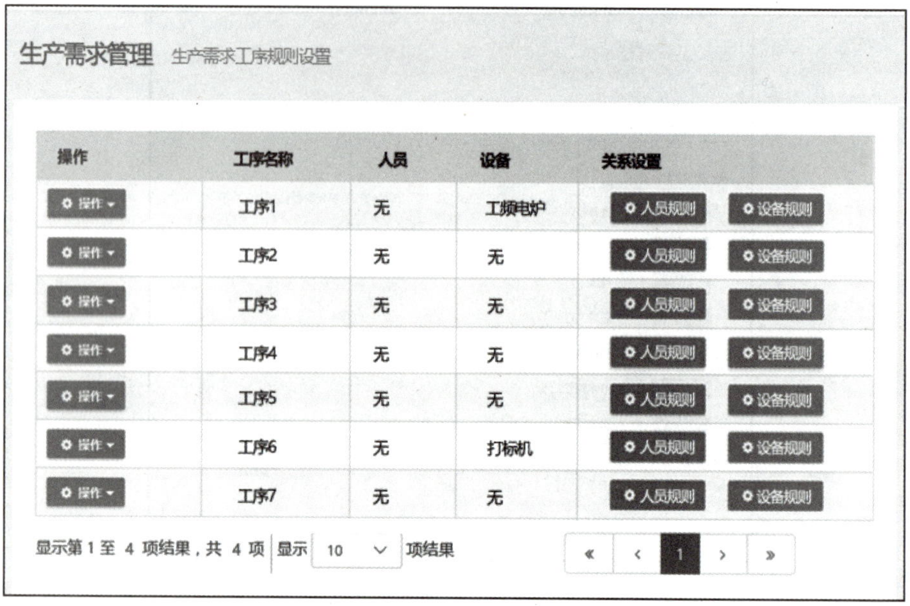

图 2-43　按工序为产品定义生产需求

四、工艺指导书

工艺指导书数据的初始化通过 CYL–MES 的"文档管理"功能来实现，文档管理功能主界面如图 2-44 所示。在此界面中，左侧列出系统中已经存储的产品型号、货号的信息；右侧列出与某个产品货号绑定的工艺指导书文档。文档的上传可通过添加文档功能实现。

工艺维护

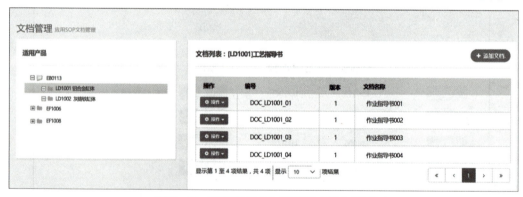

图 2-44　工艺指导书文档管理功能主界面

2.2.4　任务评价

任务学习完成后，由教师、学生进行自评、互评和师评，评价学生是否完成对 MES 产品定义模型、产品定义管理活动和产品定义数据等内容的学习，是否能结合企业实际情况完成 MES 的车间产品定义数据初始化的全部过程。评价完成后，将评价的结果填写到表 2-10 的评价表中。

表 2-10 MES 中产品定义管理任务评价表

序号	评价指标	评分标准	满分	评价 自评	评价 互评	评价 师评	综合得分
1	产品定义模型	能正确表述产品定义模型中有关资源模型的相关概念	15				
2	产品定义管理活动	能正确表述数字化车间中产品定义管理业务流程活动	15				
3	产品定义数据	能正确描述产品定义数据及其作用	20				
4	产品定义数据初始化	能按照产品数据定义流程，初始化 MES 中产品数据	50				

2.3 项目总结

本项目从认识生产资源种类及产品定义要素开始详细分析 MES 系统中人员、资源、产品等数据模型的构建，并以缸体智能加工车间 MES 系统为例，对 MES 系统中的生产资源、产品定义等管理功能实现做了说明。具体知识结构导航如图 2-45 所示。

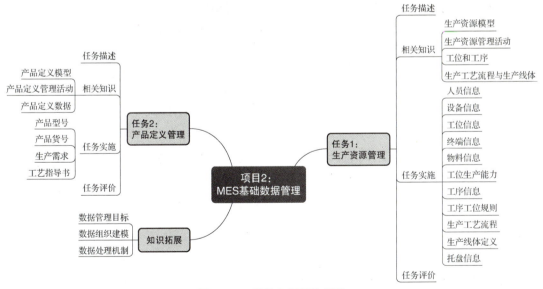

图 2-45 具体知识结构导航

2.4　知识拓展

数据管理目标

一、数据管理目标

制造执行数据管理是 MES 系统管理的重要内容，通过丰富的数据采集手段，对制造执行的全过程进行全面的数据采集，然后通过数据关联机制对采集上来的数据进行高效的管理。通过对制造执行数据的实时监控和有效处理，可以增加制造执行过程的透明性和可控性，可以极大地提高生产效率。

为了实现对采集的数据的有效存储以及存储数据的高效处理，制造执行数据的管理必须满足以下几点要求。

（1）数据组织结构清晰。数据组织结构清晰有利于数据的高效存储与快速处理，并且有利于以后的数据扩展。对于结构化数据与非结构化数据并存的数据管理要求，清晰的数据组织结构就显得更加必要。首先，在存储方面，清晰的数据结构可以使得采集上来的数据更快地对号入座，减少数据存储所用的时间，提高数据采集的效率，使得数据采集的实时性、精确性更强。其次，在数据处理方面，清晰的数据结构可以使数据处理的时候能够更快地定位到需要的数据，减少数据检索所用的时间，提高数据处理的效率，实现数据处理的快速响应。

（2）数据冗余度小。数据冗余是一个数据集合中重复的数据。冗余的数据不仅会增加系统存储的负担，而且会增加系统数据维护的难度。过多的冗余数据将会使数据处理的逻辑过于复杂，增加数据处理的时间，同时也有可能造成信息处理结果的不正确。所以在数据存储的时候，一定要坚持一个原则就是一份数据只保存在一个地方，其他地方在每次需要这个数据的时候都从这个数据源头通过关联关系去获取。

（3）数据处理响应速度快。由于生产现场情况实时发生变化，MES 系统必须具备快速的反应能力，对生产现场的快速变化做出反应，这其中最重要的一点要求就是系统具备快速的数据处理响应速度。快速的数据处理建立在清晰的数据组织结构与优化的数据处理逻辑之上。在数据采集完成之后，通过清晰的数据组织结构快速地完成存储；在提取数据进行处理的时候，通过优化的数据处理逻辑结构提高数据处理的速度。

二、数据组织建模

MES 作为面向车间的支撑信息化系统，通过统一的数据管理模型、高效的数据存储和处理机制实现对制造执行数据的有效管理。制造执行数据管理很重要的前提是统一数据模型的建立，通过对制造执行业务流程的分析，对整个业务数据单元进行单元化划分，然后按照数据单元之间的关联关系建立涵盖所有数据单元的关联约束模型。

数据组织建模

1. 面向关联的分类数据单元模型

针对制造执行过程数据种类繁多的特点，通过对数据进行分类处理的方式可以清理数据之间的关系，为建立清晰的数据结构模型打下基础。分析整个制造执行过程，可以发现制造执行过程中涉及的元素都是可以划分的一个个数据实体，不管是业务环节，还是业务环节中输入的资源。根据这一发现，按照面向对象的原理对制造执行过程中涉及的元素进行对象构建，然后在元素对象的基础上就可以很容易地对制造执行中的数据进行单元划分。

分析制造执行的全过程，可以将制造执行过程涉及的元素对象包括人员、设备、订单、工艺、物料、刀具夹具等构成数据实体，然后再将数据实体归类组成数据单元。详细的数据实体与数据单元分类如表 2-11 所示。

表 2-11　详细的数据实体与数据单元分类

编号	数据单元	编号	数据实体	是否存在引用	引用数据实体
A1	基础数据	A1.1	人员	否	
		A1.2	设备	否	
		A1.3	工种	否	
		A1.4	班组	是	A1.1
		A1.5	设备组	是	A1.2
A2	订单	A2.1	订单结构	否	
		A2.2	订单基本数据	是	A2.1
		A2.3	订单批次	是	A2.2
		A2.4	订单调度计划	是	A2.2、A1.1、A1.2、A3.1
A3	工艺	A3.1	工艺路线	否	
		A3.2	工艺文件	是	A3.1
		A3.3	工时	是	A3.1
		A3.4	生产准备	是	A3.1、A6.1、A6.2、A6.3、A6.4
A4	执行监控	A4.1	执行小批次	是	A2.2、A2.3
		A4.2	订单执行数据	是	A2.2、A2.3、A2.4、A3.1、A4.1
		A4.3	物流周转数据	是	A2.2、A3.1、A3.4、A4.1
		A4.4	工票	是	A2.2、A3.1、A3.3
		A4.5	随批单	是	A2.2、A3.1
A5	质检	A5.1	质检批次	是	A2.3、A3.1
		A5.2	自检数据	是	A3.1、A3.2
		A5.3	互检数据	是	A3.1、A3.2、A5.2
		A5.4	专检数据	是	A3.1、A3.2、A5.1、A5.2、A5.3
A6	资源器具	A6.1	条码	否	
		A6.2	物料	是	A6.1
		A6.3	刀具	是	A6.1
		A6.4	工装	是	A6.1
		A6.5	量具	是	A6.1

（1）基础数据是生产开始之前就必须维护在 MES 中的一类数据，在制造执行的过程中如果需要这些数据就直接从基础数据中引用。基础数据包括人员、设备、工种、设备组、班组等数据，其中设备组是对设备的进一步分类管理，班组是对人员的进一步分类管理。

（2）订单是制造执行的核心，订单存在一定的组织结构，比如"型号—批号—工号—订单"。同时，订单也会根据生产的需要进行分批处理，在订单下生成更小单位的执行批次。调度人员根据订单任务信息编制订单调度计划，包括为订单工序指定设备和工人并指定生产周期和开始时间以控制生产进度。

（3）工艺数据单元包含了所有生产需要的工艺相关的信息，包括结构化的工艺路线、详细的工艺文件、工序工时以及订单生产准备信息。结构化的工艺路线是执行和监控的基础，同时调度员在编制调度计划安排的时候也是以工艺路线为依据的。订单生产准备信息为面向订单工序的物料、刀具、量具、工装等准备信息。

（4）执行监控数据单元是与其他数据单元关联最密切的一个单元，因为这个单元中的数据是制造执行过程中最集中的体现，并且实时性最强。执行监控单元中包括订单执行进度数据、物流周转数据、工票数据、随批单数据以及执行小批次数据。订单执行进行数据与物流周转数据时刻反映着车间生产现场的情况，是车间计划人员了解制造执行情况的重要依据。工票与随批单是制造执行过程中产生的重要表单，这些表单数据随着制造执行过程的不断流转而不断更新。执行小批次是订单及其执行批次下面向制造执行过程的任务单元，记录着制造执行的详细过程，执行小批次是为了解决流程和离散混合生产模式下的物料周转控制问题。

（5）质检数据单元包括了所有的与质量检验相关的数据，包括质量检验中可能会涉及的自检、互检、专检流程所产生的数据以及专检过程中产生的质检小批次数据。质检小批次与执行小批次一样是过程数据，记录着质量检验的详细过程。

（6）资源器具数据单元包括了车间生产中除去设备之外的制造资源，这些制造资源的管理可以根据车间具体的管理精细化程度进行控制。如果车间需要对制造资源和制造执行过程进行精细化的管理就可以通过完善资源器具数据单元的数据来实现，如果车间不需要精细化的控制，这部分数据的缺失也不会影响到其他的数据单元。

2. 复杂制造执行过程的数据关联约束模型

制造执行数据不仅种类繁多，数据与数据之间的关系也错综复杂。通过对制造执行过程中的数据实体的分析建立了分类数据单元，数据单元之间由于复杂的引用关系形成一个完整的数据网络。根据数据单元模型及其引用关系得出的完整制造执行数据关联约束模型如图 2 - 46 所示。

分析制造执行数据关联约束模型，可以发现数据单元与单元之间存在关联约束，同时数据单元内部的数据实体之间也存在约束关系。所有的数据单元组合在一起构成了完整的制造执行数据集，在数据集内部存在约束控制。同时从制造执行过程全局控制的角度，MES 为了更方便地对制造执行过程变量进行控制，通过全局配置的方式向数据集输入配置变量，以达到全局控制的目的。具体的约束分类如下。

（1）全局数据约束。全局数据约束是 MES 为了更方便地控制制造执行的过程，通过系统配置的方式，向制造执行数据输入变量控制，以达到从全局的角度控制制造执行过程的目的。这些系统配置包括制造执行业务流程环节的配置、人员角色权限的配置等。通过全

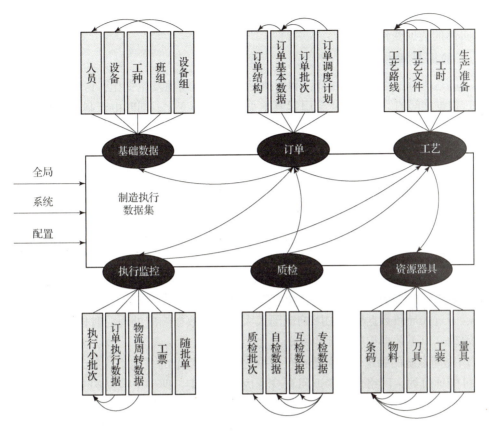

图 2-46 制造执行数据关联约束模型

局系统配置，可以使 MES 系统在不需要重新开发的情况下适应业务需求的变化，实现快速响应。全局约束是一种单向约束，约束只能从系统向数据集发出，而数据集反过来不会对系统配置造成影响。

（2）纵向数据约束。纵向数据约束是数据单元与数据单元之间由于数据引用关联而产生的约束关系。由于一个数据单元可以引用多个数据单元的数据，所有纵向约束在约束范围上存在一个一对多的关系，既一个下游数据单元可与多个上游数据单元之间存在约束，同时多个数据单元也可以引用一个数据单元的数据；所有纵向约束在约束范围上也存在多对一的关系，即多个下游数据单元可与一个上游数据单元之间存在约束。纵向约束是一种双向约束，只要下游数据单元与上游数据单元之间存在约束关系，下游数据单元的数据变化会引起上游数据单元的数据变化，同时上游数据单元的变化也会引起下游数据单元的数据变化。

（3）横向数据约束。横向数据约束是同一个数据单元中的数据实体与数据实体之间由于数据引用关联而产生的约束关系。由于一个数据实体可以引用多个数据实体的数据，所有横向约束在约束范围上存在一个一对多的关系，即一个下游的数据实体与多个上游的数据实体之间存在约束；同时多个数据实体也可以引用一个数据实体的数据，所有横向约束在约束方位上也存在多对一的关系，即多个下游数据实体与一个上游数据实体之间存在约束。横向约束是一种双向约束，只要下游数据实体与上游数据实体之间存在约束关系，下游数据实体的数据变化会引起上游数据的数据变化，同时上游数据实体的变化也会引起下游数据实体的数据变化。

三、数据处理机制

数据处理机制

随着制造执行过程的不断展开，制造执行数据在不断地发生变化，这些变化通过数据之间的约束关系将会引起其他关联数据的变化。同时由于制造执行过程中的数据关系并不是简单的线性约束关系，而是通过各种各样的相互引用形成的复杂约束网络，这时候，一个数据的变化将会通过约束网络引起巨大的连锁反应，如果不能很好地处理这种数据变化将可能对 MES 运行的稳定性产生严重的影响。所以分析制造执行过程中的数据处理机制，对 MES 的稳定运行具有重要的意义。

1. 过程驱动的数据响应处理原则

制造执行数据集是一个整体，是制造执行全过程的数据组织和再现。按照制造执行的业务流程，制造执行一步步展开，同时制造执行数据也逐渐丰富。由于制造执行过程数据具有复杂关联约束关系的特点，在处理数据驱动源引起的数据变化时，如果简单地按照数据约束关系进行数据响应，将可能会出现数据处理困难或者数据无法处理的问题，比如由于约束范围过大导致数据变化的影响范围太大。针对数据响应处理的时候可能会遇到的问题，必须确立以下数据响应处理的原则。

（1）提高系统的稳定性。制造执行数据之间具有复杂的呈网络状的约束关系，数据的约束有可能通过约束网络传导并返回自身形成循环约束，即一个数据的变化可能会引起自身进一步的变化并循环往复，进而影响整个 MES 系统运行的稳定性。针对这种情况，需要建立一种循环约束判断机制，如果数据处理出现了循环响应，就设置循环响应的终止条件，并根据终止条件适时退出循环，保证系统的稳定性。

（2）保证数据状态的统一性。数据驱动引起的数据变化通过约束网络将会引起多个数据的响应，并且由于数据之间约束的存在，MES 系统总是只能一个一个地完成数据处理进而完成整个数据驱动的响应处理。但是如果其中某一项数据的处理失败，将会打断整个数据处理过程并破坏数据之间的约束关系。针对这种情况，需要将整个数据驱动的响应过程放置到一个事务中进行处理，如果事务中的一项数据操作失败就对已完成的数据操作进行回滚，使所有数据恢复到处理之前的状态，保证数据状态的统一。

（3）保证数据记录的完整性。对于存在复杂关联的大数据，删除数据的过程往往涉及多个数据的删除操作。在进行数据删除的时候也必须应用上面提到的事务处理机制，同时不能通过物理删除的方式将数据记录删除，而必须采用逻辑删除的方式。由于复杂约束的存在，删除数据的过程具有严格的顺序要求，如果约束处理方式不当或者数据删除处理不完全将会破坏整个系统数据的完整性。采用逻辑删除的方式，可以通过标示数据的状态实现数据的逻辑删除，这样不会由于约束处理不当而导致数据冲突和数据缺失。

2. 分类模块化数据响应处理技术

通过对制造执行数据关联约束模型的构建以及数据驱动源的分析，建立数据驱动源对数据关联约束模型的驱动关系，然后按照约束模型以分类模块化的数据单元为单位完成对数据驱动的层层响应处理，最终实现数据的驱动响应处理。数据驱动源与数据关联约束模型的数据驱动关系如图 2-47 所示。

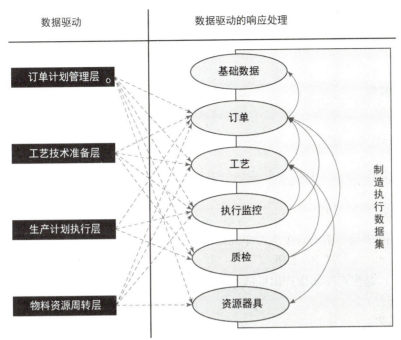

图 2-47 数据驱动源与数据关联约束模型的数据驱动关系

在订单计划层的数据驱动源头包括订单的创建、订单的更新、订单的撤销、订单的任务分配、订单分批、订单下发。订单创建、订单更新、订单任务分配、订单分批、订单下发将会引起订单数据的变化,订单的撤销将会引起订单数据单元、工艺数据单元、执行监控数据单元、质检数据单元、资源器具数据单元的变化。然后通过数据单元之间的引用关系进一步确定其他数据单元的变化。

在工艺技术准备层的数据驱动源头包括工艺任务分配、工艺路线创建、工艺路线更改、工时更改、生产准备。工艺任务分配、工艺路线创建将会引起工艺数据单元的变化,工艺路线更改将会引起工艺数据单元、执行监控数据单元、质检数据单元、资源器具数据单元的变化,工时更改将会引起工艺数据单元、订单数据单元、执行监控数据单元、质检数据单元的数据变化,生产准备将会引起工艺数据单元、执行监控数据单元、资源器具数据单元的变化。然后通过数据单元之间的引用关系进一步确定其他数据单元的变化。

在生产计划执行层的数据驱动源头包括执行小批次创建、报开完工、交检、质量检验。执行小批次创建,交检将会引起执行监控数据单元、质检数据单元的变化,报开完工将会引起订单数据单元、执行监控数据单元的变化,质量检验将会引起质检数据单元的变化。然后通过数据单元之间的引用关系进一步确定其他数据单元的变化。

在物料资源周转层的数据驱动源头包括资源采购、资源出入库、资源现场确认、资源损毁。资源采购、资源损毁将会引起资源器具数据单元的变化,资源出入库、资源现场确认将会引起订单数据单元、工艺数据单元、执行监控数据单元的变化。然后通过数据单元之间的引用关系进一步确定其他数据单元的变化。

2.5 课后练习

一、名词解释

1. 生产流程。
2. 工序。
3. 过程段。
4. 生产线体。
5. 产品段。

二、单选题

1. 生产车间中最基本的一个生产单元是（　　），通常需要配备人员、设备、原料等。
   A. 工位　　　　　　　B. 工序　　　　　　　C. 过程段　　　　　　D. 产品段
2. （　　）是生产车间生产出低成本、高质量产品的前提和保障。
   A. 生产流程　　　　　　　　　　　B. 物料
   C. 生产工艺　　　　　　　　　　　D. 人员
3. 描述生产和管理人员属性和能力的模型是（　　）。
   A. 人员模型　　　　　　　　　　　B. 设备模型
   C. 物料模型　　　　　　　　　　　D. 过程段模型
4. 描述设备的属性、能力和维护活动的模型是（　　）。
   A. 人员模型　　　　　　　　　　　B. 设备模型
   C. 物料模型　　　　　　　　　　　D. 过程段模型
5. 描述物料的属性和能力的模型是（　　）。
   A. 人员模型　　　　　　　　　　　B. 设备模型
   C. 物料模型　　　　　　　　　　　D. 过程段模型
6. 在车间生产计划中，可以根据订单以（　　）为单位进行生产排程，这样做不仅工作效率高，过程也能够简单清晰。
   A. 人员模型　　　　　　　　　　　B. 设备模型
   C. 物料模型　　　　　　　　　　　D. 过程段模型
7. （　　）是订单排程的基本单位，一个生产订单的各个工序生产任务会被排在同一个生产线体中的各个工位上进行生产。
   A. 生产线体　　　　　　　　　　　B. 物料
   C. 生产工艺　　　　　　　　　　　D. 人员
8. （　　）是指描述或者表示产品全生命周期的状态和数据的集合。
   A. 生产资源　　　B. 产品定义　　　C. 生产工艺　　　D. 生产线体
9. （　　）描述如何生产产品，资源清单和物料清单则描述生产含特定产品需要什么条件。
   A. 生产资源　　　　　　　　　　　B. 生产工艺
   C. 生产规则　　　　　　　　　　　D. 生产线体

10. 以下哪个选项不是制造执行数据的管理必须满足的目标？（   ）
A. 结构清晰　　　　　　　　　　B. 关联系完整
C. 冗余度小　　　　　　　　　　D. 响应速度快

三、简答题

1. 在 ISO/IEC 62264 标准提出的 8 项生产管理任务中，生产资源管理和产品定义管理的作用分别是什么？两者之间的关系是怎样的？

2. 在 ISO/IEC 62264 标准中提出了生产资源模型，请分别举出 1 个人员、1 种物料和 1 台设备模型的实例。

3. 请简要描述"工序"与"工位"两个概念的差别和联系。

4. 请简要描述"生产工艺流程"和"生产线体"两个概念的差别和联系。

5. 在制造执行系统中数据关联约束模型里包括的约束关系有哪些，请简述不同约束关系各自的作用？

项目 3

MES 生产过程管理

【知识目标】

(1) 从系统的观点了解和概括生产活动和生产系统。
(2) 掌握生产管理的基本概念，理解生产管理的相关功能。
(3) 明确 MES 中生产计划在企业分层计划体系中的定位与作用。

【能力目标】

(1) 能够利用 MES 制订生产计划和排程。
(2) 能够利用 MES 接收生产任务。
(3) 能够利用 MES 分派生产任务和采集生产数据。
(4) 能够利用 MES 控制和跟踪生产过程。

【素质目标】

(1) 培养学生信息收集、筛选、整理的能力。
(2) 培养学生判断分析能力和敏锐的观察力。
(3) 培养学生系统思考和独立思考的能力。
(4) 培养学生养成科学严谨、耐心专注和求真务实的工程素养。
(5) 培养学生利用科学的思维方式认识事物、解决问题的意识。
(6) 培养学生树立现代生产意识、规范意识和大局意识等。

【项目背景】

智能制造是精益生产管理与物联网结合的产物，也是制造行业发展的必然趋势。生产管理是有计划、组织、指挥、监督调节的生产活动，以最少的资源损耗，获得最大的成果。目前，对于中国制造业来讲，面对市场激烈的竞争，生产资源的浪费及成本的增加，使得企业管理人员不得不考虑生产中不规范的管理操作带来的严重后果。因此，加强生产管理的精益化，提高生产系统的柔性，对于助力"中国制造"转型升级具有举足轻重的作用。

生产是指生产企业整合相关的生产资源，按预定目标进行系统性的从产品设计到产品实现的物化过程。其中，生产活动是生产的核心，生产活动是将各种要素投入转换为产品或服务的产出，是通过劳动创造效用而增加价值的过程。从系统的观点来看，生产活动包括生产要素投入（投入）、转换过程和产品或服务产出（产出）三个基本环节，如图 3-1 所示。

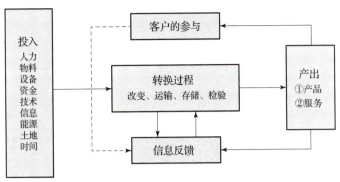

图 3-1 生产活动过程

在生产活动中投入的生产要素通常包括人力、物料、设备、资金、技术、能源、土地和时间等。转换过程是通过生产劳动使生产要素价值增值的过程，是企业从事产品制造和服务创造的主体活动。根据行业特征，转换过程分为有形产品的转换（生产过程）和无形产品的转换（服务过程），例如，制造企业进行的是生产转换过程，生产要素经转化后将产出有形的实物产品；旅游企业进行的是服务转换过程，通过计划，组织和控制等活动，实现无形的价值增值。在本书的项目中讨论的生产案例就是离散型制造企业的生产转换过程，产出的产品是由多种物料经加工和装配而成的发动机缸体。

生产企业将投入、转换和产出三个环节集成于一体，就形成了生产系统。生产系统是生产过程得以实现的手段，生产管理则是企业实现对生产系统的运作进行的管理，其主要功能包括对生产过程进行计划、组织和控制。

其中，生产管理的计划和控制功能包括决定企业生产系统如何做到适时适量生产，生产所涉及的人力、物料、设备、资金等资源在深入工厂需要的时候如何组织起来，筹措到位等，其核心功能是对物料、设备、能源、人力和信息生产产品的各项生产职能进行协调、指导、管理和跟踪，其管理目标是如何保证和提高质量，包括产出的产品在成本、质量、数量以及交付时间等方面达到预定要求。

生产管理的组织功能包括组织结构的设计、工作岗位的设置、管理职责和权力划分以及生产过程规划和设计等。其中，生产组织结构和岗位的设置相对稳定，不属于日常管理的范畴；而生产过程的规划和设计是企业开展生产活动的基础，在生产活动中不断迭代更新，本项目的缸体智能加工车间就是生产过程规划与设计的结果，其中包括了硬件和软件两个部分，硬件就是车间的生产线，软件就是 MES。

在传统制造企业中，生产管理还是依靠人工经验并借助纸笔等传统工具来完成。而在完成数字化升级改造的制造企业中，生产管理功能多数以信息系统的形式存在，而这个信息系统就是 MES 系统。MES 系统为企业的生产过程提供了足够的灵活性，满足市场对产品多样性的需求。

3.1 任务1：计划排程管理

3.1.1 任务描述

通过学习相关知识，了解什么是 MES 中的生产计划，掌握 MES 系统中生产计划的制订和排产过程。结合缸体智能车间 MES 系统案例，体验使用 MES 中的相关管理功能，完成以下生产计划制订及排程的全部过程，为向工位下达生产任务做好准备。

（1）根据销售订单制订生产计划。
（2）把订单生产计划按照工艺路线要求分解到各个工序，形成工位生产任务。
（3）生成请求库房备料的订单物料请求。
（4）生成车间线边库配送物料的订单工序物料需求清单。

3.1.2 相关知识

一、企业分层生产计划体系

企业的分层
生产计划体系

生产计划是企业对生产任务作出统筹安排并组织和指导企业生产活动有计划进行的依据。生产计划贯穿于产品生命周期的各个阶段，涉及各业务活动领域，与企业管理决策层具有密切联系，如图 3-2 所示。

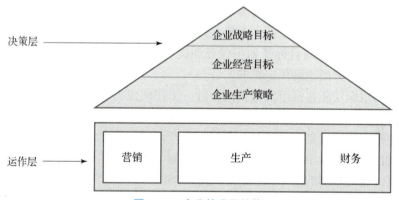

图 3-2　企业的分层结构

生产计划的制订属于企业生产系统中的运作活动，任何一家企业的生产计划都要服务于企业决策层战略目标的实现，因此，企业运作层中的生产计划管理活动也是在企业决策层的指导下进行的。

企业的最高决策层负责制定企业的战略目标、经营目标和生产策略，从而指导企业运作层中各个部门在运行过程中进行合理的决策选择和执行操作，以便服务于企业的整体统筹安排。表 3-1 对企业战略目标、经营目标和生产策略做了简要的定义和描述。

表 3-1 企业战略目标、经营战略和生产策略的定义

名称	定义	内容描述
战略目标	企业的价值观、经营目的和社会使命	企业的产品市场方向,企业资本构成; 企业的盈利能力,市场效益与客户利益的关系; 企业的社会责任
经营目标	企业为实现其经营目标,谋求长期发展而做出的带全局性的经营管理计划	研发和推广新的产品,扩大市场占有率,巩固和优化主打产品,保持现有市场份额
生产策略	在企业经营战略的总体框架下,在生产职能方面所做的长期规划	生产运作系统的选择(自制或外购、多品种或小批量),产品或服务的选择、开发和设计等

因此,企业的生产计划体系是一个从上至下、从宏观到微观、从长期变短期的分层计划体系,如图 3-3 所示。

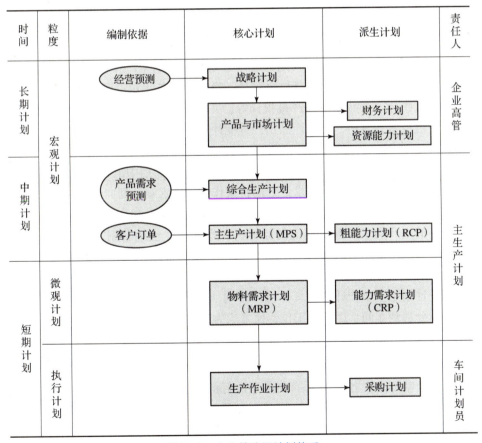

图 3-3 企业的分层计划体系

"从上至下"是指企业按照层次顺序,将决策层制订的战略计划分派到运行层,由运行层将战略计划落实为战术计划,不同的运行管理部门需要对各自的行动计划负责。

"从宏观到微观"是指为实现企业的总体战略目标而做出的产品和市场规划、财务计划、资源计划以及生产作业计划等。

"从长期变短期"是指为实现企业的长期发展目标而做出的规划,到为满足当期的生产需求而做的年生产计划、月生产计划和日生产计划等。长期计划一般都是指"战略计划",时间跨度一般在 3~5 年,有些企业可能在 5 年以上;中期计划是根据长期计划提出的战略目标和要求,结合实际情况制订的"战术计划",它既是长期战略目标的具体化,同时又是短期计划目标的依据,一般时间跨度为 1 年,如年生产计划;短期计划是为实现组织的短期目标而制订的"作业计划",时间跨度一般在 6 个月以内,如月生产计划、日生产计划等。

(1) 战略计划。企业的战略计划是结合企业的自身能力和外部环境进行分析后做出的经营规划和确定的企业发展总目标。

(2) 产品与市场计划。产品与市场计划是在企业战略计划的基础上,把企业的发展总目标转化为各个细分市场和各个产品线的发展目标。产品与市场计划还可派生出相应的财务计划和资源能力计划。财务计划是对企业生产所需的资金进行相应的计划和安排,并确认企业的投资回报总目标的可行性。为实现企业的战略目标,资源能力计划对引进人力资源和购置新的生产设备做出规划和安排。

(3) 综合生产计划。综合生产计划是一种中期的企业生产计划,计划期通常是一年,所以也称为年度生产计划。它的制订目标是有效地利用资源能力,最大限度地满足市场需求并取得最大经济效益。它是衔接长期的战略计划和短期的生产作业计划之间的纽带,起承上启下的作用。综合生产计划的具体内容是:确定企业在计划年度内要生产的产品品种,各种产品的质量指标、产品指标和产量指标等,并进一步将年度的总产量任务按品种和数量安排到各季度或者各月中,形成产品出产进度计划,指导企业的生产活动。

(4) 主生产计划。主生产计划(Master Production Schedule,MPS)确定了每一个具体产品的生产数量、开始时间和交货时间。它是对综合生产计划中的产品出产进度计划的细化,起连接综合生产计划和物料需求计划的桥梁作用,是宏观计划向微观计划的过渡。

(5) 物料需求计划。物料需求计划(Material Requirement Planning,MRP)把主生产计划中每个产品的生产需求分解成相应的原材料和零部件(包括自制零部件和外购零部件)的需求,分解的依据是产品的物料清单。

(6) 生产作业计划。主生产计划再经过细化和分解,就变成了生产作业计划,也就是说,生产作业计划是主生产计划的具体执行计划。生产作业计划把主生产计划中的产品生产任务进一步分解到车间、工段和工位,使之成为切实可行的日生产计划。

二、生产计划的条件、目标和策略

1. 条件

生产计划的制订是在各种信息的支撑下进行的,能够及时准确地获取这些信息是生产计划的前提条件。制订一个完善的生产计划,需要以下相应信息的支持:

MES 中的
生产计划

(1) 需求信息。企业的生产分为存货型生产和订货型生产两种。存货型生产是在对市场需求进行预测的基础上有计划地进行生产,所以说,存货型生产的需求信息来源于市场预测。订货型生产是在接收到客户的订单之后才组织生产,因此,订货型生产的需求信息来源于客户订单。

（2）资源信息。生产资源包括原料、资金、燃料和动力，有些来自企业内部，有些可能来自企业外部，这些资源都是企业进行产品转化所必需的，掌握这些资源的信息时，制订有效的生产计划非常重要。

（3）能力信息。企业的生产能力包括人的能力、技术能力和设备的能力，有企业内部的能力，也有可利用的外部协作能力，这些能力信息也是制订有效生产计划所必需的。

2. 目标

企业生产活动的本质是在有限的生产资源能力条件下，通过生产产品来满足用户对产品的需求，进而实现企业的经营目标。企业的生产资源能力是有限的，或者说生产资源是有约束的，因此，在获得了以上各类准确信息后，生产计划的目标就是在资源能力需求与可用资源能力之间建立平衡的过程。市场的需求是在不断变化的，企业的生产资源在一段时期内是相对稳定的，但也会有变化，因此，企业在分层计划体系中的每一层都在动态地寻求企业资源与可能资源之间的平衡，并不断地进行计划决策。

3. 策略

生产计划管理的目标之一是提高生产计划的有效性，这也是一项非常重要的目标。为提高生产计划的有效性，企业可以在生产执行层的 MES 系统中，采用以下五项策略：

（1）保证信息的准确性。不准确的数据不可能产生准确的生产计划。特别是在企业走向信息化的过程中，一定要加强基础数据的管理，尽量做到数据集中统一，减少冗余；如果存在必要的冗余，一定要建立好数据同步的机制。

（2）做好生产计划的综合平衡。所谓生产计划的综合平衡就是在制订生产计划时要综合考量影响生产的各方面因素，平衡不同资源的矛盾和冲突，最大限度地挖掘生产潜力。生产计划中要考虑的平衡点和目标如表 3-2 所示。

表 3-2　生产计划中要考虑的平衡点和目标

平衡点	平衡目标
生产计划和市场需求的平衡	最大限度满足市场需求
生产计划和生产能力的平衡	保证有足够的生产能力完成生产计划，确保计划不超出生产能力
生产计划和物资供应的平衡	保证充足的物资供应
生产计划和成本资金的平衡	保证生产有足够的资金投入，完成生产成本控制指标，提高经济效益

（3）采用先进的计划方法和工具。通过采用先进的计划方法，借助计算机技术的帮助，提高生产计划的有效性。以多品种小批量为特点的离散制造业，凭借管理者的经验已经不能胜任复杂的生产计划工作，必须借助生产计划软件工具帮助管理。

（4）提高计划的生产执行力。通过加强生产现场的组织、调度等管理工作，在生产现场的执行层面提高执行力，推动生产计划的实现。

（5）建立及时的信息反馈机制。通过建立信息反馈机制，使计划管理人员及时得到生产过程中的反馈信息，以及为生产计划提供信息的其他部门反馈信息，从而能够根据生产条件的变化及时地进行调整。

通过企业生产执行层执行的 MES 系统可以实现以上的五条策略，为制订有效的生产计划提供信息化的手段支持。

三、业务层的生产计划方法

在企业的分层计划体系中，从战略计划到主生产计划都是属于业务层的生产计划。根据各层次生产计划的不同特点，企业往往会采用不同的、有针对性的生产计划调度方法。下面介绍几种业务层常用的生产计划方法。

生产计划和调度的解决方法

1. 滚动式的综合生产计划调度方法

综合生产计划属于企业中期生产计划，时间跨度一般为 1 年，通常会采用分段编制、近细远粗的方法。对于近期，企业对需求和生产条件都掌握的很详细和具体，因此计划可以很详细；而对于远期，由于市场存在不确定性，因此计划可以制订的粗略一些。滚动计划的具体做法是：在制订计划时遵循"远粗近细"的原则，同时制定未来若干期的计划，把近期的详细计划和远期的粗略计划结合在一起。在计划期第一阶段完成后，根据该阶段的执行情况和内外部环境变化情况，对原计划进行修正和细化，并将整个计划向前移动一个阶段，以后根据同样的原则逐期向前移动。图 3-4 就是一个滚动计划法的例子，其中的计划期为一年，滚动期为一个季度。

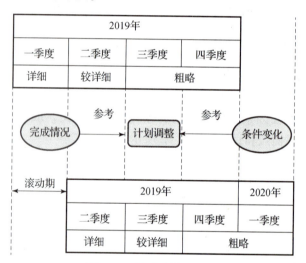

图 3-4 滚动计划法示例

2. 预算产量指标的盈亏平衡分析法

盈亏平衡分析又称保本点分析或本量利分析法，是根据产品的生产成本、产量、利润之间的相互制约关系的综合分析，用来预测利润，控制成本，判断经营状况的一种数学分析方法，常用于企业为某个产品确定产量目标时使用。其中，产品的生产成本是由两部分组成的：固定成本和变动成本。固定成本是指成本总额在一定时期和一定产量范围内，不受产量增减变动影响而能保持不变的成本，如固定资产的折旧和管理费用等。变动成本指支付给各种变动生产要素的费用，如购买原材料及电力消耗费用和工人工资等。以上述成本形态为基础，可以将生产成本、产量和利润三者的关系绘制成盈亏平衡图，如图 3-5 所示。

在盈亏平衡图中横坐标表示产品的产量，纵坐标表示成本/总收益。固定成本不随产量

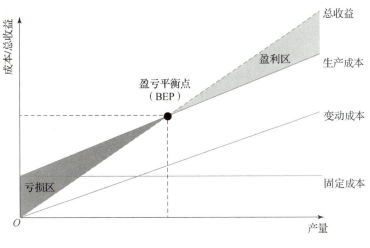

图 3－5　盈亏平衡图

的增减而变化,是一个常量,在图中表现为一条水平线。变动成本是一条通过坐标原点的斜线,表示随着产量的增加,变动成本的总额也在增加,斜线的斜率就是单个产品包含的变动成本。总收益也是一条通过原点的斜线,表示随着产量的增加,企业的总收益也在增加(假设生产的产品都能卖掉),总收益线的斜率就是单个产品的售价。当总收益线和生产成本相交于一点时,这一点称为盈亏平衡点(Break Even Point,简称 BEP)或者零利润点、保本点,代表当企业的产品达到这个产量时,企业全部总收益和累积的生产成本相等。以盈亏平衡点为界限,当销售收入高于盈亏平衡点时企业盈利,反之,企业就亏损。

3. 确定产品产量最优组合的线性规划法

线性规划分析方法是在具有确定目标,而实现目标的手段和资源又有一定限制,目标和手段之间的函数关系是线性的条件下,从所有可供选择的方案中求解出最优方案的数学分析方法。

当企业确定好需要生产的产品品种之后,接下来就要确定每种产品的计划生产数量,以便使企业的生产利润最大化。一般采用线性规划法来确定每种产品的计划生产数量。

例如,某工厂要安排生产 A、B 两种产品,已知生产单位产品所需的设备台数及 P_1、P_2 两种原材料的消耗,如表 3－3 所示,表中右边一列是每日设备能力及原材料供应的限量,该工厂生产一单位产品 A 可获利 2 元,生产一单位产品 B 可获利 3 元,问应如何安排生产,使其获利最多。

表 3－3　用于规划产品产量的生产数据

	产品 A	产品 B	限量
设备(台)	1	2	80
原材料 P_1(kg)	4	0	160
原材料 P_2(kg)	0	4	120
单位利润(元)	2	3	

假设产品 A 和产品 B 的产量分别为 x 和 y，两种产品的利润总额为 Z，则目标函数为
$$\max Z = 2x + 3y$$
原料的约束条件为
$$\begin{cases} x + 2y \leqslant 80 \\ 4x \leqslant 160 \\ 4y \leqslant 120 \end{cases}$$
最后解出的 x 和 y 的值就是两种产品产量的最优组合：
$$\begin{cases} x = 40 \\ y = 20 \end{cases} \quad \max Z = 140$$

3.1.3 任务实施

在 CYL–MES 中，生产计划的排产管理实施流程如图 3–6 所示，具体实施步骤如下：

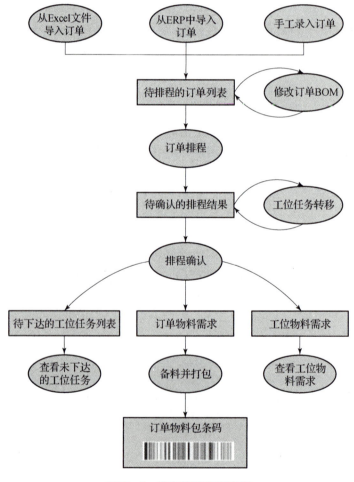

图 3–6 排产管理实施流程

（1）在 MES 中创建订单数据。创建订单数据的方式有三种：一是从 ERP 中导入订单；二是从 Excel 表中导入订单；三是手工录入订单。

（2）修改订单 BOM。在 CYL－MES 中，每一个货号的产品都定义了相应的 BOM，这个 BOM 被称为产品 BOM。但是在实际生产情况中，往往会因为某些原因，需要对某个订单中产品的物料进行修改（例如需要更换一种物料，或者修改某个物料的数量），于是，针对这个订单的产品就出现一个新的 BOM，被称为产品订单 BOM。产品订单 BOM 只针对此订单产品的物料需求，其他订单如果没有修改 BOM 的要求，都默认按照产品 BOM 生产。

（3）订单生产排程。

（4）工位任务转移。

（5）排程确认。

（6）备料并打包。

（7）查看未下达的工位任务。

（8）查看工位物料需求。

一、订单信息管理

MES 中接收订单数据的方法

订单信息数据的初始化通过 CYL－MES 中的"订单管理"功能实现。订单信息管理功能主界面如图 3－7 所示。在订单管理中，存储了订单编号、订单产品型号、订单产品货号、计划生产量、完成量、计划生成时间和预计交付时间等基础信息，用于为车间生产计划的制订做好准备。在 CYL－MES 系统中提供了三种订单创建的方式，分别是 ERP 接口数据同步、Excel 表文件导入和手工录入三种录入数据方式。

操作	订单编号	生产序号	订单产品型号	订单产品货号	计划生产数量	完成量	进度	计划时间	交付时间
操作	DD00001	SC/100001	EB0113	LD1001	10	0	0.00%	2021年1月20日	2021年4月25日
操作	DD00002	SC/100002	EB0113	LD1002	10	0	0.00%	2021年1月20日	2021年4月25日
操作	DD00003	SC/100003	EF1006	LD1003	18	0	0.00%	2021年1月20日	2021年4月23日
操作	DD00004	SC/100004	EF1006	LD1004	18	0	0.00%	2021年1月20日	2021年4月23日

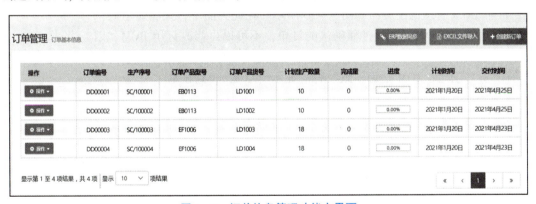

图 3－7　订单信息管理功能主界面

其中，ERP 数据同步直接通过数据同步技术从数据接口中读取存储在 ERP 系统里的订单信息。Excel 文件导入则通过 Excel 文件导入功能，在系统提供的 Excel 模板中编辑完成后，如图 3－8 所示，通过文件上传录入订单信息。

	A	B	C	D	E	F	G	H
1					2021/1/20			
2	NO	订单号	货号	型号	生产序号	数量	交付日期	生产要求
3	1	DD00001	LD1001	EB0113	SC/100001	10	2021/4/25	
4	2	DD00002	LD1002	EB0113	SC/100002	10	2021/4/25	
5	3	DD00003	LD1003	EF1006	SC/100003	18	2021/4/23	
6	4	DD00004	LD1004	EF1006	SC/100004	18	2021/4/23	

图 3－8　基于 Excel 模板文件编辑而成的订单文件

手工录入则通过创建新订单功能，在系统弹出的增加订单对话框中，如图 3-9 所示。一次输入或选择生产编号、生产序号、计划生产时间、交付时间、产品货号等实现订单数据的录入。

图 3-9 手工录入订单主界面

二、订单 BOM 配置

订单 BOM 的信息配置通过 CYL-MES 中的"订单 BOM 管理"功能实现，订单 BOM 管理的主界面如图 3-10 所示。在此界面中，只能显示尚未完成排程的订单，已经完成排程确认的订单，不可以再修改订单 BOM，因此不会出现在此界面的订单列表中。如果某个订单的订单 BOM 和产品 BOM 是一致的，则该订单的"与产品 BOM 是否一致"标志显示"√"；否则显示"×"。

订单 BOM 配置

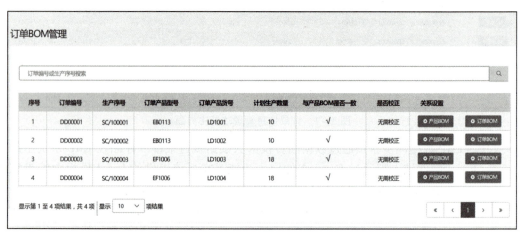

图 3-10 订单 BOM 管理的主界面

在每条订单后面都有两个功能按钮。其中，产品 BOM 功能和产品货号管理中的修改产品 BOM 功能是一样的，用于形成与产品工序关联的 BOM 清单，在这里重复出现主要是为了方便操作。产品 BOM 功能管理主界面如图 3-11 所示。

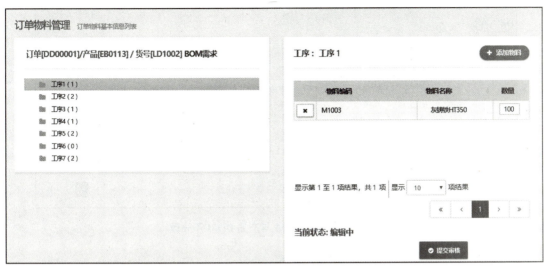

图 3–11　产品 BOM 功能管理主界面

通过订单 BOM 功能按钮可以进入订单 BOM 管理主界面,订单 BOM 功能管理主界面如图 3–12 所示,功能同产品 BOM 一致,可以为工序添加物料、修改物料、删除物料或者可以把一个工序的物料调整到另外一个工序上。当订单 BOM 中某个工序里的物料数量与产品 BOM 中对应的物料数量不一致时,系统会自动用高亮显示的方式进行显示。当完成提交返回订单 BOM 管理的主界面,则在订单 BOM 管理主界面的订单列表中,该订单的"与产品 BOM 是否一致"标志会显示"×",如图 3–13 所示。

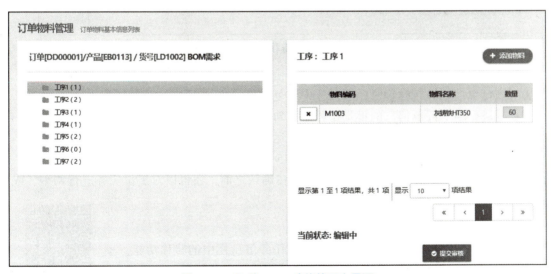

图 3–12　订单 BOM 功能管理主界面

三、订单生产排程

订单信息的数据初始化完成之后,就可以对订单进行排程了。在 CYL–MES 中订单生产排程是通过"排程管理"功能实现的,订单排程管理功能主界面如图 3–14 所示。在该界面中,将列出所有待排程的订单列表。

订单指派

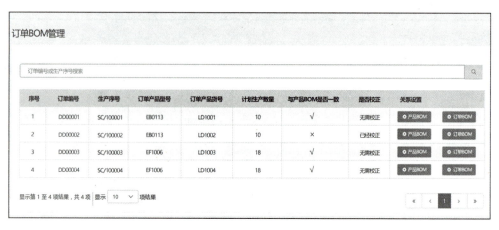

图 3-13 订单 BOM 与产品 BOM 不一致

图 3-14 订单排程管理功能主界面

在排程管理主界面中，每个待排程订单信息的首列有一个复选框，当需要对该订单信息进行排程时，可以选中该复选框，也可以一次性选中多个复选框进行多个订单信息的批量排程。当勾选好需要进行排程的订单信息后，通过单击开始排程功能按钮，系统将运行排程算法，并将分工位显示系统给出的待确认的排程结果，如图 3-15 所示。对于系统自动生产的待确认的排程结果需要在确认后才能生效，在确认之前，还可以对工位任务进行调整，或者让系统重新进行排程。

工位任务转移

四、工位任务转移

在待确认的排程结果界面中，通过每个任务信息栏中的转移功能，车间管理人员可以对排程结果进行调整。在系统弹出的工位任务调整界面中，如图 3-16 所示，可根据需要把该任务转移到其他工位，如果未发现可以

排程确认

转移的工位则显示"未找到合适工位"。通常情况下，如果事先给某个工序配置了多个工位，则生产任务可以在这几个工位之间进行转移。

五、排程确认

当在待确认的排程结果界面中，经过检查没有需要调整的任务后，即可通过保存功能

项目 3　MES 生产过程管理

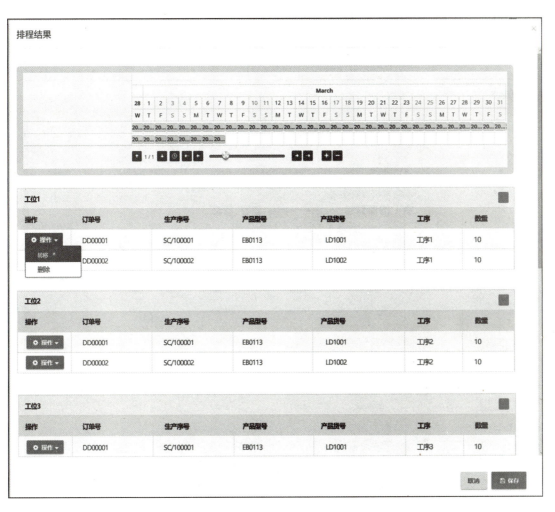

图 3-15　待确认的排程结果

图 3-16　工位任务转移

将待确认的排程结果变成有效排程。在有效排程的结果页面中，工位任务前的操作功能部分将不再有效，排程结果将不再能够进行修改，如图 3-17 所示。同时，已排程的订单也不会出现在订单信息管理页面中。

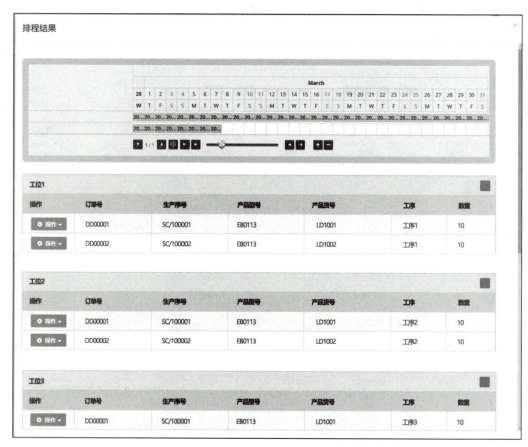

图 3-17　被确认的排程结果

六、备料并打包

当生产排程分配完毕后，需要为生产任务分配需要的生产物料，为生产线执行生产做好物料准备。备料和打包的数据操作通过 CYL - MES 中的"物料出库管理"功能实现，如图 3-18 所示。这部分是物料管理的功能，此管理功能的具体操作在项目 4 任务 1 中任务实施步骤"物料出库和打包"部分详细阐述，相关内容可以参见项目 4。

备料并打包

七、工位任务分配

工位任务分配功能用于查看未下达的工位任务列表，验证并确认生产作业计划已经制订完成。工位任务分配通过 CYL - MES 中的"订单任务管理"实现，订单任务管理主界面如图 3-19 所示。在此界面中，分工位显示已排程的生产任务列表，其中，任务状态为"未下达"的任务，就是已排程还未下达的任务。通过勾选每个工序中任务信息栏前列中的复选框，再单击"下达任务"功能按钮可以实现任务的分派。

工位任务分配

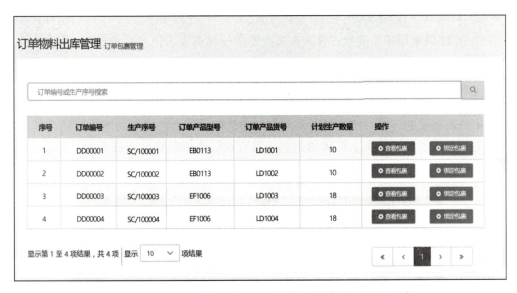

图 3-18　物料出库管理界面（已经排程确认的生产订单列表）

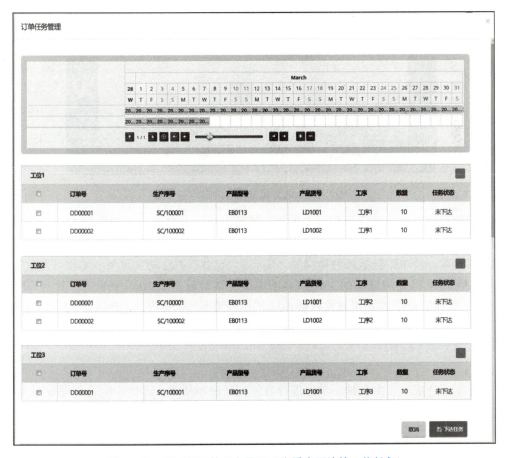

图 3-19　订单任务管理主界面（查看未下达的工位任务）

八、工位 BOM 需求

工位 BOM 需求

工位 BOM 需求用于车间生产管理人员查看工位物料需求清单，验证并确认订单物料需求是否已经被细化到每个工序的工位。工位 BOM 需求通过线边库发料客户端 App 进行查看。线边库发料客户端的主界面如图 3-20 所示。工位 BOM 需求分三个选项卡显示列表：未下发、已下发和全部，分别表示未分料完成的订单、已分料完成的订单和全部的订单。系统功能界面默认显示物料未下发的订单列表，如果某个订单的物料还没有被线边库收到，则该订单将显示"欠料"的标记。

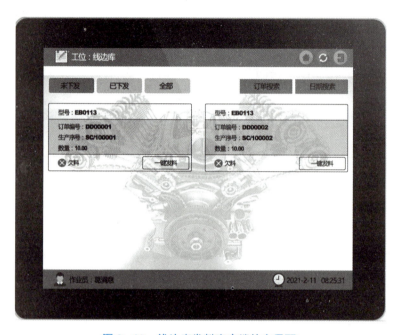

图 3-20 线边库发料客户端的主界面

刚排完程的订单应该显示在"未下发"选项卡中，并显示"欠料"标记。单击某个刚完成的名单，则进入该订单的发料界面，如图 3-21 所示，系统将分工序显示每个工序需要的物料清单，清单中包括每种物料的"需要""已收""已发"以及"本次可发放"的物料数量。在刚排程完的订单的工序物料清单中，需要数量 = BOM 中规定的数量，已收数量 = 0，已发数量 = 0，本次可发放数量 = 0，表示线边库还未接收到生产该订单所拨付的物料。

3.1.4 任务评价

任务学习完成后，由教师、学生进行自评、互评和师评，评价学生是否完成对 MES 企业分层生产计划体系、生产计划的条件、目标和策略以及业务层的生产计划方法等内容的学习，是否能结合企业实际情况完成 MES 的生产计划排程管理的全部过程。评价完成后，将评价的结果填写到表 3-4 的评价表中。

项目 3　MES 生产过程管理

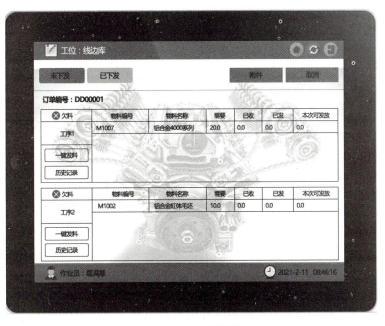

图 3-21　订单发料界面

表 3-4　MES 中生产过程管理任务评价表

序号	评价指标	评分标准	满分	评价			综合得分
				自评	互评	师评	
1	企业分层生产计划体系	能正确表述企业分层生产计划体系的分类及相关概念	15				
2	生产计划条件、目标和策略	能正确表述生产计划的相关支撑条件、目标和实施策略	15				
3	业务层的生产计划方法	能正确描述三种较常见的生产计划调度方法并能掌握相关的计算方法	20				
4	MES 生产计划数据管理	能按照计划排程的任务实施流程，在 MES 中合理完成排程操作	50				

3.2　任务 2：生产调度管理

3.2.1　任务描述

通过学习相关知识，了解 MES 提供的生产任务分派方式和工位的生产任务执行方式，了解不同生产保证机制对订单生产周期的影响,以及 MES 在生产数据采集中发挥的作用。结合缸体智能车间 MES 系统案例,体验使用 MES 中的相关管理功能,完成以下生产任务分派、物料配送和生产执行的全部过程:

(1)把生产任务下达到各个工序的工位。
(2)线边库收、发物料。
(3)工位接收任务并开始生产。
(4)工位接收物料和在制品。
(5)工位输出在制品。
(6)工位填报工时并结束任务。

3.2.2 相关知识

一、生产调度内涵

生产调度内涵

目前,我国制造企业在批量性产品生产时,存在任务分批交付的不确定性、工时等基础数据的不准确性、长期手工形式的生产管理导致的现场执行状态及其反馈信息的不完备性等问题。如何在非常规的动态制造转型环境下进行生产调度的决策就成为迫切需要解决的核心问题。制造企业多品种变批量生产形式需要化解的核心矛盾在于批产型产品的效率和研制型产品的生产柔性,提高批产型产品生产效率和加工质量一致性水平的理想形式是采用单元化的思想,实现在单元内形成短线或者小流水的生产运行效果,而提高研制型产品生产柔性是采用离散式制造形式,两者综合导致了多品种变批量生产组织具有单元内流水式生产与单元外离散式生产相结合的混合模式,为生产调度提出了新的技术挑战。

1. 排程和调度的概念分析

排程是在考虑能力和设备的前提下,在物料数量一定的情况下,安排生产任务的生产顺序、优化生产顺序、优化选择生产设备,使等待时间减少,平衡各机器和工人的生产负荷。调度是基于既定的排程方案,面向生产现场的实际资源状态和执行进度信息,进行和调整作业派工。排程主要面向计划任务,而调度主要面向现场执行的动态调整,因此,一般可以称之为计划排程和动态调度。需要指出的是,有些行业或地区习惯将其称为排程,甚至笼统称之为计划、排程或者调度,但其含义范围基本一致。

计划排程与动态调度的概念侧重点有一定的差异,具体如下:

(1)应用时机差异。计划排程一般偏重于开始执行前的全局统筹作业安排,动态调度强调过程执行中的执行现场时机调整,但一般而言,在车间已有任务在制执行的状态下,计划排程也必须考虑到现场任务的执行状态进行作业方案的更新,这种情况等同于动态调整,也是计划排程的常态。

(2)应用状态差异。计划排程偏重于静态的总体评估,而动态调度偏重于动态的现场调整,两者维护的是同一个作业方案。

(3)应用重点差异。不同类型的生产对于排程和调度的应用重点存在一定的差异,对于以机器设备为核心的多品种变批量生产,一般强调计划的权威性和指导性,体现为"重计划、轻调度",即一旦作业方案确定,尽量避免执行过程中的调整;对于以人力、场地资源为核心的大型、单件装配型生产，由于约束问题的复杂性以及人力资源的灵活性，导致难以获得精确意义上的计划排程作业方案，因此普遍采用"轻计划、重调度"的方式进行过程组织，即计划排程给出相对量化的作业方案，主要是按照交货期规定的时间节点，过程执行依靠现场的调度配置，这种形式有一定的灵活性，但难以有效提升资源利用率和保证产品的交货期。

2. 生产调度的内涵分析

生产调度性能的优劣直接制约了离散制造企业多品种变批量生产模式的运行效果，是能否落实快速响应制造执行的核心技术。传统的生产调度概念偏重于作业计划的优化排程，并衍生出了大量的优化调度算法，对于基础数据准确、业务流程稳定、少品种大批量的制造执行具有一定的适应性，但在我国制造业生产向多品种变批量生产模式转变的趋势下，面临着来自任务、流程、数据、执行等层面的变动影响，导致我国离散制造企业的制造执行水平总体上仍然处于手工管理阶段，虽然目前有大量的面向静态、理想执行的优化调度算法研究成果，但由于无法对动态的生产扰动事件进行快速响应，从而无法真正展开应用。总体而言，一方面是多品种变批量生产模式提出了柔性调度和动态调度的新挑战；另一方面是目前的调度研究由于假设过多而偏离实际，不能反映多品种变批量生产模式下的快速响应制造执行问题背景，如何解决两者之间的差距，就成为需要解决的核心问题。

针对传统的集中于作业优化排程调度算法研究无法解决多品种变批量生产模式快速响应制造执行的问题，必须突破仅仅局限于作业排程的生产调度概念，应从生产的含义入手，从广义的调度，结合快速响应制造执行的需求，进行生产调度的定义和研究。

面向快速响应制造执行的生产涉及业务流、作业流、信息流三者之间的交互协作。业务过程协调和作业周转是信息流的载体，作业流对业务协调和信息传递具有驱动和牵引作用，业务过程协调指导工件流转并进而支持信息传递，三者关联协作，才能有效地支撑快速响应制造执行。面向快速响应制造执行的生产调度，必须综合考虑制造信息管理、业务过程协同、作业周转控制、作业执行状态采集、混线生产作业调度和动态调度等环节的关联关系，跳出为作业调度问题而研究调度算法的处理思路，从全局的角度，建立全面的生产调度解决方案，以解决多品种变批量生产模式所要求的快速响应协同调度问题。

面向快速响应制造执行的生产调度内涵可定义为：以多品种变批量生产模式为研究与应用背景，以支持快速响应制造执行为目标，以生产中的业务、信息和作业等的关联关系为基础，从广义生产调度的角度，通过业务过程协调、工艺过程驱动的周转控制、混线生产作业优化排产、生产扰动驱动的动态调度等环节系统化综合处理的思路，形成以作业优化排程与动态调度为核心，以业务协同与信息控制为支撑的生产调度技术体系，达到有序、协调、可控和高效的快速响应制造执行结果。

二、压件生产策略

在离散型制造企业，订单生产周期是指订单从车间开始投产到全部成品产出所经历的整个生产过程的全部时间。一个生产订单的生产是要按照产品工艺流程的规定，从首道工序开始，然后传递到下一道工序，直至最后一道工序加工完成。订单生产周期的长短与加工工件或在制品在工序间的传递方式有很大关系。

在制品工序间传递的方式及对订单生产周期产生的影响

压件生产策略不仅用于实现生产线中加工工序的统一建模问题，同时也保证了生产中流水式工序传递作业的连续性。生产线中制品的生产一般具有多个连续的工序，各个工序有粗、精之分，各工序的执行时间也不同，为了保证制品能够串行流出，必须结合工序间的时间差异，在某些工序环节设定一定数量的在制品，形成压件生产的形式，从而化解工序加工时间不均匀的问题。压件生产对于订单生产周期有突出的影响，下面介绍压件生产机制中主要采用的三种方式：顺序移动方式、平行移动方式和顺序加平行混合移动方式。

下面通过一个例子来说明这三种方式的特点、区别以及对订单生产周期的影响。

例如车间接收到一个"生产4件A产品的订单"，A产品生产工艺流程规定需要通过4道加工步骤，并且单件制品在各道工序中所需要的生产时间分别为 $t_1 = 20$ min，$t_2 = 5$ min，$t_3 = 40$ min，$t_4 = 10$ min。

1. 顺序移动方式

顺序移动方式是指每批制品在上一道工序加工完毕后，整批地移送到下一道工序进行加工的移动方式，其订单生产周期如图3-22所示。顺序移动方式的优点是制品运输次数少、设备利用较为充分以及管理简单等，其缺点主要体现为加工周期比较长。顺序移动是传统的离散式加工生产最常见的移动生产方式，尤其在对于质量要求比较严格，要求批次工序制品全部检验后才能周转到下一道工序进行生产的情况。

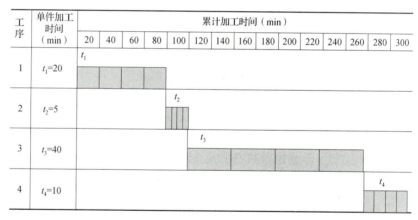

图3-22 顺序移动方式下订单生产周期

顺序移动的加工周期公式如3-1所示：

$$T_{顺} = n \sum_{i=1}^{m} t_i \quad \text{（公式3-1）}$$

其中 n 为制品的加工数量，m 为制品的加工工序数，t_i 为工序 i 的单件加工时间。

$$T_{顺} = 4 \times (20 + 5 + 40 + 10) = 300(\text{min})$$

根据计算可以得出，采用顺序移动方式的订单生产周期为300 min，其特点是每道工序在这4件产品上所花的时间是连续且不停顿的。

2. 平行移动方式

平行移动方式是指一批零件中的每个零件在前一道工序完工后，立即传送到下一道工序继续加工的移动方式，其订单生产周期如图3-23所示。平行移动方式的优点是加工周期短，其缺点主要体现为运输频繁、设备空闲时间多而零碎且不便利用。对于平行移动的调度处理比较复杂，一般是将一批平行移动的批量拆分为同等数量的订单进行计划排程，但在设备选择方面优先选择某道工序第一个工件所选择设备，可以近似拟合出平行移动的生产效果。

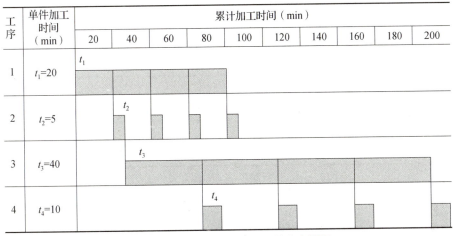

图 3-23　平行移动方式下订单生产周期

平行移动的加工周期公式如公式 3-2 所示：

$$T_{\text{平}} = \sum_{i=1}^{m} t_i + (n-1) t_l \qquad (公式3-2)$$

式中，t_l 为最长的单件加工时间。

$$T_{\text{平}} = (20 + 5 + 40 + 10) + (4-1) \times 40 = 195 (\text{min})$$

根据计算可以得出，采用平行移动方式的订单生产周期为 195 min，其特点是第 1 道和第 3 道工序在 4 件产品上所花的时间是连续且不停顿的，而第 2 道和第 4 道工序在这 4 件产品上所花的时间是不连续的，有中断和等待的状态。

3. 平行顺序移动方式

平行顺序移动方式，是顺序移动方式和平行移动方式的结合使用，是指一批零件在一道工序上尚未全部加工完毕，就将已加工好的一部分零件转入下道工序加工，以恰好能使下道工序连续地全部加工完该批零件为条件的移动方式，其订单生产周期如图 3-24 所示。平行顺序移动的优点是设备利用率高，其缺点是管理复杂。平行顺序移动能够有效地降低计划排程的复杂性，同时避免了出现设备空闲时间零碎的现象。加工周期及计算公式如公式 3-3 所示：

$$T_{\text{平顺}} = n \sum_{i=1}^{m} t_i - (n-1) \sum_{j=1}^{m-1} \min(t_j, t_{j+1}) \qquad (公式3-3)$$

具体做法：

当 $t_i < t_{i+1}$ 时（前道工序单件时间小于后道工序单件时间），制品按平行移动方式转移；

当 $t_i \geq t_{i+1}$ 时，以该工序最后一个制品的完工时间为基准，往前移动 $(n-1) \times t_{i+1}$ 作为制品在 $(i+1)$ 工序的开始加工时间。

$$T_{\text{平顺}} = 4 \times (20 + 5 + 40 + 10) - (4-1) \times (5 + 5 + 10) = 240 (\text{min})$$

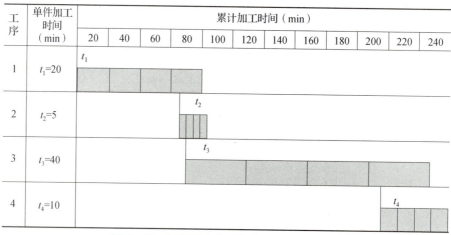

图 3-24　平行顺序移动方式下订单生产周期

根据计算可以得出，采用平行顺序移动方式的订单生产周期为 240 min，其特点是每道工序在这 4 件产品上所花的时间是连续且不停顿的，如图 3-24 所示。

通过以上分析可以看出，顺序移动方式使得工序的组织与计划工作变得简单，每道工序的加工时间连续且不停顿，提高了工效，但是大多数产品有等待加工的现象，生产周期最长；平行移动方式使得订单生产周期最短，在制品占用量最少，但是存在前后工序时间不相等，存在加工时间中断和制品等待的情况；平行顺序移动方式使每道工序的加工时间连续，在一定程度上消除了加工的等待时间，订单生产周期介于以上两者之间，是个取长补短的方法，但也面临着组织管理比较复杂的问题。因此，企业需要根据自身的业务特点和生产要求，采取合适的压件生产策略进行生产调度，确保生产作业的连续性。

三、车间作业调度算法

通过对生产调度的内涵的分析，在生产调度资源优化配置、约束分析以及节拍保障技术的基础上，提出了生产作业调度算法。根据调度方式的不同策略，将调度算法分成了人机交互调度算法和自动调度算法。

车间作业调度算法

1. 人机交互调度算法

人机交互调度并不是完全由操作人员手工生成的作业计划，而是通过计算机辅助计算得到工序的顺序、最早可开始时间以及可用设备等约束信息，以此辅助操作人员做出决策，人机交互调度的算法流程如图 3-25 所示。

（1）操作者通过人机交互界面以鼠标点选的方式选择待调度工序，将待调度工序设置为 $ps_{s,r}$。

（2）在操作者选择待调度工序后需要由计算机辅助计算待调度工序的最早可开始加工时间和待调度工序的可选设备。通过对基础调度数据中待调度工序所关联的加工工种进行搜索就可以获得待调度工序的可选设备。计算待调度工序的最早可开始加工时间则较为复杂：

当 $s=1$ 时，工序的最早可开始时间等于物料的下达日期，即 $DC_{s,r}=DR_{r,o}$。

当 $s>1$ 时，首先计算工序的压件数量，当该制品采用离散方式生产时，压件数量等于工序的计划加工数量，即 $NF_{s,r}=NP_{s,r}$。根据待调度工序单件加工时间、辅助生产时间、压

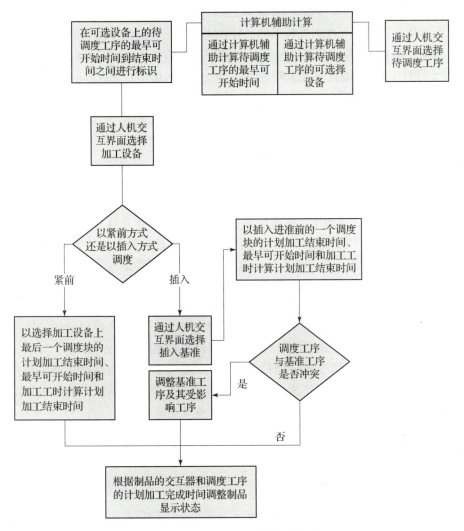

图 3-25 人机交互调度的算法流程

件数量和制品前道工序计算待调度待工序的最早可开始加工时间,计算公式如公式 3-4 所示:

$$DC_{s,r} = \max_{n_{s-1} \in (n'_{s-1}, n''_{s-1}, \cdots, n'''_{s-1})} (PB_{s-1,r,n_{s-1},l_{s-1}}) + TA_{s,r,n} + TS_{s,r,n} \times NF_{s,r} \quad （公式 3-4）$$

(3) 通过人机交互界面将计算结果传达给操作者。通过对可选择设备的反色显示为操作人员提供可选择设备信息。通过在可选设备上最早可开始时间到待调度工序所属制品的交货期之间划线的方式为操作人员提供可用加工时间区域。

(4) 通过人机交互界面由操作者选择加工设备和调度方式,如选择的设备为 $M_{n,t}$。

(5) 根据操作者选择的调度的方式由计算机辅助选择处理策略,如果选择的调度方式为紧前方式调度则转至步骤 (6),如果选择调度方式为插入方式则转至步骤 (7)。

(6) 获取设备 $M_{n,t}$ 上最后一个调度块的计划加工结束时间 PE_{s',r',n,L_n},采用公式 3-5 计算工序 $ps_{s,r}$ 的计划加工开始时间 $PB_{s,r,n,l}$,采用计划完成时间算法计算工序 $ps_{s,r}$ 的计划加工完成时间 $PE_{s,r,n,l}$,转至步骤 (11)。

$$PB_{s,r,n,l} = \max(PE_{s',r',n,L_n}, DC_{s,r}) \qquad (公式3-5)$$

（7）为操作者提供插入准则选择界面，操作者通过该界面选择插入基准工序$ps_{s'',r'',n,l'}$。

（8）获取设备$M_{n,t}$上基准调度块的设备内前道工序的计划加工完成时间$PE_{s'',r'',n,l'-1}$，采用公式3-6计算工序$ps_{s,r}$的计划加工开始时间$PB_{s,r,n,l}$，采用计划完成时间算法计算工序$ps_{s,r}$的计划加工完成时间$PE_{s,r,n,l}$。

$$PB_{s,r,n,l} = \max(PE_{s'',r'',n,l'-1}, DC_{s,r}) \qquad (公式3-6)$$

（9）将基准工序和制品内后道工序在加工序列中的位置向后移动一位，即基准工序从$ps_{s'',r'',n,l'}$变更为$ps_{s'',r'',n,l'+1}$，将$ps_{s,r}$插入到$ps_{s'',r'',n,l'}$的位置上，$ps_{s,r}$变更为$ps_{s,r,n,l'}$，采用计划完成时间算法计算工序$ps_{s,r,n,l}$的计划加工完成时间$PE_{s,r,n,l}$。

（10）计算机辅助判断待调度工序调度后产生的调度块是否与基准调度块冲突，如果$PE_{s,r,n,l} > PB_{s'',r'',n,l'+1}$则对后续调度工序进行调整，否则转至步骤（11）。

（11）判断该工序的调度是否导致生产延期，如果没有延期即$PE_{s,r,n,l} \leq DD_r$，则完成调度，否则生产延期，即$PE_{s,r,n,l} > DD_r$，标记该制品生产已经延期。

2. 自动调度算法

自动生产调度过程不需要操作者对调度过程进行任何的操作，由计算机根据制造资源、生产计划信息和当前设备的生产队列等信息，在调度规则、调度约束和混线调度节拍保障机制的支持下，完成作业计划的排程，自动调度算法流程如图3-26所示。

首先，从基础数据中读取生产计划信息，而后判断生产计划内是否含有关重件，如果含有关重件，则首先采用混线生产流水调度算法完成对关重件的调度，随后采用混线生产离散调度算法完成对非关重件的调度，最后生成作业计划。

可调度工序集是两种调度算法中都使用的一个概念，可调度工序集即指所有没有制品内前道工序或者制品内前道工序已经调度的工序的集合。只有属于可调度工序集的工序才是可以进行调度操作的。

➢ 混线生产流水调度算法

（1）从调度资源基础信息处获取采用流水方式生产的制品和带有逻辑制造单元的设备信息。

（2）采用以优先级筛选规则为首要规则的工序选择规则从可调度工序集合中选择唯一一个待调度工序，如果可调度工序集合为空则转至步骤（7）。

（3）如果待调度工序的工序选择优先级位于普通优先级范围内，则采用公式3-7为待调度工序所属制品的未调度工序进行工序选择优先级调整。

$$d' = \frac{b \cdot d + a \cdot c - b^2 - c \cdot d}{a - b} \qquad (公式3-7)$$

（4）采用公式3-8计算该调度工序所需要加工设备数量，利用以优先级筛选规则为首要规则的设备选择规则从所有可选设备中选取规定数量的加工设备。

$$\left[\frac{TW_{s,r}}{A}\right] \qquad (公式3-8)$$

（5）通过公式3-9计算工序的最早可开始时间，结合加工工时，利用计划完成算法计算工序的计划加工结束时间。

项目 3　MES 生产过程管理

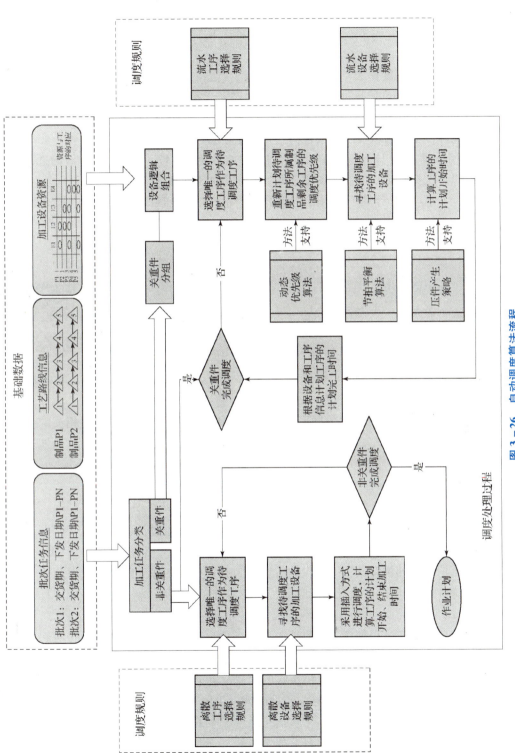

图 3-26　自动调度算法流程

$$NF_{s,r} = \left[\frac{PB_{s+1,r,n_{s+1},l_{s+1}} - PB_{s,r,n,l}}{TS_{s+1,r,n_{s+1}}} \right] \quad \text{(公式3-9)}$$

（6）转至步骤（2）。

（7）调度结束。

> 混线生产离散调度算法

（1）从调度资源基础信息处获取采用离散方式生产的制品和设备信息。

（2）采用以优先级筛选规则为首要规则的工序选择规则从可调度工序集合中选择唯一一个待调度工序，如果可调度工序集合为空则转至步骤（7）。

（3）采用公式3-8计算该调度工序所需要的加工设备数量，利用以优先级筛选规则为首要规则的设备选择规则从所有设备中选取唯一一个加工设备。

（4）通过公式3-9计算工序的最早可开始时间，结合加工工时利用计划完工算法计算工序的计划加工结束时间。

（5）转至步骤（2）。

（6）调度结束。

四、生产数据采集

对于制造企业来说，生产过程离不开生产数据的支持，只有了解生产现场的详细产能数据，才能在接下来的生产排程中进行精细的排产计划。因此，生产数据采集是MES的一个重要功能，生产任务一旦下达到工序工位，MES就开始采集工位上的生产数据。

生产数据采集方式

1. 生产数据采集的定义

生产数据采集是指MES通过数据采集接口来获取并更新与生产管理功能相关的各种数据和参数，以便生产管理人员进行精细化的生产管理。如果MES不能及时、准确地获取生产现场的生产信息，生产管理人员就无法对生产执行做出及时有效的管理和决策。

2. 生产数据采集的种类

生产数据包含了各种生产要素再生产过程中的过程信息。

（1）工位生产人员信息，如工位生产人员在哪个工位上干过活，以及上工、下工的时间记录等信息。

（2）物料信息，如物料被工位接收的信息（包括时间、工序工位、数量以及用于哪个订单生产）、物料被使用的信息（包括时间、工序工位、使用量、剩余量以及用于哪个订单生产）。

（3）工位任务生产过程信息，如每个工位任务的生产开始时间、中间暂停时间、生产结束时间、每个加工工步的工时消耗信息。

（4）在制品消息，如在制品被工位接收的消息（包括时间、工序工位、数量以及用于哪个订单生产）、在制品被使用的信息（包括时间、工序工位、使用量、剩余量以及用于哪个订单生产）和在制品被返工的信息（包括时间、工序工位、返工量、哪个订单）。

（5）生产中触发的非正常流程信息，如物料异常（扣留）情况的处理信息，在制品异常（下线维修）情况的处理信息。

（6）生产设备及工装的技术参数信息，如生产设备及工装上各种传感器的实时数据。

3. 生产数据采集的方式

目前，对制造企业车间生产现场数据采集的方式主要有两种，包括手工数据采集和自动数据采集。

（1）手工采集。手工采集是指由工位上的生产操作人员采用手工方式将数据信息录入到 MES 的工位生产客户端。具体的信息录入方式包括通过屏幕键盘或外接键盘输入文字和数字信息、单击屏幕上的按钮触发事件以及扫码枪读取条码包含的信息。

（2）自动采集。自动采集是指由系统定时或者不定时地从设备终端中自动采集数据。具体的信息采集方式有：采用 RFID 技术，通过射频信号自动识别目标对象并获取数据；通过数据接口采集设备数据，主要设备类型可以是数控机床、机器人、PLC 以及各种测量设备等。

在流程型生产企业，生产自动化程度较高，主要采用自动化的设备数据采集方式，大量的数据来自 PLC；在离散型制造企业，生产自动化程度不是太高，主要采用手工录入方式进行数据采集，并结合一些条码扫描方式和 RFID 标签识别方式。在 CYL – MES 中的工位生产客户端就是一个重要的工位数据采集终端。

3.2.3 任务实施

在 CYL – MES 中，车间生产调度管理实施流程如图 3 – 27 所示，具体实施步骤如下：
（1）下达工位任务。
（2）线边库收料。
（3）线边库发料。
（4）工位接收任务。
（5）任务转移。
（6）开始处理一个生产任务。
（7）接收物料。
（8）接收在制品。
（9）开始生产。
（10）输出在制品。
（11）填报工时。
（12）结束一个生产任务。
下面按顺序对每个实施步骤进行详细的介绍。

一、下达工位任务

在 CYL – MES 中，下达工位任务的命令通过"订单任务管理"功能实现。订单任务管理的用户界面如图 3 – 28 所示，分工位显示已排程的生产任务列表。其中，任务状态为"未下达"的任务就是已排程还未下达的任务。

在工位任务列表中，每个未下达任务的左边都有一个复选框，勾选需要下达的工作任务，然后单击下达任务按钮完成下达指令。当任务下达完成后，该任务的状态就变成"未开始"，如图 3 – 29 所示。并且在对应工位 PAD 上的工位任务列表中会自动显示出刚刚下达的任务。

生产信息维护

线边库收发料

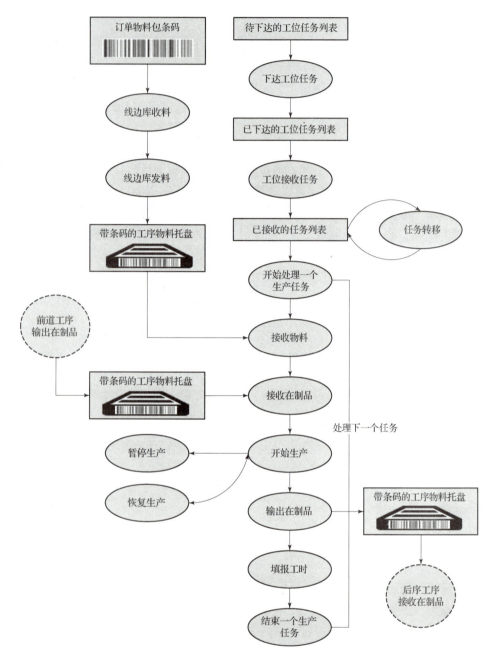

图 3-27　车间生产调度管理实施流程

二、线边库收料

当生产任务指令下达后，生产所需物料将从物料库打包发送到车间生产线旁的线边库，便于生产时进行物料领用。线边库收料的功能通过 CYL-MES 的线边库收料 App 客户端进行管理，线边库收料管理功能主界面如图 3-30 所示。在此界面中，列出了当前车间生产中生产任务包含的物料。这部分是物料管理的功能，此管理功能的具体操作在项目 4 任务 2 中任务实施步骤"线边库收料"中详细阐述，相关内容可以参见项目 4。

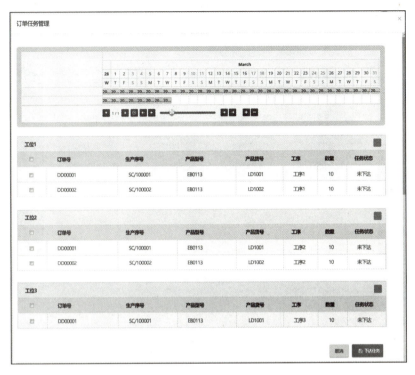

图 3-28　工位任务下达前

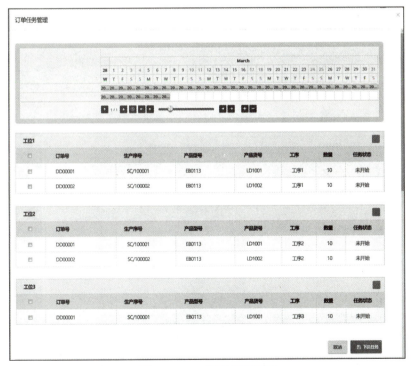

图 3-29　工位任务下达后

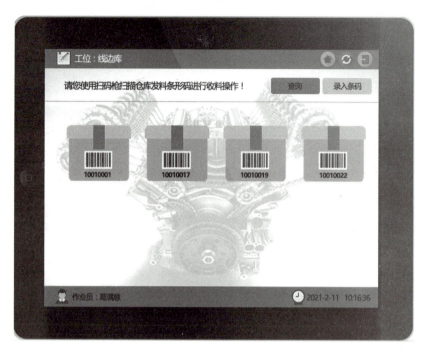

图 3–30　线边库收料管理功能主界面

三、线边库发料

当线边库完成收料后,可以通过 CYL–MES 的线边库发料 App 客户端完成生产任务物料配发工作。线边库发料功能主界面如图 3–31 所示。

线边库收发料

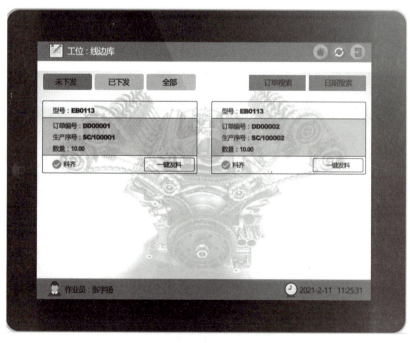

图 3–31　线边库发料功能主界面

在界面中显示的是等待发料的生产订单，通过发料功能完成各个生产任务的物料配发操作。这部分是物料管理的功能，此管理功能的具体操作在项目 4 任务 2 中任务实施步骤"线边库发料"中详细阐述，相关内容可以参见项目 4。

四、工位接收任务

工位接收任务通过 CYL-MES 工位生产 App 客户端完成。启动 App 后，登录进入工位生产客户端主界面，如图 3-32 所示。登录成功后，系统分四个选项卡显示工位任务列表：正常任务、返工任务、辅助任务和历史任务。各个选项卡的任务列表以任务卡片的形式显示。

工位接收任务

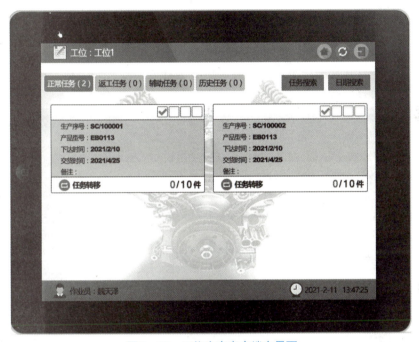

图 3-32 工位生产客户端主界面

其中，卡片中部显示的是工位任务的基本信息，包括生产序号、产品型号、下达时间和交货时间；卡片底部右侧显示的是订单中的产品数量以及本工序工位已加工完成的数量；卡片顶部右侧显示的是任务的 4 个状态标志，每个标志会由不同的图标显示，代表不同的含义，如图 3-33 所示。

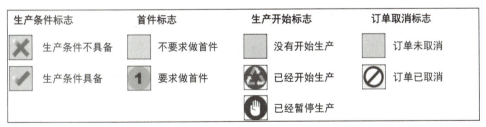

图 3-33 任务状态标志

（1）"生产条件标志"。表示首付接收到足够的物料和在制品用于生产。如果接收到的物料和在制品可以在本工位完成一件产品的加工，则显示为"生产条件具备"；否则则显示为"生产条件不具备"。

（2）"首件标志"。表示该订单在本工序工位是否要求做首件。要求做首件的意思是，加工第一件产品后，要经过质量检验合格后，才可以继续生产；不要求做首件的意思是，加工第一件产品后无须停顿，就可以把订单要求数量的产品都生产完毕。

（3）"生产开始标志"。表示当前的生产开始状态，包含没有开始生产、已经开始生产和已经暂停生产三个状态。

（4）"订单取消标志"。表示当前的订单有效状态，包含订单未取消和订单已取消两个状态。

五、任务转移

在工位任务管理界面中，每个工作任务有一个"任务转移"按钮。如果任务还没有开始生产，则可以被转移到相同工序的其他工位，如图3-34所示。如果该工序只有唯一一个工位或者工位上的任务已经开始生产，则不再显示"任务转移"按钮。

生产信息查看

图3-34　工位任务转移

六、生产任务处理

单击工位任务管理界面中的生产任务选项卡，系统进入该生产任务的工作界面，如图3-35所示。

在该工作界面中，上方显示的是该生产任务所对应的生产序号和要生产产品的产品型号、产品货号，可以通过右上角的"详情"功能按钮查看订单的详细情况。

生产任务处理

工作界面的中间部分显示的是本工序的物料清单（或在制品清单）信息，包括物料编码、名称、应收、已收、异常、维修和剩余等相关物料信息。另外通过单击物料（或在制品）右侧的图标，还会显示由线边库配送的将要接收的物料托盘或在制品托盘的信息。

图 3-35　生产任务工作界面

工作界面的下方是功能操作区，最左边是"开始"按钮。开始生产加工时，首先要单击"开始"按钮，则系统开始为本任务的加工工作计时，"开始"按钮变为"暂停"按钮。如果中途要暂停生产，则通过单击"暂停"按钮后系统暂停计时，按钮重新变回为"开始"，等到需要恢复生产时，再次单击"开始"按钮，系统恢复工作计时。

功能操作区中间显示的是当前工作任务的已完成量和生产目标量以及累计生产耗时信息。同时，显示"完成量"数字部分的屏幕区域也是一个用户接口，用于输出本工位加工完成的在制品，单击"完成量"区域，系统将会进入在制品输出界面。

功能操作区右侧有 6 个功能按钮，其中"BOM 清单"和"产品附件"分别用于查询当前工位生产产品的 BOM 清单和生产工艺指导书；"返工""维修"和"异常"是当出现生产质量问题时的处理功能按钮；当生产结束后，则通过"报工"进行绩效统计。

当在工作生产任务界面中向左滑动"物料"清单，系统则会翻页到"在制品"清单，显示本工序需要的在制品，以及每种在制品的来源（从哪个前道工序和哪个工位来的）、应收数量以及剩余数量等，如图 3-36 所示。

七、接收物料

在工位生产客户端 App 中，对于线边库发送过来的物料，用扫码枪扫描绑定在物料托盘上的条形码，系统会弹出托盘中的物料清单，如图 3-37 所示。

在确认接收后，如果接收到的物料是属于当前任务的，则系统会保持在当前的生产任务工作界面中，如果接收到的物料不是属于当前任务的，则系统会自动进入与接收的物料对应的工作任务界面。

接收物料

物料被接收后，物料清单中的已收数量就会发生变化，如图 3-38 所示，表示物料已被工位接收了。

图 3-36 在制品清单

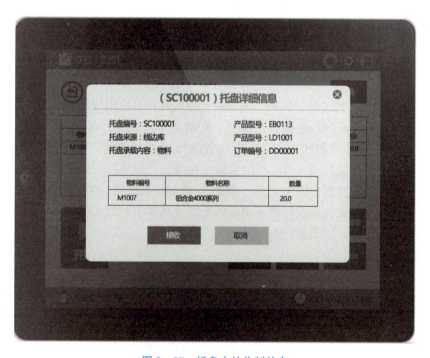

图 3-37 托盘中的物料信息

项目3　MES生产过程管理

图3-38　工位已接收物料清单

八、接收在制品

接收在制品是在本工序需要前道工序制品的前提下需要完成的过程，接收在制品也是在工位生产任务工作界面中进行。当前道工序制品由输出托盘传递到本工序时，用扫码枪扫描前道功能需输出制品时绑定在托盘上的条形码，系统会弹出在制品对话框，如图3-39所示，显示托盘中的在制品清单，确认接收后，系统会弹出"接收在制品成功"的提示，表示在制品已经有本工位接收完成了。

接收在制品

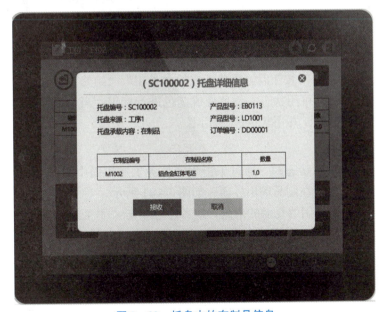

图3-39　托盘中的在制品信息

129

当在工位生产任务工作界面中,确认接收后,在制品列表中的已接收数量就会发生变化,如图3-40所示。如果接收到的在制品是属于当前任务的,则系统会保持在当前的生产任务工作界面中,如果接收到的在制品不是属于当前任务的,则系统会自动进入与接收的在制品对应的工作任务界面。

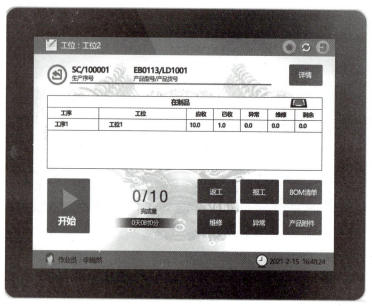

图3-40 工位已接收在制品清单

九、开始生产任务

开始生产任务

当工位接收到满足生产的物料(或在制品)后,即可进行生产,在生产时,通过单击"开始"按钮,系统开始对本次生产周期进行计时,并显示在屏幕下方的计时器上。这个时候,"开始"按钮会变成"暂停"按钮。如果单击"暂停"按钮,则系统停止计时,"暂停"按钮将会重新变为"开始"按钮。

另外,在单击"开始"按钮后,屏幕下方的"返工""维修""报工"和"异常"功能按钮将从禁用状态转为可用状态,颜色变成蓝色进行标识;当单击"暂停"后,四个功能按钮将恢复成禁用状态,并用灰色进行标识。

十、输出在制品

输出在制品

当生产任务处于暂停状态时,通过单击生产任务工作界面中的"完成量"区域,系统就会进入在制品输出界面,如图3-41所示。

用扫码枪扫描一个空闲的托盘的条码,或者通过单击"手工录入条码"输入条码号进行输出托盘信息绑定,当托盘条形码绑定成功后,在托盘图标中将显示托盘的编码。

根据实际输出的产品数量录入输出数量,也可以使用"+"和"-"功能图标对数字进行调整,可输出数量是系统根据工位已接收到的物料、在制品的数量以及产品BOM中规定的物料数量配比计算出来的,操作员在录入时不能超出产品可输出区间值。

项目 3　MES 生产过程管理

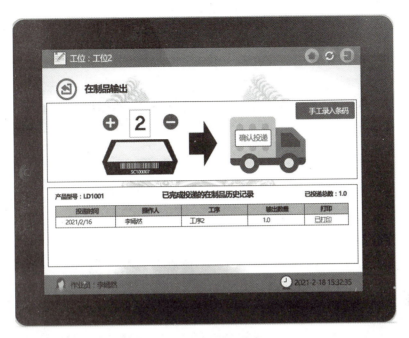

图 3-41　在制品输出

在制品的输出既可以使用顺序移动方式,也可以使用平行移动方式,或者使用平行顺序移动方式。

通过单击运输卡车图标上的"确认投递"按钮,系统会弹出数量确认对话框,当操作人员确认提交投递操作后,系统将返回生产任务工作界面,这时候完成量的数字将会被更新,如图 3-42 所示。

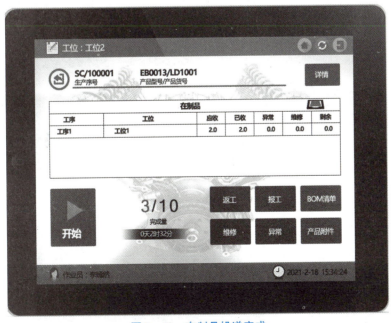

图 3-42　在制品投递完成

一旦"完成量"等于生产目标数量,则生产状态按钮变为"结束"按钮,并且"返工""维修"和"异常"是三个按钮都会变为禁用状态,按钮背景颜色将变为灰色显示,如图 3-43 所示。

图 3-43 工位生产任务完成

十一、填报工时

当完成工位分派的生产任务后,在工位生产任务完成界面中通过单击"报工"按钮,进入工位报工主界面,如图 3-44 所示。

填报工时
结束任务

图 3-44 工位报工主界面

在填报工时信息时，系统会自动显示当前报工工序的信息（如铸造、热处理、粗加工等），操作员可以通过填写报工数量（或使用"＋"或"－"按钮）调整数字，然后单击"确认提交"，完成报工信息的提交，系统会判断当前填报的报工数据是否适当，当系统发现工位上报工数量超出了工位分派的生产目标量时，系统会弹出异常信息进行提示。另外，报工信息的提交还需要有一个车间管理人员的密钥（授权码）的验证，这样才能接受当前的提交。

十二、结束生产任务

当工位中的在制品输出量等同于工位分派的生产目标量时，该工位的生产工作就已经完成了，此时需要单击生产任务工作界面中的"结束"按钮，让系统停止计时。单击"结束"按钮后，系统会检查报工数据是否完整，如果缺少报工数据，系统会提示生产人员完成报工操作，报工完成后再单击"结束"按钮，系统将正式结束当前的工位生产任务，并返回工位任务列表，这时候，已结束的工位任务将不再显示在正常任务列表中，而会显示在历史任务列表中，如图3-45所示。

图3-45 工位历史任务

3.2.4 任务评价

任务学习完成后，由教师、学生进行自评、互评和师评，评价学生是否完成对生产调度内涵、压件生产策略、车间作业调度算法和生产数据采集等内容的学习，是否能结合企业实际情况完成MES的生产调度管理的全部过程。评价完成后，将评价的结果填写到表3-5的评价表中。

表 3-5 MES 中生产调度管理任务评价表

序号	评价指标	评分标准	满分	评价			综合得分
				自评	互评	师评	
1	生产调度内涵	能准确描述排程和调度的概念区别，理解面向制造执行生产的生产调度衍生的内涵	15				
2	压件生产策略	能正确描述压件生产策略三种方法的优缺点，并能用三种方法的算法计算生产周期	20				
3	生产数据采集	能正确描述生产采集的定义和种类，并能对生产过程中数据采集的方式进行合理使用	15				
4	MES 生产计划数据管理	能按照生产待调度的实施流程，在 MES 中完成生产调度和执行的操作及数据采集	50				

3.3 任务 3：跟踪控制管理

3.3.1 任务描述

通过学习相关知识，了解生产活动跟踪与生产进度控制的原理和方法。结合缸体智能车间 MES 系统案例，体验使用 MES 中的相关管理功能，完成以下生产任务跟踪和作业调度优化的生产控制活动：

（1）生产监控跟踪。
（2）任务调度拆分。

3.3.2 相关知识

一、生产控制

企业生产计划是否能够完成取决于两个要素：一是生产计划是否合理；二是生产跟踪和控制是否及时有效。当制订好生产计划后，需要通过生产管理合理组织生产过程，有效利用生产资源保证计划的贯彻执行，而生产控制则是生产管理中确保生产计划完成质量的重要一环。

生产控制

生产控制是生产执行层的控制活动，MES 系统则是执行层的信息管理系统，因此生产控制功能也是 MES 系统的重要功能之一。MES 中生产控制的主要任务包括：根据生产计划要求，将生产任务分派给各个工位，通过 MES 的数据采集接口，实时采集和准确跟踪生产操作的执行情况，并将生产数据反馈给管理人员，帮助管理人员做出准确有效的生产决策和调度。

二、生产进度控制

生产控制的重点是落实计划执行情况、设备运行情况、物料供应保障情况和工序进程情况等，因此，生产控制的内容主要包含三个方面：进度控制、质量控制和成本控制。

生产进度控制

其中，生产进度控制（又称生产作业控制）是在生产计划执行过程中，对有关产品生产的数量和期限的控制。其主要目的是保证完成生产作业计划所规定的产品产量和交货期限指标。在计划执行中，由于存在生产条件变化的不确定性，例如，设备发生故障停机、物料不能及时供应、操作人员非计划性缺岗等，都有可能导致生产计划不能按时完成，因此需要通过一系列有效的控制活动来确保计划的贯彻执行，这些控制活动包括如下的内容：

（1）生产进度统计。使用数据表或者数据图等形式反映生产执行的实时情况，向管理人员反馈车间生产的现状。

（2）工期分析预警。根据生产进度统计数据对订单是否能够按期完成进行预测，对超出工期的订单发出预警，分析影响订单生产进度的影响因素。

（3）生产作业调整。对于有预警风险的订单，需要管理人员做出及时的生产调整，例如适当更改生产作业顺序，将时间紧迫的订单提前安排生产，采取必要的加班措施等。

三、生产控制技术基础

传统的人工控制生产进度的方法已经不能满足制造型企业现代化的生产方式，企业通过引入 MES 系统对车间生产进行监控，目的在于提高对生产过程的控制能力。MES 的自动化数据采集能力可以做到对产品生产信息的全过程监控，生产管理人员可以通过 MES 推送的实时数据通过各种形象化表现图表，一目了然地掌控生产状况；另外，随着移动通信技术的发展，生产管理人员使用智能手机和 PAD 等设备就可以随时查看生产信息，发出生产指令，使生产控制更加灵活、方便。

生产控制的技术基础

3.3.3 任务实施

在 CYL-MES 中，车间生产的跟踪控制管理具体实施步骤如下：
(1) 生产监控跟踪。
(2) 任务调度拆分。

报工信息跟踪

一、生产监控跟踪

订单生产跟踪的管理界面如图 3-46 所示，在显示的监控跟踪信息中，既包括了生产的基本信息，如订单编号、生产序号、产品型号和货号、订单生产日期和交货日期以及订单数量等，还包括了生产状态（包括初始化、已排程和生产中）、生产进度（可以查看完成的工序和未完成工序）、报验状态和审验状态等。

在每个生产任务中有两个功能按钮：置顶和加急。设置置顶是为了通知工位上的生产

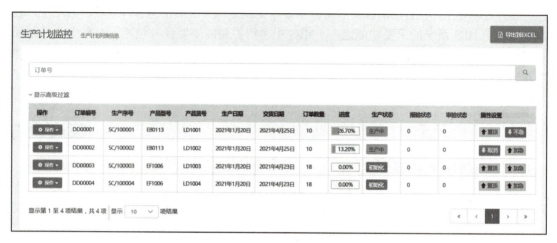

图 3-46 订单生产跟踪的管理界面

操作人员,哪些订单需要优先安排生产,当单击"置顶"后,按钮将变为"取消",当需要对订单取消时,可以通过"取消"按钮完成取消置顶操作。设置加急是当生产任务有延期风险时,通知工位上的操作人员,哪些订单需要加快生产进度或者加班,当单击"加急"按钮后,按钮状态会变为"不急",当需要取消加急状态时,只需要单击"不急"按钮即可取消加急状态。

另外,每个生产任务的前列是一个"操作"按钮,单击按钮会弹出可以对该订单进行所有操作的列表,具体操作包括:查看计划(查看生产计划的详细信息)、调度优化(生产出现问题时执行作业优化方案)、暂停计划(对可以延后的计划进行暂停操作)和删除计划(对计划进行删除操作),如图 3-47 所示。

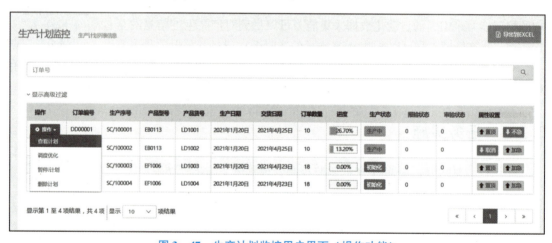

图 3-47 生产计划监控用户界面(操作功能)

当通过单击"查看计划"选项后,即可进入此订单的详情页面,如图 3-48 所示。在该界面中除了用表格显示订单生产所需工序以及工序完成状态外,还用图形化的柱形图显示当前订单生产的总数量、总时间和等待时间等。

项目 3　MES 生产过程管理

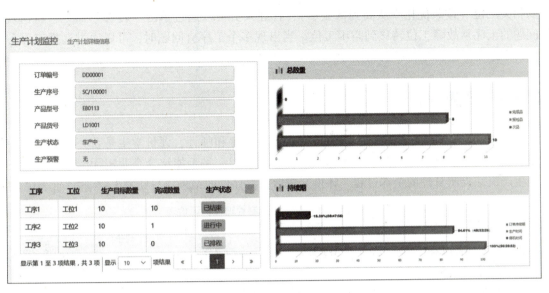

图 3-48　生产计划监控订单详情页面

二、作业调度优化

在生产过程中经常会出现一些不可预见的影响因素，例如，由于任务的取消或延迟产生设备空闲，设备出现故障或加工时间延长而产生工序重叠等。面对这类情况，CYL-MES 系统提供了作业调度优化控制，系统将重新计算相关工序的计划日期并根据优化算法重新分配生产任务。

作业调度优化

在 CYL-MES 中作业调度优化通过生产计划监控用户界面中的"调度优化"功能实现，当出现生产停滞时，可以通过此项功能对生产作业进行重新分配，如图 3-49 所示。在界面左侧，列出了此订单生产时出现的故障描述以及问题出现的具体工序位置；在界面的右侧，系统根据工位工序约束规则，工位线体约束规则等，通过优化算法列出可供转移

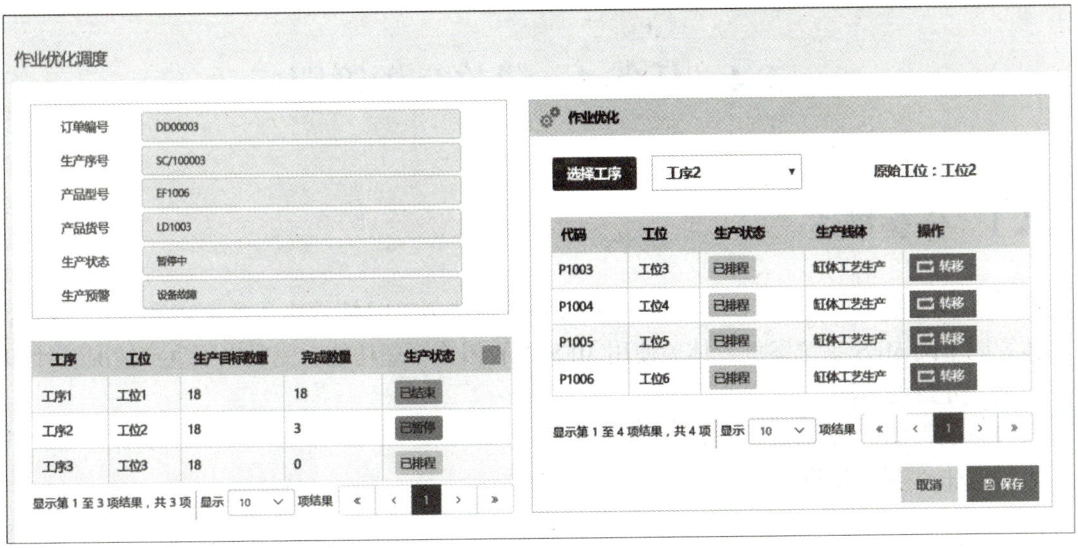

图 3-49　作业优化调度主界面

137

的相关工位（按照优化率从高到低显示），管理人员可以通过单击"转移"命令，将出现问题的工序从故障工位转移到空闲工位。当出现多个工序有问题时，可以通过选择工序分别对问题工序进行工位转移调度处理。

3.3.4 任务评价

任务学习完成后，由教师、学生进行自评、互评和师评，评价学生是否完成对生产控制、生产进度控制及生产控制技术基础等内容的学习，是否能结合企业实际情况完成MES的生产跟踪控制管理的全部过程。评价完成后，将评价的结果填写到表3-6的评价表中。

表3-6 MES中跟踪控制管理任务评价表

| 序号 | 评价指标 | 评分标准 | 满分 | 评价 | | | 综合得分 |
				自评	互评	师评	
1	生产控制	能正确描述MES中生产控制在生产执行中的作用	20				
2	生产进度控制	能正确描述生产进度控制的含义，掌握生产控制活动的相关内容	20				
3	生产控制技术基础	能正确描述MES在生产控制技术中发挥的优势作用	20				
4	MES生产跟踪控制管理	根据掌握的知识，能够对MES中的订单进行跟踪控制	40				

3.4 任务4：绩效分析管理

3.4.1 任务描述

通过学习相关知识，了解生产时间评估算法和基于工时绩效算法的原理和方法。结合缸体智能车间MES系统案例，体验使用MES中的相关管理功能，完成以下生产情况统计和生产绩效分析的活动：

（1）生产情况统计。
（2）生产绩效分析。

3.4.2 相关知识

一、生产计划完成时间算法

相关知识

生产计划完成时间算法是在获取工序信息和设备信息后,根据工序的最早可开始时间、设备上当前加工队列和加工工时等信息,对计划开始时间和计划完成时间进行计算的过程。由于操作人员需要休息、设备需要维护和设备可能发生故障等原因,计划完工时间的计算不能使用计划开工时间与加工工时相加这种简单的方法进行。由于设备上存在不连续的不可用时间,其上的可用时间就形成了一个时间段序列,将其表示为 $\bigcup_{b=1}^{B_n}(TBB_{b,n}, TBE_{b,n})$,计划加工完成时间计算流程如图 3-50 所示。

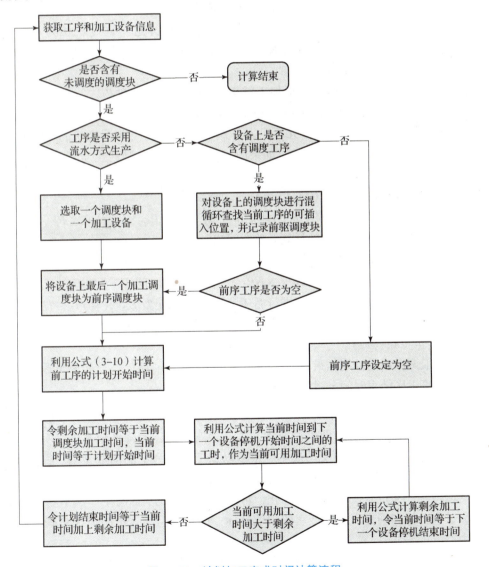

图 3-50 计划加工完成时间计算流程

具体计算实施步骤如下：

（1）获取要调度的工序信息和设备信息，工序信息包括工序的最早可开始时间$DC_{s,r}$、工序的加工数量$NP_{s,r}$、单件加工时间$TS_{s,r,n}$、压件数量$NF_{s,r}$、划分好调度块的计划加工数量$NP_{s,t,n}$和加工工序所需设备数量，设备是选定的设备集合和对应设备上的加工队列。

（2）是否存在未调度的调度块，如果存在则转至步骤（3），否则转至步骤（13）。

（3）如果采用流水方式生产则转至步骤（4），如果采用离散方式生产则转至步骤（5）。

（4）在当前工序下多个未调度的调度块中选择一个调度块作为当前调度块$ps_{s,t,n}$，并在选定的设备集合内随机选择一个未使用的设备$M_{n,t}$。如果设备上加工队列不为空，则取得设备上最后一个调度块的计划加工结束时间PE_{s',t',n,L_n}，并将PE_{s',t',n,L_n}和$DC_{s,r}$代入公式3–10得到当前调度块的计划开始时间$PB_{s,t,n,l}$，如果设备加工队列为空，则$PB_{s,t,n,l} = DC_{s,r}$，转至步骤（10）。

$$PB_{s,t,n,l} = \max(DC_{s,r}, PE_{s',r',n,L_{n}-1}) \qquad (公式3-10)$$

（5）由于只有一个调度块和一台加工设备，因此选择这个调度块作为当前调度块$ps_{s,t,n}$，并选择该设备$M_{n,t}$为当前设备，如果设备加工队列为空，则$PB_{s,t,n,l} = DC_{s,r}$转至步骤（10），否则转至步骤（6）。

（6）令$PB_{s,t,n,l} = DC_{s,r}$，计算计划加工结束时间$PE_{s,t,n,l}$，如果$PE_{s,t,n,l} \leqslant PB_{s'',t'',n,l}$，则令$PB_{s,t,n,l} = DC_{s,r}$，转至步骤（10），否则令$i=1$并转至步骤（7）。

（7）如果$i<L_n$，将$PE_{s'',t'',n,i}$和$DC_{s,r}$代入公式3–10得到当前调度块的计划开始时间$PB_{s,t,n,l}$，计算计划将结束时间$PE_{s,t,n,l}$，如果$PE_{s,t,n,l} \leqslant PB_{s'',t'',n,i+1}$则转至步骤（10），否则转至步骤（8）；如果$i=L_n$则转至步骤（9）。

（8）令$i=i+1$，转至步骤（7）。

（9）取得设备上最后一个调度块的计划加工结束时间PE_{s',t',n,L_n}，并将PE_{s',t',n,L_n}和$DC_{s,r}$代入公式3–10得到当前调度块的计划开始时间$PB_{s,t,n,l}$。

（10）使用单件加工时间$TS_{s,r,n}$，辅助加工时间$TA_{s,r,n}$和调度块的计划加工数量$NP_{s,t,n}$，计算剩余加工时间$TPW_{s,r,n} = TA_{s,r,n} + TS_{s,r,n} \times NP_{s,r,n}$，设定中转时间$TTe = PB_{s,t,n,l}$。

（11）对$\cup_{b=1}^{B_n}(TBB_{b,n}, TBE_{b,n})$进行循环，寻找$b1$满足$TBE_{b1-1,n} \leqslant TTe \leqslant TBB_{b1,n}$，如果$TBB_{b1,n} - TTe < TPW_{s,r,n}$则令$TTe = TBE_{b1,n}$，$TBW_{s,r,n} = TBW_{s,r,n} - (TBB_{b1,n} - TTe)$，转至步骤（10），否则转至步骤（12）。

（12）获取调度块的计划结束时间，$PE_{s,r,n,l} = TBE_{b1-1,n} + TPW_{s,r,n}$，转至步骤（2）。

（13）计算工序结束时间，过程结束。

二、基于工时的绩效分析

生产管理的核心目标是降低生产成本，提高生产利润，而降低成本的重要抓手是严格控制生产中的变动成本。很多以加工装配为主的离散型制造企业都是人员密集型企业，在这样的企业中，人工成本收回一个变化量很大的变动成本。通过生产过程的信息化，可以及时准确地掌握与生产成本相关的各种生产数据，进而分析和确定产品生产率的绩效目标，用于对生产人员的绩效考核和评价，从而促进生产率的提升。

相关知识

在离散型制造企业中，按照产品生产工艺流程的设计，每个产品都要经过若干道工序的生产，每道工序里面又分为若干道工步。企业可以给每件产品的每道工步（或工序）定义一个标准工时。所谓工步（工序）标准工时，就是指一个相对熟练的生产人员在某个工步（或工序）上加工一件产品所耗费的时间，有了这样一个标准，就可以对车间的所有生产人员进行基于生产工时的绩效分析。只有MES才能帮助企业实现这样的绩效管理。

3.4.3 任务实施

在CYL-MES中，车间生产的绩效分析管理具体实施步骤如下：
（1）生产情况统计。
（2）生产绩效分析。

生产情况统计

一、生产情况统计

CYL-MES为生产管理者给出了车间生产情况的统计信息，如图3-51所示。图中上方默认显示的是当前处于生产状态的订单执行情况，包括是否处于加急状态等。图中左下部分则显示近一周内订单生产情况，主要对比三个数据（计划数、排程数和完成数）。图中右下方主要显示的每个工序的完成情况，包括待生产和已生产的数量，生产管理人员可以直观了解每个工序的生产任务量和完成量，及时掌握各个工序的生产进度情况。

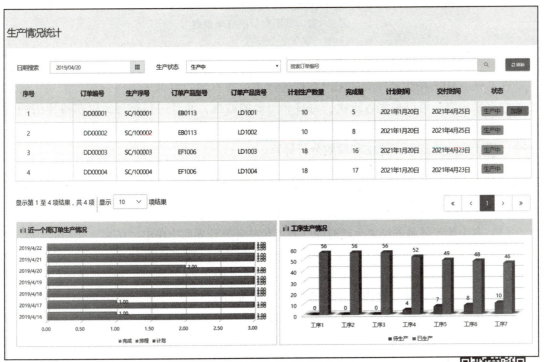

图3-51 生产情况统计

对于已完成或者发生延期的订单，可以通过更改生产状态查询选项进行信息检索，便于管理者对这些订单的生产情况信息进行关注，图3-52所示是延期交货的订单信息。

生产绩效分析

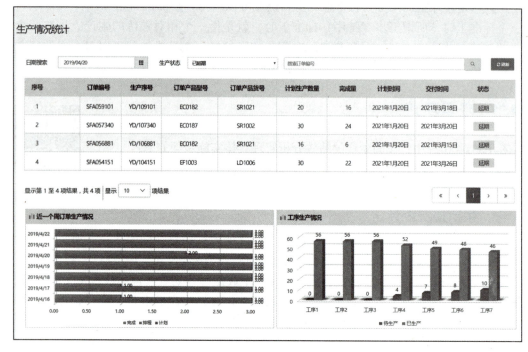

图 3-52　延期交货的订单信息

二、生产绩效分析

在 CYL-MES 中生产绩效的工况数据通过工位客户端的数据采集终端进行采集，通过工位数据采集终端可以采集各班次、每日和每周的数据，并且进行整理，以获得详细的生产计划给定时间和实际时间的对比结果。采集到的大量数据可以以压缩的形式传到 MES 系统中，用于进一步的生产评估和绩效分析计算。

在 CYL-MES 的工位生产客户端中，具体采集的数据如下：

（1）工位操作人员在工位终端上的工作时间（包括登录时间、注销时间）。

（2）各个生产任务的开始生产时间（在工位任务处理界面中单击"开始"按钮的时间）。

（3）各个生产任务的结束生产时间（在工位任务处理界面中单击"结束"按钮的时间）。

（4）各个生产任务的报工记录（各个工位完成了多少件产品的生产）。

在 CYL-MES 中，对工序中的各个工步的标准工时进行定义，该功能通过 MES 生产管理系统中的"工序管理"实现。工序管理的主界面如图 3-53 所示。在界面中，右侧可以添加工序中的各个工步，并定义各工步的标准工时。

CYL-MES 提供了记录各工位生产人员每天的管理工时功能，该功能通过 CYL-MES 中的"绩效管理"中的"管理工时"操作，"管理工时"的主界面如图 3-54 所示。

在工时管理主界面中，主要列出的是每天各个工序的非生产时间耗时总时长，如开会时间、维修时间或者等料时间等。在该界面中可以通过在文本框中录入数据设置每天的管理工时时间，单位是小时。

系统提供了按日期查询绩效数据的功能，可以选择一个起始日期和一个结束日期，然后查询两个日期区间的绩效统计情况，如图 3-55 所示。绩效查询结果包括以下数据：

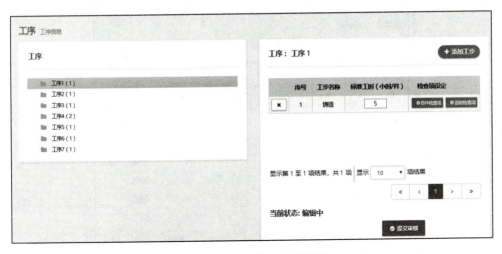

图 3-53　工序管理的主界面

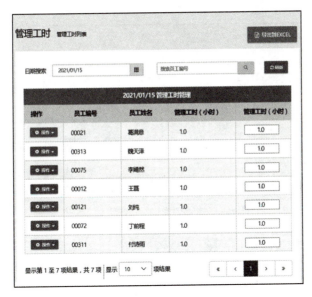

图 3-54　管理工时主界面

（1）在线时间：生产人员在 CYL-MES 中在线的总时长。
（2）工作时间：生产人员的实际工作时间总时长，是在线时间减去缺勤的时间。
（3）管理时间：非生产时间总时长，如开会时间。
（4）计划用时：根据生产人员的实际产出量和标准工时计算出的标准计划生产用时。
（5）绩效评价：是绩效时间减去有效工作时间的结果。有效工作时间 = 工作时间 - 管理时间，如果结果为正数，则表示该生产人员的绩效合格；如果是负数，则表示该生产人员绩效不合格。

在 CYL-MES 系统中提供了查询每个生产人员在某个时间区域内的生产绩效详细情况的功能，通过在绩效统计主界面中，单击绩效结果列的数字即可进入"绩效查询"主界面，如图 3-56 所示。

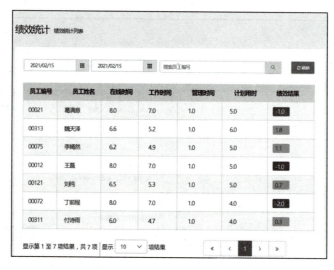

图 3-55 绩效统计主界面

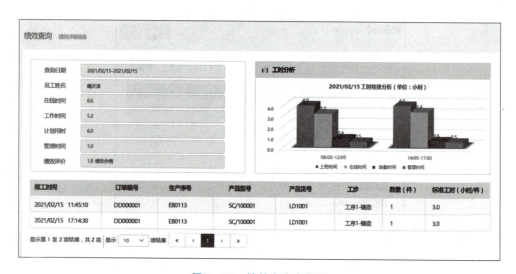

图 3-56 绩效查询主界面

在绩效查询中列出了被查询工作人员某个时间段的详细绩效统计信息。在界面的左上方是绩效统计信息，包括在线时间、工作时间、计划用时、管理时间和绩效评价等统计评估信息。界面的右上方通过图表的形式将时间段内具体的工时，如上班时间、在线时间、缺勤时间和管理时间等列举出来，并进行比较分析。界面的下方则列出了时间段内生产员工完成的生产工序、生产任务数量和标准工时等信息，为统计员工计划用时的数据提供支持。

3.4.4 任务评价

任务学习完成后，由教师、学生进行自评、互评和师评，评价学生是否完成对生产计划完成时间算法、基于工时绩效分析等内容的学习，是否能结合企业实际情况完成 MES 的生产绩效分析管理的全部过程。评价完成后，将评价的结果填写到表 3-7 的评价表中。

表 3-7 MES 中生产绩效分析任务评价表

序号	评价指标	评分标准	满分	评价 自评	评价 互评	评价 师评	综合得分
1	生产计划完成时间算法	能正确描述生产计划完成算法流程,并正确计算完成时间	25				
2	基于工时的绩效分析	能正确描述基于工时的绩效分析算法内涵,并使用算法计算和评估绩效	25				
3	MES 绩效分析活动	能在 MES 中通过绩效分析活动对员工绩效进行评价分析	50				

3.5 项目总结

本项目从认识计划排程管理、生产调度管理、跟踪控制管理和绩效分析管理的内容和要素开始,详细分析 MES 系统中生产排程、生产调度、跟踪控制和绩效分析等实施活动设计和数据采集设置,并以缸体智能加工车间 MES 系统为例,对 MES 系统中的生产排程、生产调度、跟踪控制和绩效分析等管理功能操作做了说明。具体知识结构导航如图 3-57 所示。

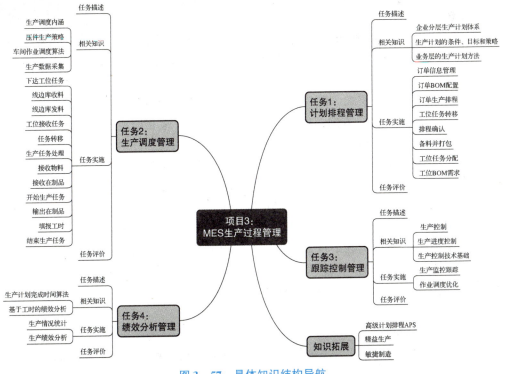

图 3-57 具体知识结构导航

3.6 知识拓展

一、高级计划排程（APS）

高级计划排程

在离散型制造企业中，高级计划排程（Advanced Planning and Scheduling，简称 APS）是为解决多工序、多资源的优化调度问题引入的生产排程工具。APS 可以根据生产能力的瓶颈动态地进行排程，并且在进行生产排程的决策过程中，充分检查能力约束、原料约束、需求约束、运输约束和资金约束等各种各样实物和非实物约束关系，寻找出最好的解决方案。APS 既可以作为一个独立的软件工序，与企业的 ERP 系统和 MES 集成后发挥高级排程的作用，也可以作为 MES 的一部分，为企业的生产执行提供高级排程功能。

将 APS 引入到企业的生产排程中需要企业具备对产品生产工艺路线的完整定义，这是因为排程的逻辑是由生产工艺路线决定的，因此，只有完整明确地定义生产工艺路线，APS 才能进行高精度的自动排程。

企业通过引入 APS 可以在一定程度上解决生产过程中遇到的问题，如订单变更、设备异常、人员变动、产能不足和工期延期等。其中对于订单变更、设备异常等问题，APS 可以通过快速重排工序实现生产计划的变更；对于产能不足的问题，APS 可以通过生产能力预测，帮助管理人员做出增加设备、加班生产等扩充产能的决策；对于工期延期的问题，APS 可以通过排程实现工期预估，提高交货时间的准确性，降低工期延迟带来的损失。

二、精益生产

1. 精益生产的概念

精益生产

精益生产（Lean Production）是当前最科学的生产管理模式之一，是美国麻省理工学院国际汽车计划组织的专家们对日本"丰田 JIT（Just In Time，准时化生产）生产方式"的赞誉之称。精益理念的广泛应用推动了工业革命的发展。

精益生产以满足客户需求、提升企业利润为追求目标，以消灭产品制造过程中的资源浪费和提升产品品质为执行方向，使企业以最少的投入，来获取成本和收益的运营改善。精益生产追求产线的持续提升和精益求精。

精益生产的特点是消除产品制造过程中的一切不产生价值的浪费，包含物料、资源、人力。每个岗位设置的原则是产生价值，精简是精益生产的核心，消除产品设计阶段、生产阶段以及管理阶段中一切不产生价值的浪费环节，以便用最快的速度、最好的品质和最低的成本响应客户的需求。

精益生产的理念最早起源于日本丰田汽车公司的 TPS（Toyota Production System，丰田生产模式）。它的核心目标是消除一切浪费，提高企业的盈利能力。随着全球产品制造水平的持续提升和管理学科的科学专业化，精益生产的管理模式也在与时俱进，内容也在不断充实完善。

2. 精益生产的目标

精益生产方式的最终目标与企业的经营目标是一致的，都是实现利润的最大化。要实现这一目的，就需要不断地降低成本，提高效率。精益生产的基本目标有两个，一是降低成本，二是快速响应。精益生产的终极目标是零浪费，具体体现在 PICQMDS 七个方面：

（1）"零"转产工时浪费（Products 多品种混流生产）。

将在产品线上加工的产品种类进行切换时所耗费的时间、装配线各工序流转所耗费的时间浪费降为"零"或接近于"零"，通过实现这一目标，将有利于减少不产生价值的资源的浪费。

（2）"零"库存（Inventory 消减库存）。

消除产品制造过程工序间的半成品、成品库存，将以往的根据市场预估安排生产改变为接收订单后安排生产，将库存降为"零"，这将有效减少成本的积压带来的浪费。

（3）"零"浪费（Cost 全面成本控制）。

消除加工环节中多余的加工、中转等操作，实现加工操作的"零"浪费。加工环节多余的操作都会带来人员效率的降低，操作的繁琐也会增加错误发生的频率。有效地降低这些浪费，可有效提高公司的整体效率。

（4）"零"不良（Quality 高品质）。

不良品不是在检查位检出，而应该在产生的源头消除它，也就是追求"零"不良。企业如果单纯依靠挑选出良品对客户进行交付，这其中的质量成本会不断地压缩企业的盈利空间，而且这种粗放的生产模式也会导致不良品或有质量风险的问题流入客户端，给客户的后期使用带来风险，影响客户对企业的满意程度。高品质的产品生产可以提高企业的盈利水平和客户的好评度。

（5）"零"故障（Maintenance 提高运转率）。

消除机械设备的故障停机，实现"零"故障。生产中设备的故障停机会导致产线的停顿，人员、半成品都处于停滞状态，对资源造成很大浪费，对产线设备进行良好的维护，定期对设备进行维护保养，避免由于设备故障导致的产线停顿，可有效提高企业的产线效率。

（6）"零"停滞（Delivery 快速反应、短交期）

消除工序间由于安排不良导致的等待、停滞，实现"零"交接。产线间由于工序间不透明，信息滞后导致的后续工序的生产安排不合理会导致生产的等待、滞后，人员、设备、半成品都会处于等待状态，提高工序间的流转顺畅程度可以提高产线的效率和人员利用率。

（7）"零"灾害（Safety 安全第一）。

消除生产中一切的安全隐患，实现零灾害。安全隐患会给企业的人员、物料、企业固定资产带来直接或间接的损失。一旦出现安全事故，对企业来说将是灾难性的，在以人为本的大前提下，企业生产零安全事故是长远发展的基本要求。

3. 精益生产的核心

精益生产方式的核心是：通过优化生产流程，彻底消除产品生产过程中的不安定、不合理以及不必要的浪费，达到降本增效的目的。准时生产制（JIT）是支持精益生产核心思想的重要支柱。JIT 生产是指根据市场需求及时地做出反应，在被市场需要的时候，可以按数量、质量及时地生产出优质的产品。为了实现按需生产的要求，JIT 将传统的"推式生产系统"改变成了"拉式生产系统"。

推式生产系统的生产计划控制方式是：根据销售订单量和产品库存量确定产品生产数量，并按照产品生产工艺路线的定义，依次确定各个工序的物料投入量和制品产出量，然后向各个工序下达生产任务。在生产过程中，前道工序无须为后道工序负责，生产出产品后按照计划把产品送达后道工序即可。MES 负责数据采集并将各个工序的实际完成情况反馈给生产管理人员。在推动式系统中，各个工序之间相互独立，在制品存货量较大，不能满足 JIT "适时"生产的要求，会产生很多重大的"浪费"，因此提出拉式生产方式弥补推动生产的缺陷。

拉式生产系统与推式生产系统的不同之处在于：拉式生产是指一切从市场需求出发，根据市场需求来组装产品，借此拉动前面工序的零部件加工。在拉式生产中，生产任务只下达给最后一道工序，生产任务内容是由客户对产品的需求来决定的；前道工序根据后道工序所需的在制品数量和质量进行生产。由此可见，拉式生产可以实时响应实际需求或消耗来执行，是一种由下游向上游提出实际生产需求的生产控制方法，如图 3-58 所示。其特点在于分散控制、灵活和容易的适应性、关注物料的流动。

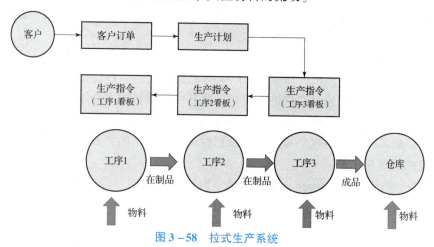

图 3-58 拉式生产系统

4. 精益生产的现场控制技术

在拉式生产系统中，生产指令至下达到最后一道工序，然后通过由后道工序向前道工序领取在制品，逐渐将生产的需求信息从生产工艺路线的下游向上游传递。为了实现对拉式生产过程的控制，丰田公司以"卡片"作为传递信息的载体，在上面标注好工序的生产时间、物料数量、物料要求等，后道工序生产人员将卡片传递给前道工序，让前道工序的生产人员按照卡片上的要求进行生产，从而实现对生产过程的控制。

但是随着 MES 系统在企业中的应用，传统的纸质"卡片"很快被淘汰，取而代之的是各种电子化看板，是以灯光信号、电子告示板、电视屏幕等形式传递信息的可视系统，这些可视化系统被称为"电子看板"，通过 MES 提供的可视化电子看板，实现了对生产过程控制的信息化管理。

三、敏捷制造

敏捷制造（Agile Manufacturing）是通过将高素质的员工、动态灵活的组织机构、企业内及企业间的灵活管理以及柔性的先进生产技术进行全面集成，使企业能对持续变化、不可预测的市场需求做出快速反映，由此获得长期的经济效益。敏捷制造并不意味着改变所有过去的生产过程和结构，而是强调如何利用旧的、可靠的生产过程和生产要素，尽可能少地添加新生产过程，生产出更多更好的新产品。为了实现敏捷制造方式，制造企业的生产系统及其过程应当做到可重构（Reconfigurable)、可重用（Reuse）、可扩充（Scalable），即 RRS 特性。敏捷制造将成为 21 世纪制造企业的主导模式。

敏捷制造强调人、组织、管理、技术的高度集成，强调企业面向市场的敏捷性。敏捷性是指企业能够通过复杂的通信基础设施迅速地组装其技术、雇员和管理，以对不断变化和不可预测的市场中的顾客需求做出从容的、有效的和协调的响应。从企业的组织管理角度可以用四个要素来表示企业的敏捷性，即通信连通性、跨组织参与性、生产灵活性、雇员使能性。从企业的综合度量指标看，可以用成本、时间、强壮性、自适应范围四项指标来对企业敏捷性进行综合度量。其中，自适应范围是敏捷性的精华，它不是预先按规定的需求范围建立某过程，而是使企业从组织结构上具有特定的能力策略，它是预测完成变化活动的能力。敏捷制造包含如下丰富的内涵：敏捷制造的出发点是多样化、个性化的市场需求和瞬息万变的经营机遇，是一种"订单生产"的制造方式；敏捷性反映的是制造企业驾驭变化、把握机遇和发明创新的能力；敏捷制造重视充分调动人的积极因素，强调拥有有知识、精技能、善合作、能应变的高素质员工，充分弘扬人机系统中的人的主观能动性；敏捷制造不采用以职能部门为基础的静态结构，而是推行面向产品过程的小组工作方式，企业间由机遇驱动而形成的动态联盟；敏捷制造是通过虚拟制造来实现的。这是制造企业增强产品开发的敏捷性、快速满足市场多元化需求的有效途径。

敏捷制造下 MES 的基本功能以及地位并没有改变，但其表现的特点与传统 MES 是有显著差别的。在敏捷制造模式下，车间的功能在制造企业中逐步向分厂制过渡，当车间的任务不能完成时，可直接通过网络在网上寻求合作伙伴，构成一个虚拟车间，另外，车间也可直接接受其他车间或企业的生产任务，作为其他企业的虚拟车间或企业的一部分。在这种虚拟性的企业中，管理模式将由分层递阶向扁平化发展，生产指令不再是由上而下的传达过程，而是由订单驱动来安排各自的生产任务，因此，每个制造单元的相互协调显得越来越重要，业务过程的不断变化要求 MES 具有良好的"柔性"。

面向敏捷制造的 MES 具有以下几点特征：

（1）可集成性：实现与不同厂商之间系统的集成以及对企业现有系统的保护。

（2）可配置性：能对工厂新引入的产品，以及不可预料的需求变化进行系统结构上的快速配置，来满足用户不断变化的需求。

（3）可适应性：通过系统良好的重构能力来自动适应变化的工作负荷和条件或者业务过程的改变。

（4）可扩展性：不但可在一个单元内扩展其功能，而且可扩展到其他制造单元以及产品制造生命周期的其他阶段，从而满足各种复杂的制造需求。

（5）可靠性：保证分布式系统的数据完整性、一致性以及虚拟企业信息交互的安全性。

3.7　课后练习

一、名词解释

1. 生产调度。
2. 生产进度控制。

3. APS。
4. 精益生产。
5. 敏捷制造。

二、单选题

1. MES 系统中获取订单的方式有多种，以下哪一种不属于 MES 获取订单数据的方式？（   ）

  A. ERP   B. 数据文件   C. 人工录入   D. 纸质文档

2. MES 系统中的生产计划是指（   ）。

  A. 销售计划 B. 生产订单   C. 销售订单   D. 物料计划

3. MES 中生产订单中的工序需要通过（   ）下达工位任务后，才能被工位操作人员所接收。

  A. 生产管理 B. 质量管理   C. 设备管理   D. 物料管理

4. 在制品工序间的传递方式主要由三种，以下哪一种不属于常见的传递方式？（   ）

  A. 顺序移动 B. 平行移动   C. 平行顺序   D. 层次移动

5. 在制品工序间的传递方式中，一般哪种传递方式完成的时间最短？（   ）

  A. 顺序移动 B. 平行移动   C. 平行顺序   D. 都一样

6. 生产进度控制的内容主要包括三个方面，以下哪一个不是进度控制的内容？（   ）

  A. 进度控制 B. 质量控制   C. 成本控制   D. 人员控制

7. 生产作业计划属于（   ）。

  A. 长期计划 B. 中期计划   C. 短期计划   D. 战略计划

8. （   ）又被称为保本点分析或本量利分析法，是根据产品的生产成本、产量、利润之间的相互制约关系的综合分析，用来预测利润，控制成本，判断经营状况的一种数学分析方法。

  A. 滚动式 B. 盈亏平衡分析 C. 线性规划   D. AHP

9. 精益生产的终极目标是零浪费，具体体现在 PICQMDS 七个方面，其中不属于这七个方面的因素是（   ）。

  A. 零库存 B. 零不良   C. 零灾害   D. 零成本

10. 面向敏捷制造的 MES 具有若干特征，其中能够保证分布式系统数据完整性属于（   ）特征。

  A. 可扩展性 B. 可靠性   C. 可适应性   D. 可集成性

三、简答题

1. 什么是敏捷制造，敏捷制造对 MES 系统提出哪些新要求？

2. 在 MES 中给一个订单做"订单排程"时，如果系统提示"没有可用的线体"，请描述如何查找原因并解决这个问题。

3. 请简要描述在制品工序间传递方式的过程及各自的优缺点。

4. 在部署了 MES 的数字化车间生产中，一个生产订单的物料是如何被精准送达到工位并用于生产的？请描述经过的每个环节，以及在每个环节扫描（或绑定）的条形码。

5. 假设企业确定的产品品种有三种，分别是 P1、P2 和 P3，每种产品都要使用 3 种原料进行生产，并且 3 种原料的配比都不一样，而 3 种原料的供应量是有限的，如下表所示。

在已知每种产品单位利润的前提下，企业需要确定每种产品产量的最优组合，使企业的利润最大化。请利用线性规划法求三种产品各自产量为多大时，企业才能达到利润的最大化，最大利润值为多少？

用于规划产品产量的生产数据表

	P1 的原料配比	P2 的原料配比	P3 的原料配比	限量
原料1（份）	2	2	3	400
原料2（份）	1	4	4	500
原料3（份）	3	3	5	300
单位利润（元）	20	25	30	

项目 4

MES 物料调度管理

【知识目标】

(1) 理解物料管理的基本概念和作用。
(2) 理解物料管理活动的目标和基本方法。
(3) 掌握物料管理活动模型及各个活动要素的作用。

【能力目标】

(1) 能够利用 MES 管理生产物料库存。
(2) 能够利用 MES 管理成品库存。
(3) 能够利用 MES 实施物料分派和跟踪处理。

【素质目标】

(1) 培养学生信息收集、筛选、整理的能力。
(2) 培养学生判断分析能力和敏锐的观察力。
(3) 培养学生系统思考和独立思考的能力。
(4) 培养学生养成科学严谨、耐心专注和求真务实的工程素养。
(5) 培养学生利用科学的思维方式认识事物、解决问题的意识。
(6) 培养学生养成诚实守信、谦逊做人的良好品格,以及尊重宽容、团队协作的合作意识。

【项目背景】

《中国制造2025》是中国政府实施制造强国战略的第一个十年行动纲领,为制造业提供了千载难逢的"报国立业"的大好时机。而制造业竞争因素众多,成本是影响产品核心竞争力的重要因素。

在制造企业生产中,物料成本在企业生产成本中所占的比例基本都在80%以上,物料贯穿于制造业生产经营的全过程,因此,物料管理是企业管理的一个重要部分。物料管理是负责对企业生产经营活动所需各种物料的采购、验收、供应、保管、发放、合理使用、节约和综合利用等一系列计划、组织、控制等管理活动的总称。

在离散制造中,企业的生产活动是通过多道离散工序,对物料进行加工,使其发生物理形态的改变形成零件在制品,再将零件制品进行组装,最终完成成品的生产,实现增值。

因此，从广义的角度讲，物料管理的对象包含三个内容：物料、中间产品或在制品、成品。

物料管理是整个 MES 系统的基础，与生产调度、计划排程管理等其他模块功能密切相关，为计划排产管理提供物料基本信息，如物料清单、物料存量等。计划排程根据这些物料信息对已经排定计划的物料齐套情况进行检查，给出齐套结论，对物料管理模块能否上线进行判断，不能齐套时提示齐套生产数量并生成缺料清单。根据缺料清单向工位库发料，将物料信息中在制品状态、安装工位和安装进度等信息反馈给生产管理，生产管理根据这些物料信息进行生产计划的调整。物料管理主要实现收料管理、物料仓储管理和发料管理等三个基本功能模块。

4.1 任务 1：物料库存管理

4.1.1 任务描述

通过学习相关知识，了解企业在生产活动中对物料的管理方法。结合缸体智能车间 MES 系统案例，体验使用 MES 中的物料管理的相关功能，完成从"销售订单驱动物料采购"到"产品出库完成交付"的库存管理过程。

（1）定义库位和库存能力。
（2）根据销售订单驱动物料采购。
（3）仓库接收物料并入库。
（4）库存物料调度、分派和跟踪。
（5）成品入库。

4.1.2 相关知识

物料管理定义
和作用

一、物料管理定义和作用

1. 物料管理的定义

物料管理是生产车间为确保生产物资（原材料、在制品、零配件、成品及辅料等）有效流动并充分满足生产需求的工作及其方法。物料管理是车间现场管理（人员、设备、原料、方法、环境）的重要组成部分。

物料管理的目标在于通过物料的领用、移交、流动和暂存管理，实现满足生产需求条件下的总体库存最小化。在车间生产中物料管理的流程一般包括生产备料、生产领料、工序进料和工序退料等。

（1）生产备料。生产备料是指依据客户需求所明确的生产要求，按照一定的原则生成物料需求清单，再按照清单去确认库存物料是否充足，如果库存不足，则立刻提出物料采购需求。采购单经过确认后，生产系统再依据需求数量、产品数量，生成采购计划和生产计划。

（2）生产领料。备料完成后，不满足数量的物料需采购入库，库存满足需求的物料可直接领取投入生产。

（3）工序进料。进入生产线各道工序的物料数量用工序进料来记录，同时可根据领料数量，计算出物料的剩余量。

（4）工序退料。如果有多领或错领的物料退还仓库的就属于工序退料，退料单确认后，物料直接入库。

2. 物料管理的作用

物料管理是车间生产环节中的基本因素之一，由原材料出库进入生产流程开始，在制品在车间每个生产工序间流动，直到完工入库的每个环节，都有很大的管理需求和改善空间。车间从物料领用人员开始的每位员工，都有必要进行专业的培训，使他们熟悉产品的工艺流程，了解每种物料的来源、去向，掌握最佳工序和在制品数量等，尽一切可能减少在制品数量、缩短产品滞留时间，提高生产效率，降低浪费。车间还应建立物料管理相关制度，培养员工专业的物料管理技能和精益管理的理念。概括而言，物料管理的作用包括以下几个方面：

（1）正确计划用料。物料管理的首要作用是正确计划用料，物料管理人员应该根据生产进度的需要，在不增加额外库存，占用资金尽量少的前提下，为生产车间提供生产所需物料。要求做到既不浪费物料，也不会因为缺少物料导致生产停顿。

（2）适当的库存量管理。物料的长期搁置将会占用大量的流动资金，会造成自身价值的损失。因此，正常情况下企业应该维持多少库存量是物料管理应该重点关心的问题。一般而言，在确保生产所需物料量的前提下，库存量越少越合理。

（3）强化采购管理。原料采购是一门非常复杂的学问，如果物料管理部门能够最大限度地降低产品的采购价格，产品的生产成本就能大幅降低，产品竞争力随之加强，产品经济效益也就能得到大幅提高。

（4）发挥盘点的功效。物料的采购应该按照定期的方式进行，企业的物料管理部门必须掌握现有库存量和采购数量。很多企业往往忽视物料管理工作，对仓库中究竟有多少物料缺乏了解，物料管理混乱，影响了正常的生产，因此，物料管理应该充分发挥盘点的功能。

（5）发挥储运功能。任何物品的使用都是有时限的，物料管理的责任就是要保持好物料的原有使用价值，使物料的品质和数量两方面都不受损失。为此，要加强对物料的科学管理，研究和掌握影响物料变化的各种因素，采取科学的保管方法，同时做好物料从入库到出库的质量管理。

（6）合理处理滞料。物料在供应链中总体上还是处于流通的，物料管理的目标之一就是发挥储运功能，确保这些物料能够顺利进行。一般来说，物料的流通速度越快，流通费用也越低，越能表明物料管理的显著成效。

优秀的物料管理在提高企业竞争优势方面发挥着越来越重要的作用，甚至会成为决定企业成败或命运的关键。现代物料管理为了满足提高企业竞争力的要求，要通过一系列的有效管理方法，平衡客户需求和库存相关的总成本，平衡工序与工序之间的产能，达到追求企业利益最大化的目的。

二、库存运行管理活动

在 ISO/IEC 62264 中,库存运行管理被定义为四大生产范畴之一,用于对物料进行管理从而支持生产活动。库存运行管理活动模型被作为指导物料管理活动的理论模型,库存运行管理的活动模型如图 4-1 所示。

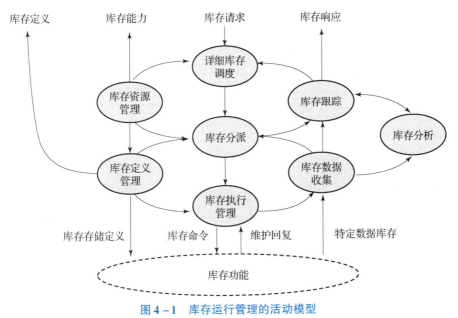

图 4-1 库存运行管理的活动模型

库存运行管理活动模型定义了与生产中物料转移任务相关的库存运行管理活动,即执行哪些管理活动以及各个管理活动之间的相互关系。

(1) 库存定义:存储与物料移动相关的规则和信息。

(2) 库存能力:特定时间范围内存储物料能力的度量。

(3) 库存请求:生产中对于物料转移的请求。

(4) 库存响应:对库存请求的回应,表示请求是否成功。

(5) 库存定义管理:管理有关物料转移规则的信息、创建新的库存定义以及管理库存定义的修改等。

(6) 库存资源管理:提供人员、物料、设备资源的定义,提供有关资源能力的信息以及管理库存规模等。

库存运行管理活动

(7) 详细库存调度:创建、维护详细库存调度,实际移动与计划移动的对比以及决定每项使用的资源承担的产能等。

(8) 库存分派:一组分配和发送库存工作指令给由库存定义和库存调度确定的适当资源活动。

(9) 库存执行管理:一组指导工作实行的活动,由库存分派单指定。

(10) 库存数据收集:一组收集和汇报有关库存运行和物料操作数据的活动。

(11) 库存跟踪:一组管理有关库存请求和库存运行报告的信息的活动,包括相关转移效率和库存资源使用率等。

(12) 库存分析:一组通过分析库存效率和资源使用情况改善运行的活动。

在 MES 中，主要关注车间内部的库存运行管理，即物料在车间内的转移和使用。更具体地说，车间库存运行管理关注的是与具体生产订单对应的物料转移活动。

生产车间的物料仓库分成两种：常规库（总库房或者分厂库房）和线边库（生产线边上的暂存库），如图 4-2 所示。线边库的作用是能够支持生产线的不间断生产，提高加工和装配的效率。

在车间中，除了线边库外，工位也是物料暂存区。车间库存的运行管理活动主要包括三个部分，具体是：

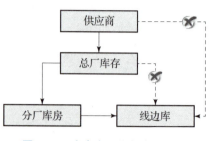

图 4-2 生产企业物料仓库结构

（1）从常规库领料到线边库，或者从线边库退还物料至常规库。

（2）从线边库将物料运送到工位，或者从工位退还物料至线边库。

（3）将成品转移至常规库。

4.1.3 任务实施

在 CYL-MES 中，车间物料库存管理的实施流程如图 4-3 所示，成品库存管理的实施流程如图 4-4 所示。

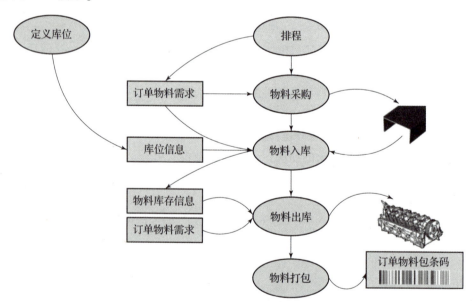

图 4-3 车间物料库存管理的实施流程

图 4-3 所示为物料库存管理实施流程，其中包括以下实施步骤：
（1）定义库位。
（2）排程。
（3）物料采购。
（4）物料入库。

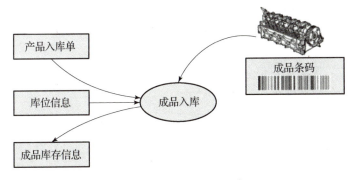

图 4-4　成品库存管理实施流程

(5) 物料出库。

(6) 物料打包。

其中，排程部分已经在项目 3 任务 1 计划排程管理—任务实施—排程确认中详细介绍过，在本次任务实施过程中，直接从生产订单派生出的物料采购清单开始，实施车间中的物料管理活动。

图 4-4 所示为成品库存管理流程，由于产品入库、库位信息和成品库存信息与物料库存管理基本相同，所以这里任务实施部分只涉及成品入库活动。

一、库位信息

库位是物料或成品在仓库中的存放位置，分为物料库库位和成品库库位。为了能在后续任务实施中进行物料和成品的出入库操作，首先需要定义库位信息。

在 CYL-MES 系统中，物料库库位信息数据的初始化通过"物料库库位管理"功能实现，物料库库位管理界面如图 4-5 所示。在此界面中，默认显示的是已经添加到 MES 系统中的库位列表，显示信息包括库位编号、库位状态、库位位置和库位说明等，可通过输入库位编号搜索库位信息。

库位信息

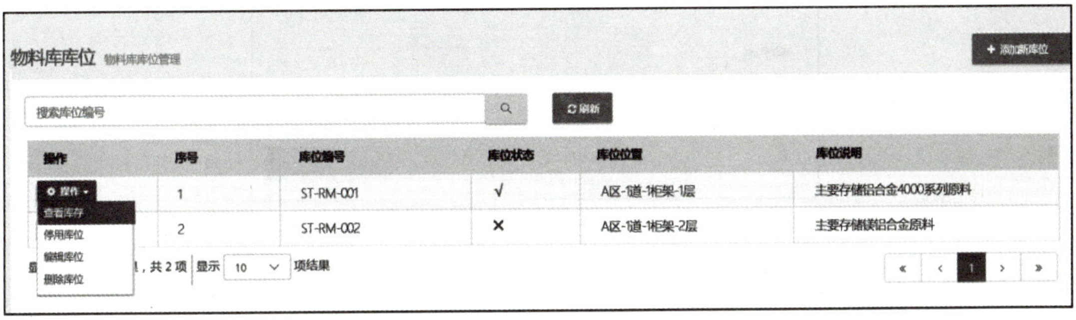

图 4-5　物料库库位管理界面

在物料库每条库位信息的前列有个操作功能按钮，包括"查看库存""停用库位""编辑库位"和"删除库位"相关管理功能。

(1) 查看库存：用于查看库位的库存情况，如图 4-6 所示，显示的内容是查询库位下的库存物料，具体信息包括物料编号、物料名称、物料数量和入库时间等。

（2）停用库位/启用库位：用于启用或者停用库位的使用，处于启用状态的库位可以被停用，处于停用状态的库位可以被启用。

（3）编辑库位：编辑库位信息。

（4）删除库位：删除库位信息。删除时，物料和库位有约束规则关系，只有当库位中零库存时才能够执行删除操作。

图 4-6 物料库库位库存情况

对于物料库库位的增加，可以通过单击物料库库位管理界面中的"添加新库位"按钮实现，在弹出的系统对话框中，录入新增库位的库位名称、库位位置和库位说明等信息，保存后即可实现新库位的创建，新添加库位的界面如图 4-7 所示。

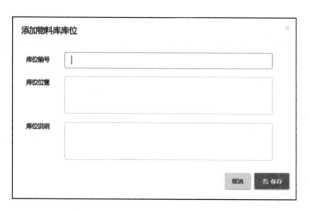

图 4-7 添加新物料库库位

在 CYL-MES 系统中，成品库库位信息数据的初始化通过"成品库库位管理"功能实现，成品库库位管理界面如图 4-8 所示。成品库显示的信息和具备的功能和物料库一致，用于管理完工后质检合格产品的库存信息。

在成品库库存详细情况中，显示了被查询成品库中成品的存放信息，具体显示的内容包括报验入库单号、订单编号、产品型号、产品货号、产品名称、入库数量和入库时间等信息，如图 4-9 所示。

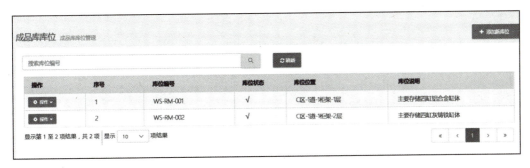

图 4-8 成品库库位管理界面

图 4-9 成品库库位库存情况

二、物料采购

物料采购根据生产订单生成的 BOM 清单进行采购，订单 BOM 配置在项目 3 任务 1 任务实施步骤"订单 BOM 配置"中详细阐述过，具体内容可以查看项目 3 相关内容。当采购单通过物料管理部门审批后，即可由物料管理员进行采购，采购操作一般通过线下采购或者线上采购两种途径。其中，线上采购的平台主要是依托电子商务平台，MES 一般不提供采购功能。在 CYL–MES 系统中，物料采购主要提供的是通过物料管理部门审批后的采购清单，如图 4-10 所示，清单中的物料需求信息与订单 BOM 配置中的物料信息相关联，仓管人员可以对物料采购期限进行设定，用于保证物料采购能够限时完成。

备件维护

三、物料入库

一旦物料采购到货后，由仓管人员进行物料入库操作。在 CYL–MES 中，物料的入库功能通过"物料入库管理"完成，如图 4-11 所示。在"物料入库管理"中，按照订单分类显示，每个订单下面列出了该订单需要领用的物料清单，显示的物料信息包括物料编号、物料名称、计划采购数量、已采购数量和最近一次采购时间。

出入库管理

当需要执行物料入库操作时，单击每个订单信息右侧的"请点击物料入库"按钮进入物料入库界面，如图 4-12 所示。在此界面中，选择入库库位，输入入库数量后，单击

图 4-10 物料采购管理界面

图 4-11 物料入库管理界面

"立刻入库"后,即可完成物料入库操作。一旦新的物料完成入库,在物料管理入库界面中物料的采购数量将显示最新的入库总数。

对于物料入库的追溯可以通过 CYL-MES 中的"物料入库历史信息记录"进行查询,可以按照时间区间以及物料编码查找相关物料入库信息,界面如图 4-13 所示。

四、物料出库和打包

当开始生产任务时,仓库需要进行物料出库操作,物料出库的功能通

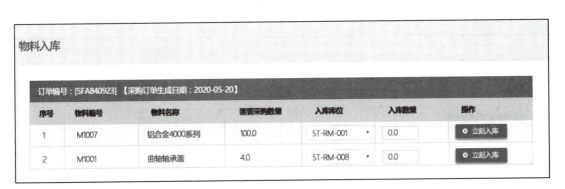

图 4-12　物料入库

图 4-13　物料入库历史信息记录

过 CYL-MES 中的"物料出库管理"功能实现。物料出库管理界面如图 4-14 所示，默认显示是已经完成排程确认的订单列表。

在对某个订单进行物料配送时，单击该订单行后面的"绑定包裹"按钮，系统进入"订单物料绑定包裹"界面，如图 4-15 所示。首先由仓库管理人员按照订单 BOM 需求清单，到指定的仓位准备配送的物料，并将物料打包形成可发送的包裹，通过扫码枪或手工录入一个分配的可用条形码编号，最后通过单击绑定，在系统中将条形码和物料包裹进行关联处理，并将打印好的条码贴到物料包裹上，这样就完成了物料出库打包的操作，可以将物料包裹送往车间的线边库。

当单击某个订单行后面的"查看包裹"按钮，可以查看已经绑定的物料包裹，如图 4-16 所示。

对于物料出库的追溯可以通过 CYL-MES 中的"物料出库历史信息记录"进行查询，可以按照时间区间以及物料编码查找相关物料出库信息，界面如图 4-17 所示。

图 4-14 物料出库管理界面（已经排成确认的生产订单列表）

图 4-15 物料出库并绑定物料包裹

五、成品入库

当订单任务生产完成后，成品再通过 FQA 的检验合格后，就可以凭借 FQA 出具的入库申请单进行成品入库操作了。成品的入库操作通过 CYL - MES 的"成品入库管理"功能实现，如图 4-18 所示。

成品入库

在成品入库管理界面中，默认显示经 FQA 生成的入库单列表，该列表与生产订单相关联，因为一个生产订单的产品可能会被分批次进行 FQA 检验。在输入框录入需要入库数量，并选择好仓位后，通过单击"立刻入库"即可完成成品入库操作。

对于成品入库的追溯可以通过 CYL - MES 中的"成品入库历史信息"进行查询，可以按照时间区间以及生产订单编号查找相关成品入库信息，界面如图 4-19 所示。

项目4　MES物料调度管理

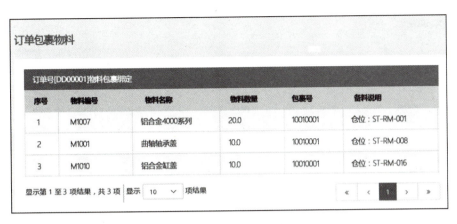

图 4-16　订单包裹物料

图 4-17　物料出库历史信息

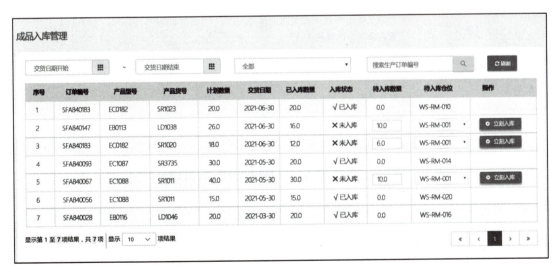

图 4-18　成品入库管理界面

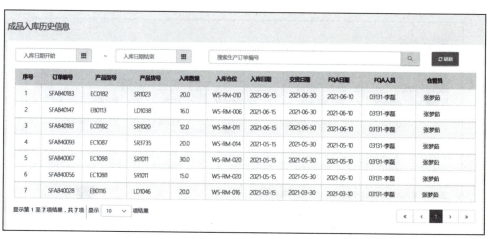

图 4-19 成品入库历史信息

4.1.4 任务评价

任务学习完成后,由教师、学生进行自评、互评和师评,评价学生是否完成对物料管理概念、库存运行管理活动模型等内容的学习,是否能结合企业实际情况完成 MES 的物料库存管理的全部过程。评价完成后,将评价的结果填写到表 4-1 的评价表中。

表 4-1 MES 中物料库存管理任务评价表

序号	评价指标	评分标准	满分	评价			综合得分
				自评	互评	师评	
1	物料管理的定义和作用	能正确描述物料管理的概念、作用等内涵	25				
2	库存运行管理活动	能正确表述数字化车间中库存管理模型中的管理活动	25				
3	MES 物料库存管理	能根据物料和成品库存实施流程,利用 MES 对生产物料进行精细化管理。	50				

4.2 任务 2:物料分派跟踪

4.2.1 任务描述

通过学习相关知识,了解企业在生产活动中对物料的分派和跟踪管理。结合缸体智能车间 MES 系统案例,体验使用 MES 中的物料管理的相关功能,完成从"线边库收料"到

"工位接收物料"的物料分派和跟踪管理过程。

（1）线边库收料和发料。

（2）工位跟踪物料。

（3）工位接收物料。

4.2.2 相关知识

一、物料协调分派方式

物料协调
分派方式

在生产制造领域，不同的企业会根据自身的生产特点产生不同的物料协调分配思路、进而形成不同的物料分派流程。例如有些企业会根据产品工序物料需求，将物料从仓库出库后直接配送到工位，实现物料的精准配送。在某些自动化程度更高的企业，会采用物流传送带或者 AVG 物流小车的方式进行物料的配送，经由自动化上料工具配送物料至工位；另一些企业，则可能会采用二次分派的方式：库房把物料包发送到车间是第一次分派，车间再把物料精准配送到工位是第二次分派。

本任务采用的物料分派方式是两次分派：物料从库房出库以后，以物料包裹的形式发送到车间，车间收到物料包裹后，对物料进行二次分派。MES 为车间提供了收发物料的终端，可以使车间实现物料到工位的精准配送。在二次分派中，生产企业会在车间设置一个物料的临时存储区，称为线边库，库房发来的物料先被存储在车间的线边库，然后再从线边库分派物料到工位。

二、物料协调分派技术

物料协调
分派技术

物料在审批通过后需要对其进行配送，才能到达现场被对应的工序所使用，物料的出库配送一般采用组合方式，通过二维码将托盘与物料建立关联，保证出库的准确和现场确认的方便快捷，同时在物料托盘在车间内部循环周转的过程中，系统通过二维码扫描跟踪物料的状态和去向建立物料的跟踪和周转历史记录，最终实现车间物料的配送供应。

1. 基于二维码的物料周转控制流程

二维码技术是随着电子技术的进步，尤其是数字化技术在现代化生产和管理领域中的广泛应用而发展起来的一门实用的数据输入技术。通常认为，二维码技术具有输入速度快、可以存储中英文、容量较大、纠错力强、价格便宜、便于维护等诸多优点，结合制造车间物流的特点和存在的问题，采用基于二维码技术的周转控制来实现物料库存、物料准备以及现场确认方面的有效协调，实现车间大量复杂物料配送的即时、快速、准确的信息录入。

在车间中主要使用二维码标识的地方有三个，如表 4-2 所示。

表 4-2 使用二维码标识的对象

对象	编码标识	编码内容	附着位置
工人	工号	姓名、工种、班组	工作牌/证
物料	图号	质量、来源	仓库货架对应位置
托盘	编号	最大载重量	托盘明显位置

二维码编码采用键值对的形式存储得到唯一标识符和内容，例如图号"No1010250013"为质量为"25 kg"来自"ST－RM－001"的"铝合金4000系列"物料，编码为

｛SN＝No1010250013；Weight＝25；Store＝ST－RM－001；Material＝铝合金4000系列｝

将字母和数字通过ASCII规则编码，汉字通过GB/T 18030－2000双字节编码，最终形成二维码标签，并将二维码标签封至塑料盒套中贴附或挂置于托盘、货架等相应位置，避免外部环境的玷污或损坏。

在对象二维码定义与准备的基础上，物料周转控制流程模型如图4－20所示，具体描述如下：

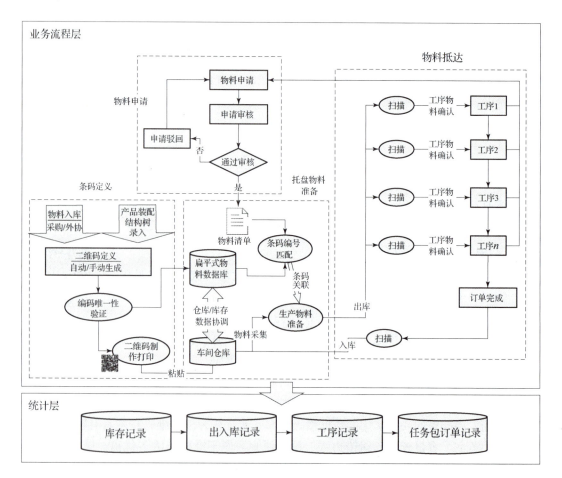

图4－20　基于二维码的物料周转控制流程模型

（1）工序需求物料托盘准备及车间物料周转。

物料申请请求审核通过后，库存管理员根据物料请求清单的编号在仓库中采集所需要的物料，然后通过扫描二维码建立托盘和物料的编号关联，实现快速的齐套托盘物料准备工作。同时实现数据库和仓库质检的协调统一，达到出/入库数量精确记录，物料周转过程透明可见。

（2）物料抵达及现场确认。

托盘物料抵达车间装配现场，通过二维码扫描确认实际领得物料和物料请求中的物料

清单一致,并提交反馈给库存管理。托盘在完成一次物料周转任务之后返回库存端,并将二维码关联的物料信息重置清空。

(3) 车间物流追溯和统计。

物料从入库、出库、配送到达确认都执行现场扫描工作,同时配送过程都与具体生产工序任务挂接,这些数据包含物料周转的全方位信息,保证车间管理人员可以实时了解各生产工序所需物料的准确情况,也可以从车间库存的角度了解物料在库情况和离库去向,能够及时发现问题、追溯源头、责任到人,促进生产过程的严格管理。

2. 生产计划驱动的物料托盘准备技术

订单在执行过程中,每一个工序开工前有不同种类和数量的齐套物料需求,为了保证工序的顺利开工,工序物料的准备任务需要保证快速、准确、统一。以生产计划作为物料准备的时间控制主线,将渐增式过程齐套控制技术和物流托盘相结合,形成一套配合齐套的服务性物料准备控制技术,技术的业务流程如图 4-21 所示。

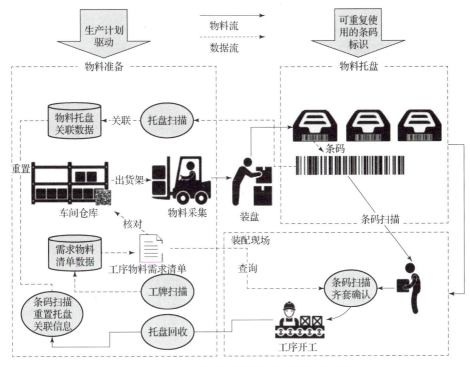

图 4-21 齐套物料托盘准备技术的业务流程

(1) 配合齐套物料需求的托盘物料准备。

物料申请审核通过后,车间仓库根据物料齐套清单的物料二维码编号和数量采集物料,扫描每个物料二维码和托盘二维码,建立具有时效性的物料和托盘二维码的对应关系,然后装盘出库运送至生产现场。

(2) 托盘二维码扫描代替整体式的现场确认。

物流托盘承载着工序齐套物料到达生产工位现场,接收人员随即扫描物流托盘的二维码,系统通过数据关联查询到托盘上全部物料的清单,再调取工序齐套请求的物料清单,前后对比来确定工序物料是否备齐,如果备齐工序即可开工。

（3）统一的托盘回收传送及物料关联重置。

托盘的回收统一采用传送带回收，配合车间的地理布局，在生产线的走向方向上布置托盘传回传送装置，方便工人尽快及时地回送物料托盘。实现车间的整洁有序。托盘回到车间库存后扫描二维码，将其与上一次的齐套物料的关联清空重置，以备二维码的反复使用。

3. 基于条码的车间物流追溯和统计

车间物流追溯与统计建立在以二维码数据采集手段的物流节点控制基础上，在物料入库、出库、装盘、现场确认到最后托盘归库这一业务流程中各节点实现精确的数据录入，配合渐增式齐套状态协调技术，通过对库存信息和物料关联信息的分析处理得到用户所需的透明化全过程的闭环物料流向追溯数据和统计报表，车间物流追溯与统计技术如图4-22所示。

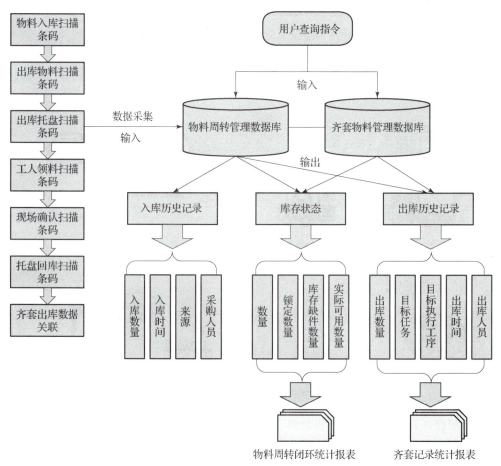

图4-22 基于条码的车间物流追溯与统计技术

系统根据数据采集和录入产生的物料动向信息，结合物料周转管理数据库和齐套管理数据库之间的数据关联，将物料的去向关联到具体的某项生产任务的某道工序，同时记录出入库数量、时间、负责人员等，将生产工序与物料流动相互映射起来，保证生产资源的准确利用，另外实时有效地更新库存数量和锁定数量等信息，最后实现两个统计报表的直观显示，从而指导生产。

4.2.3 任务实施

在 CYL-MES 中，车间生产的物料分派跟踪如图 4-23 所示，具体实施步骤如下：

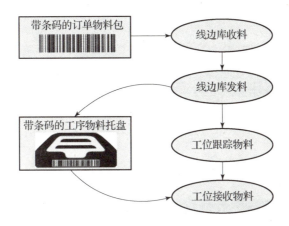

图 4-23 物料分派跟踪实施流程

（1）线边库收料。
（2）线边库发料。
（3）工位跟踪物料。
（4）工位接收物料。
下面按顺序对每个实施步骤进行详细介绍。

一、线边库收料

线边库收料

线边库收料通过 CYL-MES 系统中线边库收料客户端 App 进行操作，线边库收料的主界面如图 4-24 所示。在此界面中默认显示的是已经收到的物料包；一个生产订单的物料可以分散在多个物料包中，一个物料包也可以包含多个生产订单的物料。当物料包中的所有物料都通过线边库分料功能完成分料后，该物料包就不会显示在收料界面中了。

当单击界面中的物料包后，系统会弹出物料清单界面，如图 4-25 所示。在该界面中可以查看物料包中详细的物料清单。

当仓库中的物料包发送到线边库后，用扫码枪扫描新接收到的物料包上的条码，系统会显示该物料包中的物料清单，如图 4-26 所示。单击"接收"按钮后，该物料包将显示在线边库收料界面的物料包列表中，如图 4-27 所示。

二、线边库发料

线边库发料

线边库发料通过 CYL-MES 系统中线边库发料客户端 App 进行操作，线边库发料的主界面如图 4-28 所示。在此界面中默认显示的"未下发"选项卡中等待发料的生产订单，如果在线边库库存中某个订单的物料尚未齐套，则该订单将显示欠料标记，否则则显示料齐标记。

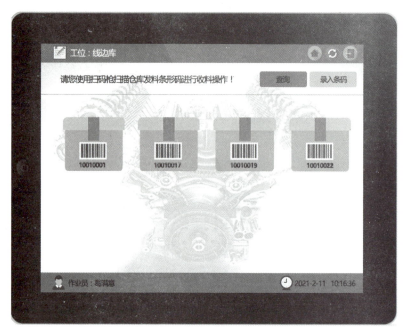

图 4-24 线边库收料主界面

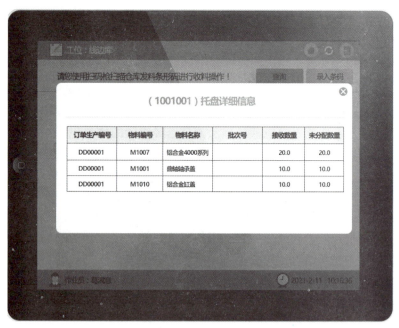

图 4-25 已接收物料包中的物料清单

项目 4　MES 物料调度管理

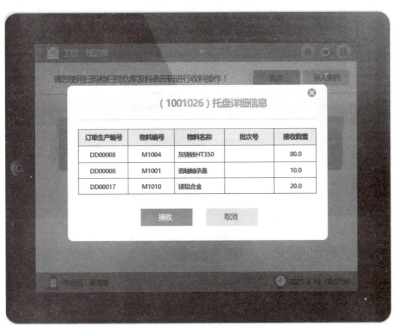

图 4-26　收料信息确认查看

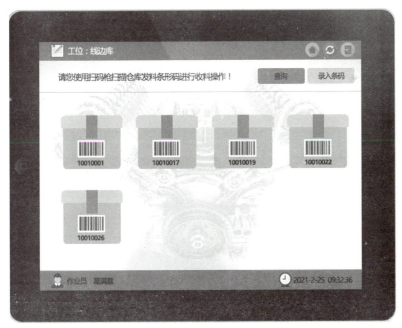

图 4-27　物料包接收成功

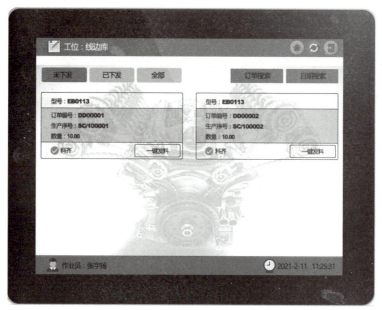

图 4-28 线边库发料主界面

在线边库发料界面中,包含三个选项卡(未下发、已下发和全部),三者分别显示未发料的订单、完成发料的订单和全部的订单。通过单击选项卡可以切换显示的内容。

在单击界面列表中的某个订单信息后,系统进入发料的详细界面,如图 4-29 所示。在此界面中,分工序显示工序需要的物料清单,具体信息包括物料编号、名称、需要数量、已收数量、已发数量和本次可发放数量。在每个工序对应的物料面板中有一个"一键发料"按钮,可以按工序逐个进行发料。在发料详细界面中也有两个选项卡进行显示,其中"未下发"显示尚未下发完的工序物料;"已下发"则显示已下发完的工序物料。

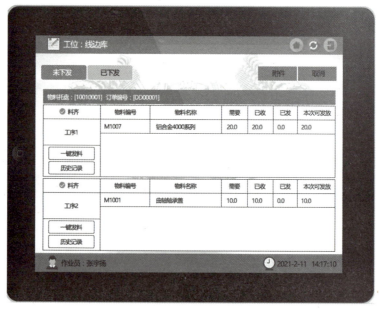

图 4-29 发料界面

当在发料详细界面中，单击某个工序物料面板下的"一键发料"按钮，系统将弹出绑定发料托盘的对话框，如图 4-30 所示。线边库物管员将该工序的物料放入托盘，然后通过扫码枪扫描处于空闲状态的物料托盘条码，将托盘和条码进行绑定，绑定好后，系统托盘条码下会显示关联的托盘号，通过"打印"按钮确认关联信息，并打印条形码贴纸于托盘上。操作完后，系统将提示分料成功。

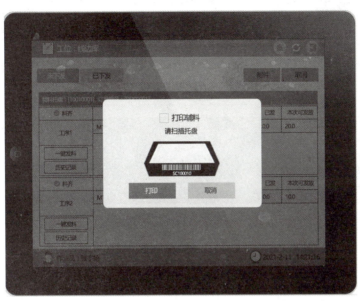

图 4-30 发料界面（绑定托盘）

当线边库完成对某个工序的物料发放之后，此工序物料清单将从"未下发"清单中移除，转而显示在"已下发"的清单中，如图 4-31 所示。单击"历史记录"按钮还可以查看发料历史记录，如图 4-32 所示。

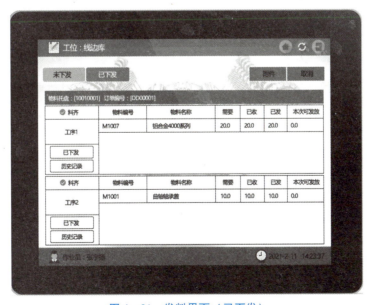

图 4-31 发料界面（已下发）

图 4-32 发料界面（历史记录）

三、工位物料跟踪

工位物料跟踪通过 CYL-MES 中的工位生产客户端 App 进行。在进入工位生产客户端主界面后，将列出工位任务列表，如图 4-33 所示。

工位物料跟踪

图 4-33 工位生产客户端主界面

单击界面中的某个任务卡片，系统将进入该生产任务的工作界面，如图 4-34 所示。在此界面中，列出了此工序的物料清单，包括物料编码、物料名称、应收、已收、异常、维修和剩余数量等信息。

项目 4　MES 物料调度管理

图 4-34　生产任务工作界面

在物料（或在制品）清单的右上角有一个图标，单击图标，系统会弹出一个对话框，用于显示将要接收的物料托盘或在制品托盘（物料托盘、在制品托盘编码以 SC 开头，承载内容为物料或在制品），以及代表本工位存储空间的存储托盘（存储托盘编码以 GW 开头，承载内容为物料在制品，工位接收到的物料和在制品都放在存储托盘中），如图 4-35 所示。当线边库为工位发送需要的物料后，工位生产任务主界面将会弹出将要从线边库接收的物料托盘编码；当前道工序工位为本工位发送需要的在制品后，生产任务主界面将会弹出将要从前道工位接收的在制品托盘编码。如果需要接收的物料或在制品信息，则系统将提示"暂无托盘信息"。当工位中存储托盘中的物料（或在制品）全部消耗完毕后，系统也不会显示该存储托盘的信息。

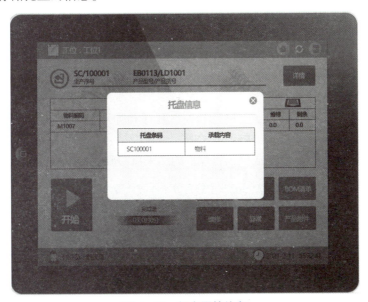

图 4-35　托盘周转信息

175

四、工位物料接收

物料的接收操作通过 CYL – MES 中的工位生产客户端 App 中主界面或者生产工作任务界面进行。

工位物料接收

当线边库或者是前道工序完成发料操作后,工位生产客户端主界面将会显示将要接收的物料(或在制品)托盘编码,用扫码枪扫描线边库或前道工序发料时绑定的物料托盘条码,系统会弹出此托盘绑定的物料清单,如图 4 – 36 所示。当工位操作人员确认接收后,系统会显示"收料成功"的提示,并自动进入到此物料对应的生产任务工作界面。

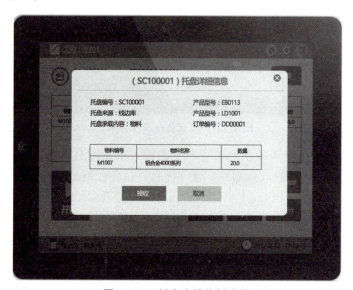

图 4 – 36　托盘中的物料清单

如果接收物料时,工位工作界面处于生产任务界面,在完成接收后,如果接收的物料是属于当前任务的,则系统将会保持在当前生产任务的工作界面上;如果接收的物料不是属于当前任务的,则系统会自动进入与接收到的物料相对应的生产任务工作界面。

4.2.4　任务评价

任务学习完成后,由教师、学生进行自评、互评和师评,评价学生是否完成对物料协调分派方式、物料协调分派技术等内容的学习,是否能结合企业实际情况完成 MES 的物料分派和跟踪的全部过程。评价完成后,将评价的结果填写到表 4 – 3 的评价表中。

表 4 – 3　MES 中物料分派跟踪任务评价表

序号	评价指标	评分标准	满分	评价			综合得分
				自评	互评	师评	
1	物料协调分派方式	能正确说明物料分派的两种方式,并正确描述二次分派的实施流程和线边库的作用	20				

续表

序号	评价指标	评分标准	满分	评价 自评	评价 互评	评价 师评	综合得分
2	物料协调分派技术	能正确表述基于二维码物料周转控制、计划驱动物料托盘准备技术、基于条码的车间追溯统计关键技术和实施流程	30				
3	MES 物料库存管理	能根据物料分派和跟踪的实施流程，在 MES 中实现对生产物料的分派和跟踪	50				

4.3　项目总结

本项目从认识物料管理、库存运行管理活动、物料分派方式和技术等内容开始详细分析 MES 系统中物料库存管理、物料分派与跟踪等活动实施和监控，并以缸体智能加工车间 MES 系统为例，对 MES 系统中物料库位定义、采购入库、出库打包、线边库收料和发料、工位物料接收和跟踪等管理功能操作做了说明。具体知识结构导航如图 4-37 所示。

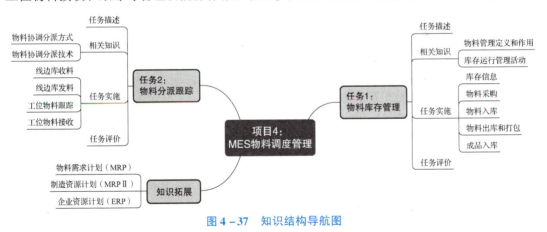

图 4-37　知识结构导航图

4.4　知识拓展

物料管理的发展经过了三个发展阶段，分别是物料需求计划（Material Requirement Planning，MRP）、制造资源计划（Manufacturing Resources Planning，MRPⅡ）和企业资源计划（Enterprise Resource Planning，ERP）。三者之间不是孤立的，后者是在前者的基础上发展起来的，下面将详细介绍三个阶段的具体内容。

一、物料需求计划（MRP）

物料需求计划（MRP）指根据产品结构各层次物品的从属和数量关系，以每个物品为计划对象，以完工时期为时间基准倒排计划，按提前期长短区别各个物品下达计划时间的先后顺序，是一种制造企业内物资计划管理模式。MRP 是根据市场需求预测和顾客订单制订产品的生产计划，然后基于产品生成进度计划，组成产品的材料结构表和库存状况，通过计算所需物料的需求量和需求时间，确定材料的加工进度和订货日程的一种实用技术。

物料需求计划 MRP

1. MRP 的起源

在 MRP 发展之前，制造企业物料的订购与调度受阻于两种困难。一是创建日程、追踪大量的零组件、以及应付日程和订单改变等繁重的工作；二是未能分辨相关需求和独立需求间的差异。大多时候是将针对独立需求而设计的技术，用于处理组装的项目，因而导致存货过剩。因此制造业的库存规划与调度出现了重大的问题。20 世纪中期，美国 IBM 公司的约瑟夫·奥列基博士提出了相关需求和独立需求的概念，将生产所需物料分成了相关需求物料和独立需求物料两种类型。

（1）相关需求是指根据物料之间的结构组成关系由独立需求的物料所产生的需求，例如，半成品、零部件、原材料等的需求。相关需求的需求数量和需求时间与其他的变量存在一定的相互关系，可以通过一定的数学关系推算得出。例如，生产一辆汽车，需要座椅、发动机、轮胎等汽车的零部件，对这些零部件的需求就是相关需求。

（2）独立需求是指物料的需求量和需求时间与其他任何物料的需求无直接关系，而是由企业外部市场环境随机决定的，这类需求通常被称为独立需求，例如，客户订购的产品、科研试制需要的样品、售后维修需要的备品备件等。

基于以上对独立需求和相关需求的认识，约瑟夫·奥列基博士提出了各种物料间相关需求的概念以及分时间段来确定不同时段物料需求的思想，形成了物料需求计划（MRP）理论。它与传统库存理论和方法的明显不同之处在于，引入了时间分段和反映产品结构的物料清单，以达到按时按量取得所需要的物料。

2. MRP 的目标和工作原理

MRP 的目标是让生产车间及时取得生产所需的原材料及零部件，确保能够按时供应顾客所需产品，并且保证尽可能低的库存水平，使各部门生产的零部件、采购的外购件与装配的要求在时间和数量上精确衔接。

MRP 的工作原理是根据最终产品的数量，参照准确的 BOM，由计算程序自动计算出构成这些产品相关物料的需求量和需求时间，再参考生产提前期等相关信息，计算出这些所需的相关物料的数量与时间安排，因此，最终该产品的需求就转化为对物料的需求，使得生产企业中的采购、备料、加工和组装等基本的生产活动以及相应的辅助性生产活动、服务性生产活动等都能以确定的时间、数量进行统一协调，从而保证能按时交货，满足客户的需求，并且实现合理的低库存。所以，MRP 既是一种安排生产进度的工具和方法，也是一种控制库存的工具和方法，其中蕴含着准时制生产（Just In Time，JIT）的管理思想。

3. MRP 的运算模型及要素

MRP 的数据流程图如图 4-38 所示，代表了 MRP 的运算模型。

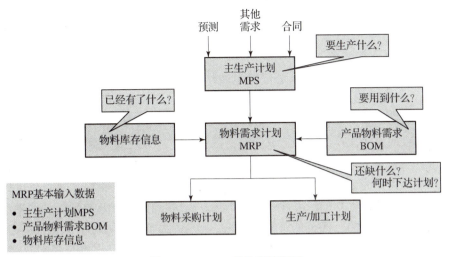

图 4-38 MRP 的数据流程图

MRP 的制订需要有三个方面的输入信息：主生产计划 MPS、产品物料清单 BOM 和物料库存信息。其中，MPS 指出了在某一个计划时间段内应生产出的产品数量，是 MRP 运行的内驱力，MPS 一般是指净需求量，是由客户订单或销售预测得出的总需求量减去现有库存量得到的。BOM 是最原始的物料依据，指明了物料之间的结构关系，以及每种物料需求的数量，是 MRP 中最重要的数据基础与模块。物料库存信息反映了库存的状态，包含了物料存放地点的静态信息与说明物料可用量的动态信息，具体有库位、批次、工序顺序、数量、提前期、订购批量、采购数量和安全库存量等。MRP 的输出主要是各种生产和库存控制用的计划和报告，主要包括在制品的生产/加工计划、物料采购计划。

4. MRP 对企业的作用

MRP 不仅能够增强各部门人员间的互助合作关系，更能增强对外部环境的竞争力，主要表现在以下方面：

(1) 信息共享。库存的高居不下就是信息不畅导致供需匹配不均衡的直接后果。企业内部只有计划的职能，面对千变万化的市场，客户的需求是在变动的，特别是定制化这种模式。信息的传递过程往往不及时或失真，企业目标愈加偏离，交货不及时，存货增加，产品成本也越来越高，花费大的成本获取的客户享受不到有价值感的服务与客户体验，因此也会流失，造车恶性循环的局面。所以信息共享在供需计划中是非常重要的角色，是制订一个优化的生产计划的基础与前提。

(2) 合作伙伴关系。是指和供应商之间建立起的一种战略同盟关系。交易成本降低，手续越来越简化，邮件、短信及电子合同均可作为有效的凭证，节省时间的同时也节约了成本。

(3) 细分需求。供应商和制造商企业之间形成联盟关系后，企业之间的信息传递方式不断地发生变化，供应商及时掌握制造商的制造部门的有关物料及配件需求的动态信息，就能迅速适应计划、产能、人力不断变化下的需求信息。这样不断的交换信息，实现订货与供应的同步化。而制造商企业要不断改善内部的需求计划的精细化程度，计划排程细致以实现精细化管理来提升企业供应链管控与调整能力。

二、制造资源计划（MRP Ⅱ）

1. 闭环 MRP 和 MRP Ⅱ

制造资源计划 MRP Ⅱ

MRP 的诞生有效地解决了企业的物料库存控制问题，它可以根据 MPS 提出物料需求的任务，进而生成零部件的采购计划或生产加工计划。但是 MRP 只考虑了产品结构相关信息和库存信息，在企业实际的生产过程中，各种条件是变化的，比如企业的生产设备新旧、制造工艺的改进以及生产规模的变化都会对整个生产的过程造成影响；甚至生产过程还要受到诸如设备环境（政治环境和经济环境）等因素的影响。MRP 制订的采购计划亦可能会受到供货能力、社会的物流能力等限制而无法完成，另外，车间的生产能力也不是一成不变的，因而在执行时偏离计划就成了常态，进而计划的严肃性就大打折扣。因次，利用 MRP 原理制订的生产计划和采购计划往往是不可靠的，甚至是完全错误的。这是因为整个计划流中信息是单向流动的，没有反馈输入，这与管理的思想也是相悖的，计划流中的信息应该也是必须双向流动的，从而形成一个闭环。随着市场的发展和 MRP 的实践，20 世纪 80 年代初形成了闭环 MRP 理论。闭环 MRP 理论认为主生产计划与物料需求计划应该是可行的，但是需要考虑能力的约束（对能力提出需求计划），在满足能力需求的前提下，才可以保证物料需求计划的执行和实现。因此，企业必须对投入和产出进行控制，也就是对企业的能力进行校验和控制。闭环 MRP 的逻辑流程图如图 4－39 所示。

从图中可以看出，与 MRP 相比，闭环 MRP 的显著特点是，企业在制订生产规划时考虑了自身的生产能力，生产能力的执行情况也反馈到了计划制订层，整个生产过程是生产能力不断执行与调整的过程，从而保证了计划的可行性和可靠性。

闭环 MRP 虽然解决了企业生产计划和控制问题，实现了企业物料信息的集成，但是，却无法解决另一个让企业管理者头痛的问题"财务数据和生产数据总是对不上号"，财务报表在时间上严重滞后，对于与产品从原材料的投入到成品的产出相伴的企业资金流通，MRP 都无法反映出来。因此，不能及时暴露经营生产中的问题，等到问题发现了再上报处理，已经给企业造成了损失。

于是一个新的概念又被提了出来——制造资源计划，为了表明它是 MRP 的延续和发展，在 MRP 后面加上罗马数字 Ⅱ，意指第二代的 MRP。但是 MRP Ⅱ 并不是取代 MRP，它是 MRP 的延伸，其内核仍然是 MRP。MRP Ⅱ 是一个围绕企业的基本经营目标，以生产计划为主线，对企业制造的各种资源进行统一的计划和控制，是保证企业内的物流、信息流以及资金流畅通以及接受动态反馈的系统。MRP Ⅱ 的逻辑结构如图 4－40 所示。

MRP Ⅱ 通过静态及动态两种方式把物流和资金流的信息集成起来。

2. MRP Ⅱ 的物流和资金流的静态集成

在产品结构和工艺路线标准时间的基础上，采用自底向上累加成本的计算方法，为物料逐个定义价值（管理会计中的标准成本）。同时，建立物料分类，使物料价值通过物料分类与会计科目对应，从而建立物料和资金的静态集成。

如果产品的成本计算不准，必然会带来一系列的问题。例如，无法准确定价、利润核算不准、盈亏不清，这些都会影响对产品的发展方向决策的正确性。如果成本不准，财务的资产负债表中的流动资产和存货金额就不能精确，损益表中的销售成本和利润同样也不能做

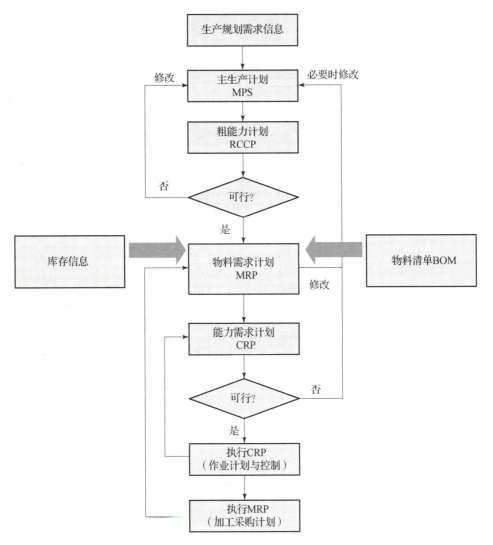

图 4-39 闭环 MRP 的逻辑流程图

到精准。这意味着,传统粗放的管理模式,即使不是人为地制造假账,所产生的账目也是"不真实的"。所以,实现物料信息同资金信息的集成,成本计算是一个关键的切入点。

MRP Ⅱ 系统在管理会计基础上,根据企业预期的利润设置目标成本或者标准成本,而不是传统的核算成本。在分析实际成本和标准成本差异的时候,MRP Ⅱ 可以提供详细的差异分析报告,以便于查找原因,改进管理。

3. MRP Ⅱ 的物流和资金流的动态集成

物料是要流动的,广义的流动可以归纳为四种状态:即物料的位置、数量、价值、状态的变化,每一项变化相当于进行一次交易,在管理系统中通常称作"事务处理",与"账务处理"相对应。赋予每一项事务处理一个代码,同时定义于与代码相关的会计科目和各个科目上的借贷方关系,通过这样一种处理方式来说明物流和资金流的动态集成关系。例如,装配发动机的过程中,缸体在装配到发动机中时,缸体的位置发生了变化,其价值也随之改变(增值),对应的财务的初始账户和结转账户也会做相应的增值调整。

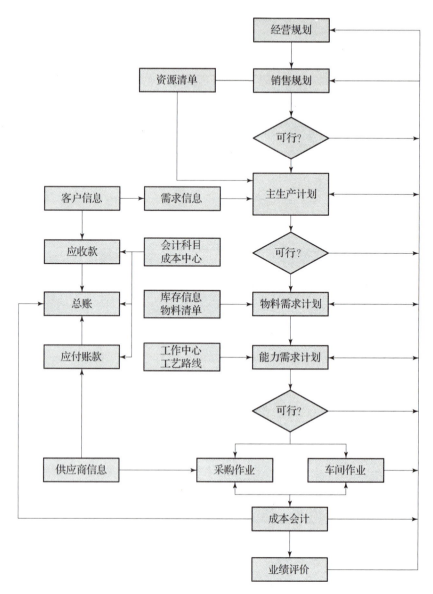

图 4-40 MRP Ⅱ 的逻辑结构

有些事务，如仓库的发料和车间的领料，是一个事务的两个方面，通过事务处理代码的设定，有助于分析企业业务流程是否有重复或者脱节的现象，为此 MRP Ⅱ 对于每一项事务处理会自动建立凭证，记录业务过程，便于追踪业务和审核。这些都可以为将来的业务流程重组做参考。

MRP Ⅱ 系统将销售业务与应收账信息集成起来，把采购业务和应付账集成起来，物料存储价值同总账集成起来。只要有业务发生，通过事务的处理，就会相应地体现在会计科目的记录上，实现了物流信息同资金流信息的动态集成。

4. MRP Ⅱ 的局限性

尽管 MRP Ⅱ 克服了 MRP 的缺点，提高了生产计划的可行性，但是它仍然存在一定的局限性。随着外部竞争的加剧,企业对自身的综合竞争力和响应市场的能力提出了更高的要求,希望企业有更高的信息化集成能力,要对企业内部整体资源以及企业所处供应链上的各节点进行集成,而不仅仅是对企业与制造相关部门的物流、资金流、信息流的集成。另外,还要将制造部门的集成扩展到企业内部所有经营活动的集成,以及供应链上各节点的集成,而上述要求都是 MRP Ⅱ 系统不具备的。

三、企业资源计划(ERP)

企业资源管理计划(ERP)是集信息技术与先进管理思想于一身,以系统化的管理思想为企业提供决策手段的管理平台,其核心思想是供应链管理。ERP 是在 MRP Ⅱ 的基础上,逐步吸收,配合其他先进现代管理思想发展而来的。

企业资源计划(ERP)

ERP 是对 MRP Ⅱ 的继承和发展,ERP 除了继承 MRP Ⅱ 的制造、供销和财务模块,还大大扩展了管理的模块,如质量管理、人力资源管理、设备管理和分销资源管理等模块,ERP 系统的模块流程框图如图 4-41 所示。ERP 是面向企业所处供应链的全面管理,ERP 将供应链、制造商、企业自身、协作商和用户等都纳入管理体系中,实现了企业业务流的集成,从而在很大程度上提高了企业的响应速度和能力。

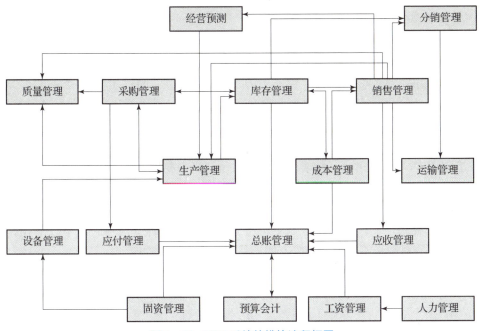

图 4-41 ERP 系统的模块流程框图

从 MRP、闭环 MRP、MRP Ⅱ 至 ERP 是企业信息管理系统不断升华的过程,新的系统在不断克服旧有系统的某些缺陷,从 MRP 到闭环 MRP 克服了只考虑物料没有考虑生产能力的缺陷,从闭环 MRP 到 MRP Ⅱ 克服了缺少财务管理功能的缺陷,从 MRP Ⅱ 到 ERP 克服了生产类型限制、功能不足、技术手段落后的缺陷。随着企业信息管理系统的不断完善,企业的现代化管理水平也不断提高。

4.5 课后练习

一、名词解释

1. 物料管理。
2. 线边库。
3. 库存资源管理。
4. MRP。
5. ERP。

二、单选题

1. 物料管理的目标在于通过物料的领用、移交、流动和暂存管理，实现满足生产需求条件下的总体库存（　　）。
   A. 最大化　　　B. 最小化　　　C. 零库存　　　D. 安全化

2. 物料管理是车间生产环节中的基本因素之一，其首要作用是（　　）。
   A. 正确用料　　B. 库存量管理　C. 盘点　　　　D. 储运

3. 描述物料管理活动的模型是（　　）。
   A. 人员模型　　B. 设备模型　　C. 库存运行模型　D. 过程段模型

4. 生产车间的物料仓库分成两种，常规库和（　　）。
   A. 总产库房　　B. 线边库　　　C. 分厂库房　　D. 工位

5. 在企业中，通过库房把物料包发送到车间线边库，再由线边库精准配送到工位的分派方式是（　　）。
   A. 一次分派　　B. 二次分派　　C. 三次分派　　D. 四次分派

6. 因为生产1辆汽车时，需要4个轮胎，所以当需要生产100辆汽车就需要400个轮胎，这种生产所需的物料数量可以能由要生产数量精准计算得出的属于（　　）。
   A. 生产需求　　B. 物料需求　　C. 独立需求　　D. 相关需求

7. 在汽车修理厂，汽车修理厂对于轮胎的需求量无法通过修理的汽车数量计算得出，这种生产所需物料数量不能由所要生产的产品数量计算得出的属于（　　）。
   A. 生产需求　　B. 物料需求　　C. 独立需求　　D. 相关需求

8. MRP的制订需要三个方面的输入信息，以下哪一种不属于所需要的输入信息？（　　）
   A. MPS　　　　　　　　　　　B. 生产计划
   C. BOM　　　　　　　　　　　D. 物料库存信息

9. MRP的输出主要是各种生产和库存控制用的计划和报告，主要包括在制品的生产/加工计划和（　　）计划。
   A. 物料库存　　　　　　　　　B. 物料采购
   C. BOM　　　　　　　　　　　D. MPS

10. 从MRP、闭环MRP、MRPⅡ至ERP是企业信息管理系统不断升华的过程，新的系统在不断克服旧有系统的某些缺陷，其中从闭环MRP到MRPⅡ克服了缺少（　　）缺陷。
    A. 生产能力管理　　　　　　　B. 财务功能管理

C. 成本功能管理　　　　　　　D. 电子商务管理

三、简答题

1. 什么是物料管理？物料管理的作用体现在哪些方面？

2. 在 ISO/IEC 62264 标准中提出了库存运行管理活动模型，请分别描述其中 8 项库存管理任务的作用。

3. 请简要描述车间库存的运行管理活动。

4. 请简要描述 MRP 的目标和工作原理。

5. 什么是 ERP？MRP、MRPⅡ和 ERP 之间的发展关联在哪些方面？

项目 5

MES 质量监控管理

【知识目标】

(1) 理解产品质量和质量数据的概念。
(2) 理解质量管理活动、质检类型、质检流程和主要质检环节。
(3) 理解常用的质量数据统计分析方法原理。

【能力目标】

(1) 能够收集和管理质量数据。
(2) 能够制订质检计划。
(3) 能够使用 MES 管理质检活动。
(4) 能够使用 MES 完成质检数据分析。

【素质目标】

(1) 培养学生信息收集、筛选、整理的能力。
(2) 培养学生判断分析能力和敏锐的观察力。
(3) 培养学生系统思考和独立思考的能力。
(4) 培养学生养成科学严谨、耐心专注和求真务实的工程素养。
(5) 培养学生利用科学的思维方式认识事物、解决问题的意识。
(6) 使学生正确认识中国制造"三个转变"的重大意义。
(7) 培养学生树立良好的质量观念、生产安全意识和现代质量管理理念。

【项目背景】

习近平总书记早在2014年就提出"推动中国制造向中国创造转变、中国速度向中国质量转变、中国产品向中国品牌转变"三大转变任务,指明了中国制造高质量发展的方向。2017年中国共产党第十九次全国代表大会提出坚持"质量第一、效益优先"两大原则,推动经济发展"质量变革、效率变革、动力变革",努力实现"更高质量、更有效率、更加公平、更可持续"的发展目标。由此可以看出,推动实现中国制造"三个转变",关键在"质量"。因此,要推动制造业从数量扩张向质量提高的战略性转变,必须让质量优先的理念深入到每个行业、每个企业,使重视质量、创造质量成为社会风尚。

MES 质量管理主要聚焦于车间制造过程中各个生产节点的质量管控,目的是构建一个控制状态下的生产系统，通过从生产现场收集到的数据保证产品质量控制和确定生产中需要注意的问题，力求将生产水平维持在最佳状态，确保车间能够持续、稳定的生产符合质量要求的产品，减少产品的"质量变异"。MES 通过采集车间信息，跟踪、分析和控制生产过程的质量，实现从物料入车间到产品出车间的制造全过程的质量监控管理。

5.1 任务 1：质量数据管理

5.1.1 任务描述

数据是质量管理活动的基础，在质量管理中起着重要的作用，要有目的的收集数据，并对数据进行分析，从中发现质量问题，确保产品质量。

不同的行业、不同的生产工序，产品的质量数据也不同，收集质量数据的方式、方法有差异。因此，要根据制造企业车间生产实际，系统地分析、识别产品或零部件的工艺流程，找出影响产品质量的主要因素和关键的质量特性数据。

本任务结合缸体智能车间 MES 系统案例，分析产品零部件工艺流程，识别质量特性、检验要求，形成关键工序产出品质量保证通用数据及特性定义。

5.1.2 相关知识

一、产品质量

质量是一个企业生存的根本，在制造类企业，"质量就是生命"不是一句口号，而是关乎企业生死存亡的永恒的主体。国际标准化组织（ISA）对质量的定义为"一组固有特性满足要求的程度"，在这个定义里，"固有特性"是指物体中本来就有的特性，例如螺母的直径、钢板的拉伸度以及铝合金的密度等。"要求"是指明示的、通常隐含的或必须履行的需求或期望。"隐含的"是指惯例、通常做法，不需要特别说明的要求。"必须履行的"是指法律法规要求和强制性标准的要求。

因此，满足规定需要和隐含需要的特性的综合就构成了产品质量。不同的产品有不同的质量特性，如反映零件加工精度的几何尺寸、尺度公差和表面粗糙度等，反映用户使用要求的产品性能、耐用性、可靠性、安全性、适用性和经济性等。

二、质量数据

质量数据是指测量某个质量指标所得到的质量特性值。对于制造类企业而言，质量数据的获得来源于物料、配件、半成品、成品、加工和装配等生产制造过程。质量数据的采集目的是为了掌握生产情况，发现质量问题，追溯问题来源，控制工序过程和判断产品质量。

质检数据

在生产制造过程中产生的数据，根据其数据类型不同，统计性质不同，对应的统计方法也就不同，因此需要对质检数据进行合理分类。

根据数据的特性，质量数据主要分为计量数据和计数数据两种。

1. 计量数据

计量数据是指使用测量仪器经检测而出具的数据，也可以叫"量值""测量结果"、"测量数据"等。计量数据一般包括温度、密度、光通量、光照度及辐射功率等，所使用的测量仪器精度越高，计量数据就越准确。

2. 计数数据

计数数据与计量型数据相对，是指可以被分类用来记录和分析的定性数据，计数数据是只能按 0,1,2,…数列取值计数的数据，如焊渣数、焊疤数、毛次数、缺陷数和废品数等。

计数数据又可分为计件值数据和计点值数据。计件值数据，表示具有某一质量标准的产品个数；计点值数据，表示单件产品上的缺陷数、质量问题点数等。

质量数据具有波动性和规律性两个特点。其中，波动性是指即使在相同的生产技术条件下生产出来的一批产品，其质量特性数据由于受到操作者、设备、材料、方法、环境等多种因素的影响而总存在着一定的差异；规律性则是指当生产过程处于正常状态时，其质量数据的波动是有一定规律的。

正是由于质检数据既有波动性又有规律可循，因此可以对收集的质检数据进行统计分析，掌握工序的生产情况，控制工序生产的稳定性。

5.1.3 任务实施

在 CYL – MES 中，对于质量数据管理的具体实施流程如下：

（1）分析质量控制标准，建立质量保证通用的基础数据。

（2）分析关键工序，定义检查特性的字段和标准数值。

一、质量保证通用数据

首先，建立质量管理所必需的通用数据信息，如故障类型、故障位置、故障原因和排除故障的措施等。在 CYL – MES 系统中，通用数据信息通过"质量保证通用数据定义"功能实现，如图 5 – 1 所示。当发生质量问题时，可以通过通用数据对常规的问题进行快速排查和解决。

质量保证通用数据

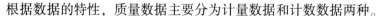

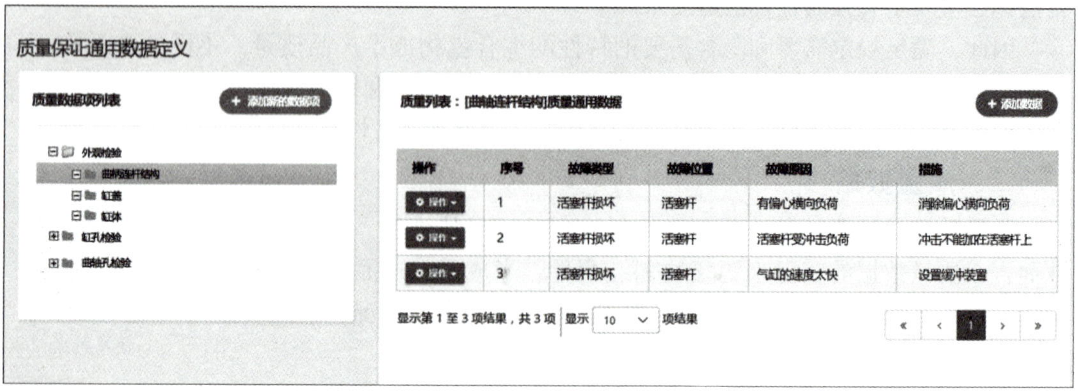

图 5 – 1 质量保证通用数据定义界面

在"质量保证通用数据定义"界面中,某个质量特征项里的特性数据通过单击此界面中的"添加数据"按钮实现,系统会弹出"创建质量通用数据"对话框,如图 5–2 所示。在此对话框中,可以录入特征数据中的相关子集信息,包括故障名称、故障位置、故障原因和排除措施等。

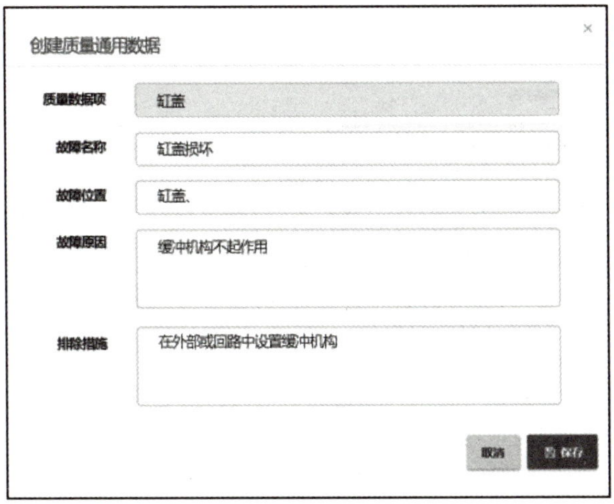

图 5–2 创建质量通用数据界面

二、检查特性定义

通用数据中另外一个重要类型的构造就是列于质量数据项中的检验特性。对于每一种特性都可以赋予它们多种参数和特点,用于后续的检查和评估。在 CYL–MES 中检验特性通过"检查特性定义"功能实现,如图 5–3 所示。在此界面中,定义了特性的名称、目标值、公差范围以及描述性文件等,在后续检验过程中,这些信息可以在质检工位终端展示出来。

检查特性定义

图 5–3 检查特性定义界面

当需要在某个特性项中添加新的特性时,可以通过单击"检查特性定义"界面中的"添加数据"按钮实现。系统会弹出"创建特性数据"对话框,如图 5–4 所示。在此对话框中,可以输入新的特性数据的名称、目标值、极限范围和描述性附件等信息。

图 5-4　创建特性数据界面

5.1.4　任务评价

任务学习完成后，由教师、学生进行自评、互评和师评，评价学生是否完成对产品质量概念、质量数据类型等内容的学习，是否能结合企业实际情况完成 MES 的质量通用数据定义和检查特性数据定义的全部过程。评价完成后，将评价的结果填写到表 5-1 的评价表中。

表 5-1　MES 中质量数据管理任务评价表

序号	评价指标	评分标准	满分	评价 自评	评价 互评	评价 师评	综合得分
1	产品质量	能正确描述质量和产品质量的定义	20				
2	质量数据	能正确分析计量数据和技术数据的区别，并能合理应用质量数据反映特征项状态	30				
3	MES 质量数据管理	能根据工艺关键技术，利用 MES 定义通用数据信息和特征项数据	50				

5.2 任务2：质检计划管理

5.2.1 任务描述

从原材料投入到产品的产出，在产品形成的各个阶段，有各种不同的生产活动，同时也伴随着不同的质检活动。质检活动的安排与生产订单有密切的关系。因此，需要做好质检计划，合理安排质检工作，以协调、指导检验人员完成质检工作。

本任务结合缸体智能车间 MES 系统案例，根据生产订单要求，制订质检计划，合理安排生产订单的质检活动。

5.2.2 相关知识

一、质检定义

质检定义用于初始化质检活动的各项参数，为生产订单、工序输出的成品设定检验项、检验类型、检验标准、检验人和检验时间等。在执行质检的过程中，MES 将预先设定好的参数作为质量检查的要求传递到各个质检工位，可以起到指导、管理质检工作的作用。

MES 中质检定义通常需要初始化以下信息。

（1）质检项目：规定了产品生产过程中必须检验的工序和成品，并设定在制品、成品关键质量特性检验项目。所谓关键质量，是指影响产品质量关键环节的质量特性。对于质量的关键环节，在制订质检计划时需要优先考虑并保证能够有效实施。

（2）检验类型：规定各个质检项目所采用的检验类型，如首检、末检、全检、抽检和巡检等。

（3）检验方法：规定各个质检项目所采用的检验方法、测量工具等。检验方法要规范明确，例如，对于缸体平面度检测要求规定，在清晰干净的缸体平面上，用校直规与塞尺相互配合检查。将校直规放在缸体的上平面上，用塞尺测量其结合部缝隙得出平面度，其纵向数值在 0.076 mm，横向数值在 0.051 mm。

（4）检验标准：规定产品各个生产工序中输出成品的合格标准，如成品的标准值、最大值、最小值和公差等。

（5）检验规则：规定每个质检项目的检验要求、检验数量以及批次成品质量不达标的判定标准等。

（6）质量问题类型：规定质量问题的分类，并设置对应处理方法。通过 MES 系统记录在生产工序中发现的质量问题，通过信息化统计分析，对出现的问题进行分类。

（7）缺陷产品等级：规定产品没有达到检验标准要求的等级分类，一般分为轻微缺陷、一般缺陷、严重缺陷和致命缺陷，规定各个缺陷等级的评定标准。

另外，应规定质检项目与产品、生产工序之间的关系，MES 可以根据预先设定的关联关系，对不同产品在不同的工序，提示质检员执行相应的质检项目。

一种在制品可以在一个工序中执行多项质检，还可以在生产工艺的多个工序中执行不同的检验，如图5-5所示。在图中在制品A进入工序1，需要进行质检项1、2和3的检查，合格后流入到工序2，需要执行质检项2、3的检查，最后到达工序3，需要执行质检项3和4的检查。

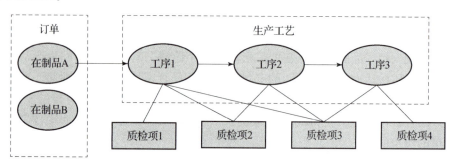

图5-5 质检项与产品、工序间的关联

二、质检管理活动

制造车间的质量管理活动主要由检验、分析和控制三个环节组成，根据ISO/IEC 62264-3国际标准对制造运行管理中质量管理活动的描述，质量管理活动包括八个活动，各个活动的关系如图5-6所示。

质量管理活动

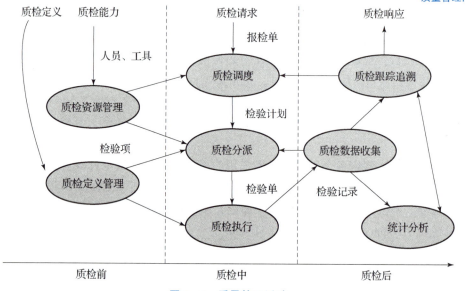

图5-6 质量管理活动

从图中可以看出，质量管理活动共分为质检前、质检中和质检后三个阶段。其中，质检前阶段中包含质检资源管理和质检定义活动，用于对质量活动开展前的人员资源安排、检验项设定等进行初始化的准备工作；质检中阶段，从质检请求生成报验单开始，到质检调度→质检分派→质检执行，最后生成检验单，是质检的实施工作；质检后阶段，根据对质检数据的统计和分析，梳理质检过程中发现的问题，对质检问题进行追根查源，最终纠正问题。

质量管理活动中八个活动的具体作用如下：

（1）质检资源管理：提供质检所需要的人员、工具和材料。当分派质检任务时，质检调度人员可以从 MES 系统中选取可以派工的人员、工具等进行质检工作安排。

（2）质检定义管理：为工序输出的制品设定质检项目、检验类型和检验标准等，确定各个工序生产出的制品是否达到质量要求。

（3）质检调度：根据生产计划和排程，制订详细的质检计划，确定各个工序中的质检人、质检时间、质检批次和抽样数量等。

（4）质检分派：将质检计划分派到各个生产工位中，通知工位执行质检任务的质检项目、质检时间和抽样数量等。

（5）质检执行：对物料、在制品和成品进行检验，获取质检数据，对比检验标准，判断质量是否合格。检验可以是生产线上的在线检验，也可以是不在生产线上的离线检验。

（6）质检数据收集：将质检过程中获得的相关质检数据进行整理，通过人工录入或者设备的半自动、自动化方式将数据保存到系统中。

（7）统计分析：对收集的数据进行统计分析，根据检验类型进行数据分类，利用图形化或者数据化的表现形式查找异常指标数据，为查找问题、改进质量提供保障。

（8）质检跟踪追溯：当出现质量异常问题时，回溯问题产品的生产过程，追溯生产环节的问题根源、责任工位和物料批次等，纠正生产过程中的故障。

三、质检计划

1. 质检计划内容

质检计划是根据工序计划对检验工作所涉及的总体和具体的检验活动、程序、资源等做出规范化安排，是分派质检人员工作的依据，也是正确收集质量数据的指南。制订质检计划的目的在于科学经济地组织检验活动、合理设计检验流程图和设置检验点，统筹安排检验力量和手段，避免漏检和重复检验，使检验工作逐步实现科学化、条理化和标准化。

质检计划一般以文字或图表形式规定好质检日期、检验人、检验产品、检验内容和要求以及资源的配备等。

MES 质检计划是对生产过程的检验工作做出安排。由于不同行业的生产方式和生产类型不同，质量管理也应有所差别，需要根据生产规模、生产工艺、产品特点以及批量大小等制订质检计划。

MES 质检计划通常包含检验单号、产品型号、检验时间等相关信息，如表 5-2 所示。

表 5-2 质检计划信息示例

编号	质检项	示例
1	检验单号	J202111020010009
2	检验类型	抽检
3	报检人	张三
4	报检日期	2021-04-10

续表

编号	质检项	示例
5	报检数量	100
6	生产单号	SFA987056
7	产品货号	LD1840
8	产品型号	EB3837
9	产品名称	发动机
10	工序名称	精加工
11	检验项	缸孔孔径
12	检验人员	李四
13	检验时间	2021-04-11

制订质检计划时要根据制造执行过程产品的结构、性能、质量要求和过程方法等的变化做相应的调整，适应生产过程的需要。另外还要考虑质检过程的成本，在保证产品质量的前提下，降低质检费用。

2. 制订质检计划

MES 支持在系统中创建质量检验项目和计划，让质检人员根据企业制定的质量检验标准对产品进行检验。通过前后工序之间的信息协作，在系统中及时反馈，带动质检部的检验工作。

在 MES 中编制质检计划的一般步骤如下：

（1）获取已排程的生产订单，从中调取待检的产品/在制品、批次和数量。

（2）选取待检批次的产品/在制品，设定需要做的检验项、检验类型、抽检数量和检验标准等。

（3）根据质检工位和人员的空闲情况，安排质检工位和检查人员。生产工位输出成品时，MES 将自动下达质检指令至检验工位。

5.2.3 任务实施

在 CYL-MES 中，对于质检计划管理的具体实施流程如下：

（1）根据生产订单生产情况，生成质检计划信息。

（2）根据生产任务报工要求，编辑质检计划内容。

质检计划管理

一、质检计划管理

在工位上的生产任务生产完成后，工位上的报工信息都会被整合到一个质检计划中。通过这一方法，可以使质检计划，与报检请求或者生产步骤一样加以生成、修改和维护。在 CYL-MES 中，质检计划的生成通过"质检计划管理"的"报检任务显示列表"功能实现，界面如图 5-7 所示。在此界面中，所有需要待质检的报工信息都会被描述出来，包括报工的订单编号、生产序号、产品型号、产品货号、工序、报工数、报工人和报工信息等。

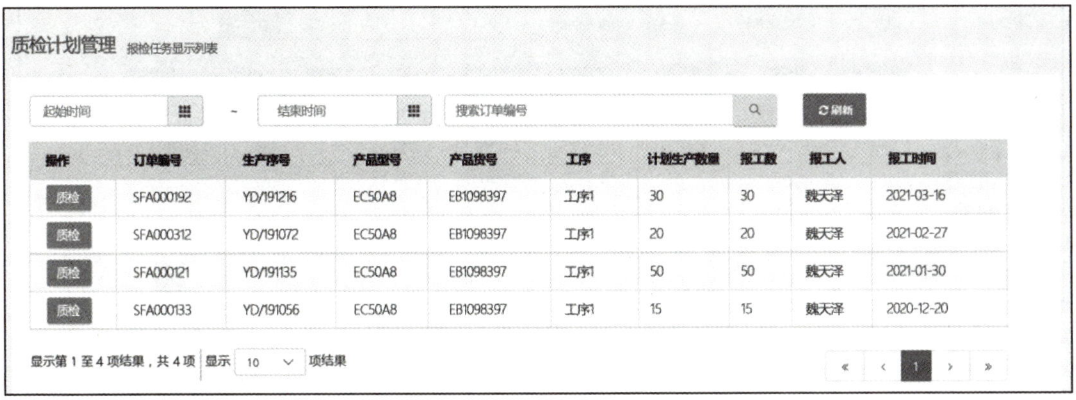

图 5-7 质检计划管理（报检任务显示）界面

在报检任务显示的信息列表中，每一条报工信息的前列都有一个"质检"按钮，单击"质检"按钮，系统会弹出"质检信息录入"对话框，如图 5-8 所示。在此界面中，质检管理人员可以对执行质检的人员和执行质检的时间进行预设。单击"保存"后，生成质检计划。

图 5-8 质检信息录入界面

对于生成的质检计划，还有必要对质检中需要检验的特征项进行描述，包括特征名称、目标值、公差和干涉极限、取样计划等。在 CYL - MES 中，质检计划中待检特征信息描述通过"质检计划管理"中的"质检任务显示"功能实现，如图 5-9 所示。在此界面中，列出了质检计划的编号、订单编号、生产序号、产品货号、工序、质检数、质检员和质检时间等信息。

质检
检查项定义

二、质检检查项定义

在质检任务显示列表中，每个质检任务的前列有一个"编辑"按钮，单击后，系统会进入此质检任务的"检查项定义"界面，如图 5-10 所示。在 CYL - MES 中，质检任务中需要检验的特征项的描述即通过此界面进行操作。在界面的信息栏下方，列出了此质检计

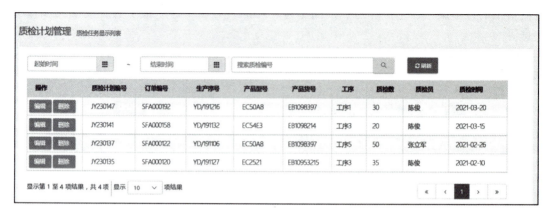

图 5-9　质检计划管理（质检任务显示）界面

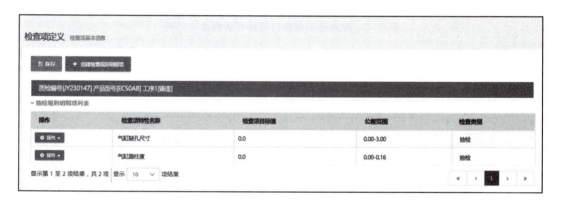

图 5-10　检查项定义界面

划中，已经制定好的质检检查项，包括特性名称、目标值、公差范围和质检类型等。在界面的上方，通过单击"创建检查规则明细项"为质检计划增加新的检查项。

当在检查项定义界面中，单击"创建检查规则明细项"后，系统会弹出"创建检查规则明细项"的对话框，如图 5-11 所示。在此界面中，可以录入新的质检检查项信息。

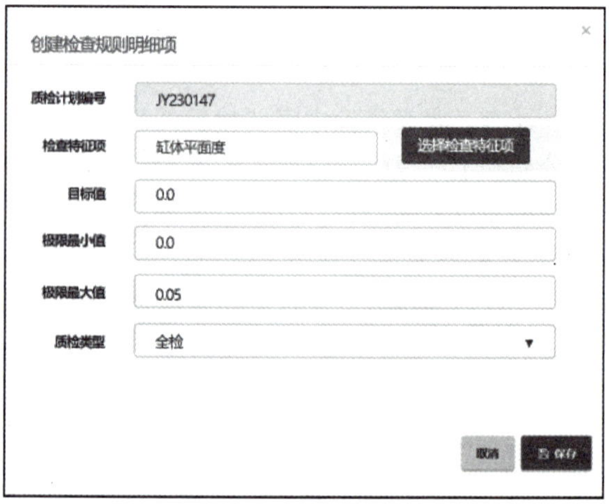

图 5-11　创建检查规则明细项界面

5.2.4 任务评价

任务学习完成后,由教师、学生进行自评、互评和师评,评价学生是否完成对质检定义、质检管理活动、质检计划等内容的学习,是否能结合企业实际情况完成 MES 的质检计划管理和质检特征项定义的全部过程。评价完成后,将评价的结果填写到表 5-3 的评价表中。

表 5-3 MES 中质检计划管理任务评价表

序号	评价指标	评分标准	满分	评价			综合得分
				自评	互评	师评	
1	质检定义	能正确描述质检的定义以及质检初始化所需的数据	20				
2	质检管理活动	能正确描述质检管理中 8 个活动的具体作用	20				
3	质检计划	能正确描述质检计划的定义,并能根据质检计划的编制步骤创建质量特性信息表	20				
4	MES 质检计划管理	能根据质检计划实施流程,利用 MES 完成质检计划的定义和质检中检查项信息的描述	40				

5.3 任务 3:质检活动执行

5.3.1 任务描述

车间质检活动的执行是对原材料、半成品和成品进行质量检验,并根据质量标准,判定质量是否达到要求,使用 MES 的数据采集功能准确记录质检信息。

本任务结合缸体智能车间 MES 系统案例,根据制订的质检计划,利用 MES 的执行质检业务功能,执行生产订单中相关工序派发的报验请求,正确记录质检信息。对于质量问题,能够查找问题工序。

5.3.2 相关知识

一、质检类型

质检类型

根据质量检测的时间和提取样品的方式,质检主要有以下几种常见类型。

1. 首检

首检是指在批量产品生产中对第一件产品（或直到把工艺状态调整好为止的若干个产品）的检验，主要目的和作用是检验工序是否处于良好的工作状态。首检通过后，才允许批量生产。

不同的生产企业会根据产品的特点和车间的生产执行的特点制定符合适合自身的首检策略和检验规则。例如，有些企业规定每个生产订单都需要做首件检验，另一些企业规定订单中的产品数量到某一个数量级时需要做首件检验等。

2. 巡检

巡检是指检验员在生产现场按一定的时间间隔对有关工序的产品和生产条件进行的监督检验，目的是能及时发现质量问题。巡检中工序质量控制应是检验的重点，如果发现不合格产品则应发出警报信息。巡检中发现的不合格产品不能流入到后续工位，但巡检不对被检的批量产品进行判断，产品正常流入到后续工位。

3. 全检

全检是对整批产品逐个检验，把其中的不合格产品挑拣出来。全检一般是针对抽检而言的，一些企业规定若抽检报告中出现太多问题，则需要对该批次的产品进行全部检验。

4. 抽检

抽检即抽样检验，是从一批产品中随机抽取少量产品（样本）进行检验，据以判断该批产品是否合格。如果推断结果认为该批产品符合预先规定的合格标准，就予以接收；否则就拒收。抽检又分为随机抽样、分层抽样、整群抽样、系统抽样。

（1）随机抽样要求严格遵循概率原则，每个抽样单元被抽中的概率相同，并且可以重现。随机抽样常常用于总体个数较少时，它的主要特征是从总体中逐个抽取。

（2）分层抽样就是将总体单位按其属性特征分成若干类型或层，然后在类型或层中随机抽取样本单位。特点是由于通过划类分层，增大了各类型中单位间的共同性，容易抽出具有代表性的调查样本。该方法适用于总体情况复杂，各单位之间差异较大，单位较多的情况。

（3）整群抽样又称聚类抽样，是将总体中各单位归并成若干个互不交叉、互不重复的集合，称之为群；然后以群为抽样单位抽取样本的一种抽样方式。应用整群抽样时，要求各群有较好的代表性，即群内各单位的差异要大，群间差异要小。

（4）系统抽样亦称为机械抽样、等距抽样。当总体中的个体数较多时，采用简单随机抽样显得较为费事。这时，可将总体分成均衡的几个部分，然后按照预先定出的规则，从每一部分抽取一个个体，得到所需要的样本，这种抽样叫做系统抽样。

二、质检流程

质检活动（Quality Control，简称 QC）是指品质控制。按照质检所在流程环节，质检活动可以分为来料检验（Incoming Quality Control，简称 IQC）、过程检验（Input Process Quality Control，简称 IPQC）、入库检验（Final Quality Control，简称 FQC）和出货检验（Outgoing Quality Control，简称 OQC）四种，四种活动的概述如下。

质检流程

（1）来料检验（IQC）：指对采购进来的原材料、部件或产品做品质确认和查核，即在供应商送原材料或部件时通过抽样的方式对品质进行检验，并最后做出判断该批产品是允收还是拒收。

（2）过程检验（IPQC）：指零件或产品在加工过程中的检验，其目的是防止产生批量的不合格品，防止不合格品流入下道工序。

（3）末件检验（FQC）：指生产过程最终的检验查证，是成品入库环节的检验。

（4）出货检验（OQC）：指产品在出货之前为保证出货产品满足客户品质要求所进行的检验。

IQC、IPQC、FQC 和 OQC 在质检过程中具体的业务流程如图 5-12 所示。

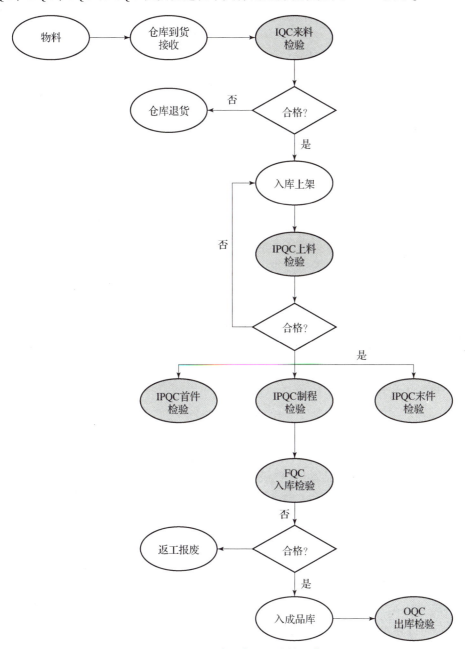

图 5-12　QC 在业务流程中的环节

MES 提供的质检活动管理功能，按照质检作业环节，分为来料检验、上料检验、成品入库检验和产品出库检验，这四类检验的操作过程类似，下面介绍这四种质检活动实施流程。

1. 来料检验

物料到达仓库，IQC 对来料进行检验，并根据检验标准判定合格与否。若符合要求，则入库上架，否则予以退货。一般步骤如下：

（1）物料到达仓库，到货接收登记后，创建报验单。

（2）IQC 获取报验单，在半自动化方式下，可用扫码枪或 RFID 读写器读取物料条码，调取此次物料的报验单。

（3）IQC 质检，填写检验记录，判定入库或是拒收。检验单的内容含有检验日期、检验人、检验项目、报验数量、抽检数量、实测值和检验判定结果等。

2. 上料检验

批量生产前，IPQC 对首检进行检验，并根据检验标准判定合格与否。若符合要求，则予以批量生产。一般步骤如下：

（1）检验人员登入检验工位，若有检验任务，则选定报验单。

（2）选定本次检验的类型为首检。

（3）对物料进行检验，录入该批次的各个检验项目的检验结果。

3. 成品入库检验

末道工序输出产品后，在产品入库前需要经过 FQC 检验，可进行批量抽检或全检，根据检验标准判定合格与否。若符合要求，则予以进入成品库。一般步骤如下：

（1）检验人员登录检验工位，查看报验单。

（2）进行检验并填写检验记录，判断该批次合格与否。若合格，则创建入库单。

4. 产品出库检验

在产品出库前，需要经过 OQC 检验，一般步骤如下：

（1）获取出货单，核对出货单和出货料箱。

（2）填写出货检验记录，判定是否放行。

5.3.3 任务实施

在 CYL–MES 中，质检活动的执行顺序根据质检流程顺序进行，具体实施流程包括：

（1）进货检验。

（2）上料检验。

（3）成品入库检验。

（4）出货检验。

一、进货检验

在生产过程中，只允许符合一定要求的原材料和产品流入。通过系统的进货检验，可以在进入生产之前，就能识别出供应商的质量问题。进货检验的工作流程如下：

进货检验

（1）定义进货检验项。
（2）进货检验控制。
（3）检验结果处理。
（4）生成进货入库单。

1. 定义进货检验项

在 CYL-MES 中，进货检验的入口是"进货检验管理"中"进货待检验列表"，如图 5-13 所示。在此界面中，根据采购计划中的物料采购数据，列出了待检验的进货物料列表，并以订单为分类，以任务卡的形式显示。任务卡中包含待检订单中物料的基本信息，具体包括物料编号、物料名称、报验数量、报验日期和供应商等。

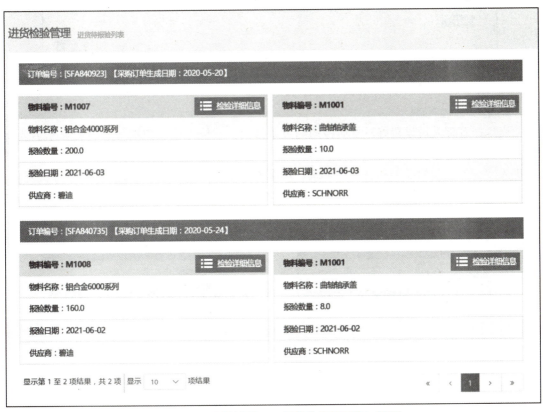

图 5-13 进货检验管理（进货待报验列表）界面

在此界面的每个任务卡的右上方有一个"检查详细信息"按钮，通过单击按钮，可以对物料的检验项目进行设置并查看物料的检验结果。

在进货待检验列表界面中单击"检验详细信息"按钮后，系统进入"进货检验详细信息"对话框，如图 5-14 所示。在此界面中，有三个选项卡可以进行切换："检验项设置""检验质量处理"和"检验历史信息"，默认显示"检验项设置"选项卡中的内容。在此界面中，上方列出了将要检验物料的基本信息，下方则列出了具体要检验的特征项、目标值、公差范围和检查类型等检验规则，通过单击"创建检查规则明细项"可以增加新的检验规则。

图 5-14 进货检验详细信息（检验项设置）界面

2. 进货检验控制

当生产管理人员设置好进货质检的约束条件后，质检工位客户端 App 将会显示需要质检的物料任务信息，如图 5-15 所示。质检人员单击任务卡中的"开始进货检验"后，系统进入"记录进货检验的检查项"界面，如图 5-16 所示。在此界面中，可以选择检查项，并输入检查项的检测值，对现场的物料进行拍照记录，输入检查的情况描述，然后单击"保存并提交"完成检验。

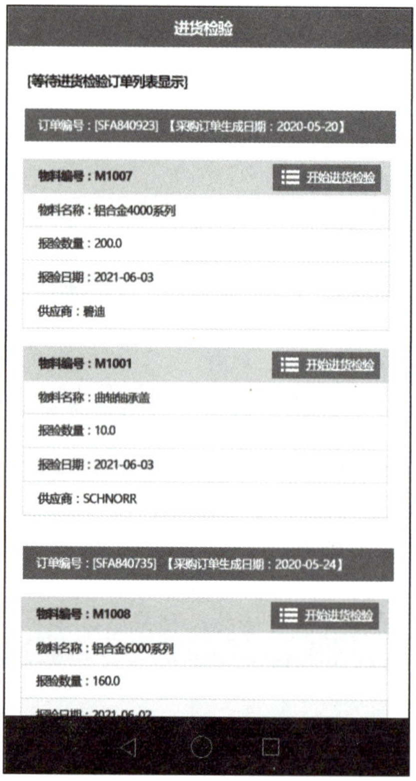

图 5-15 接收质检的物料任务 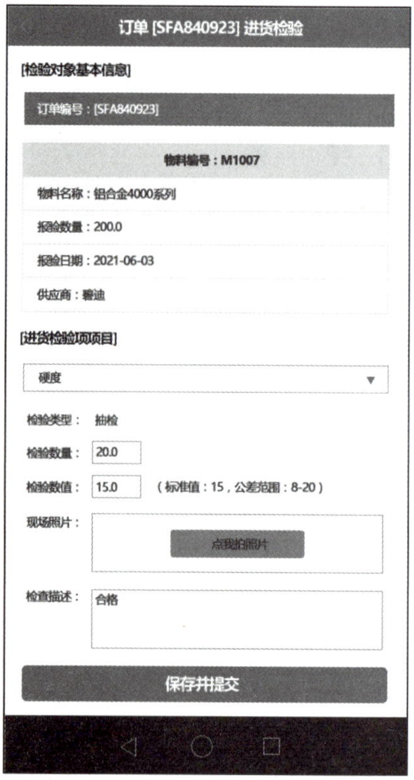　　　　图 5-16 记录进货检验的检查项界面

3. 检验结果处理

当质检人员完成对某个订单中物料的进货检验后,在"进货检验详细信息"中的"检验质量处理"选项卡就可以查看质检的结果信息,如图 5 – 17 所示。质检管理人员可以根据界面下方的质检特征项的检查结果,在界面上方选择是否有故障,并备注描述,通过单击"通过"或者"拒绝"按钮,来决定物料是否通过检验。

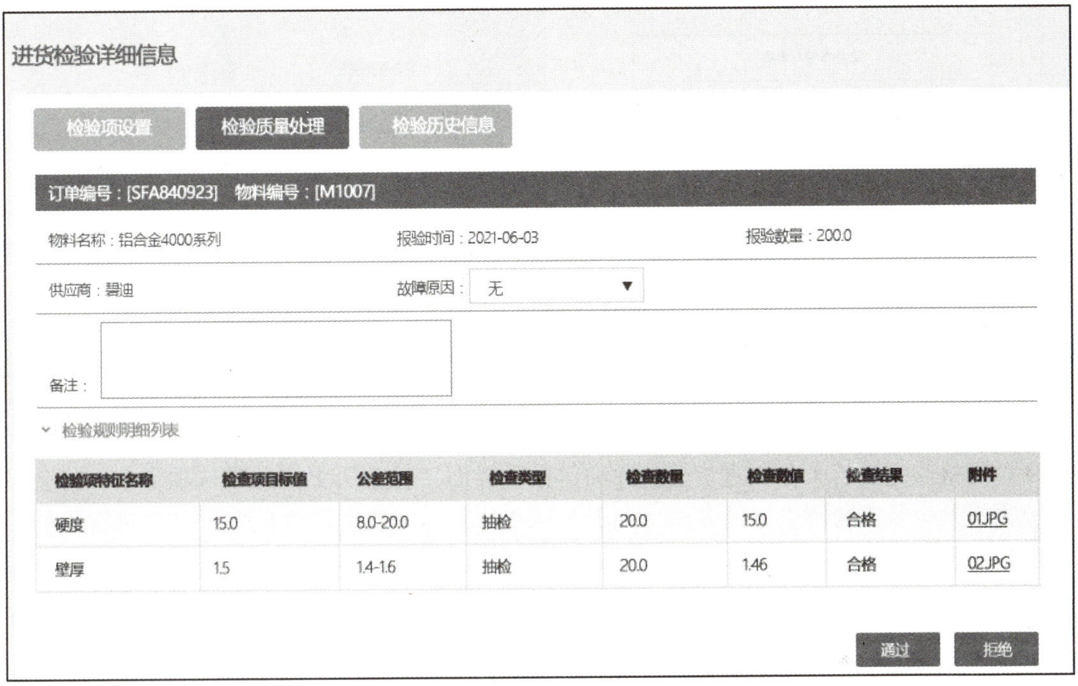

图 5 – 17　进货检验详细信息(检验质量处理)界面

如果在"进货检验详细信息"界面中单击"拒绝"按钮,则系统生成进货拒绝报验单,并预览显示,如图 5 – 18 所示,可以打印或保存为 PDF 文件。物料采购人员通过进货拒绝报验单由采购部门向供应商申请完成退货操作。

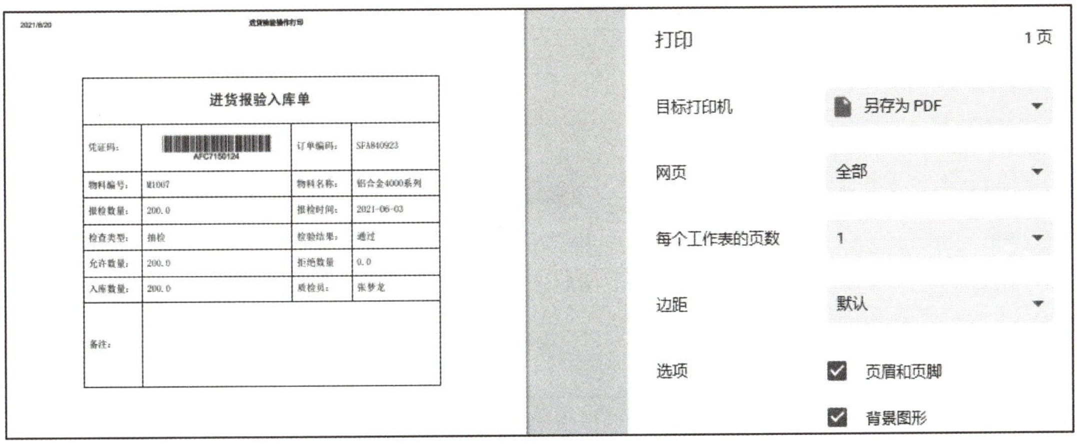

图 5 – 18　进货拒绝报验单预览

4. 生成进货入库单

如果在"进货检验详细信息"界面中单击"通过"按钮，则系统生成进货报验入库单，并预览显示，如图 5-19 所示，可以打印或保存为 PDF 文件。物料采购人员可以凭借进货报验入库单到物料库房，向仓管人员申请物料入库。

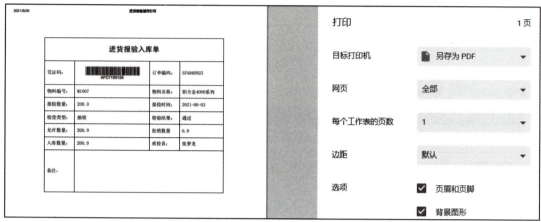

图 5-19 进货报验入库单预览

进货检验完成后，在"进货检验详细信息"界面"检验历史信息"选项卡中，将会显示此物料的进货检验历史数据界面，如图 5-20 所示，方便生产管理人员对进货检验的历史数据进行追溯。

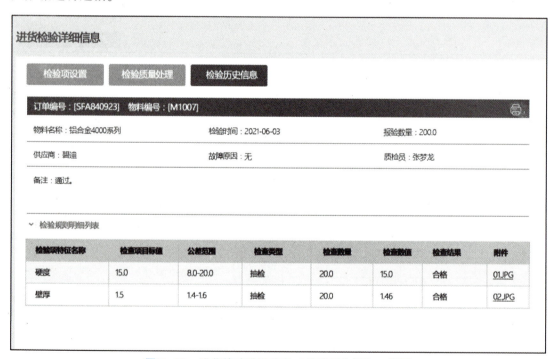

图 5-20 进货检验详细信息（检验历史信息）界面

对于已经完成进货检验的订单物料信息，可以通过 CYL-MES "进货检验管理"中的"进货检验信息列表"进行查看，如图 5-21 所示。在此界面中，将在每个任务卡的物料名称后面显示检验的通过信息,通过单击"检验详细信息",还可以在进货检验详细信息界面中查看进货检验历史记录。

图 5-21 进货检验管理(进货检验信息列表)界面

二、上料检验

批量生产执行前,上料检验对首件进行检验,并根据检验标准判定合格与否。若符合要求,则予以批量生产。通过这种方式,可以将质量风险和质量成本规避到最小化。在 CYL-MES 中,上料检验的类型主要是首检,其工作流程如下:

(1) 定义首件检查项。
(2) 定义工序首件规则。
(3) 定义订单首件规则。
(4) 工序首件控制。
(5) 订单首件控制。

1. 定义首件检查项

在 CYL-MES 中,定义首件检查项的操作通过生产管理系统中的"工序管理"功能实现,界面如图 5-22 所示。当前显示的是已经添加到 MES 中的工序列表,可以在工序中对应的工步定义检查项。

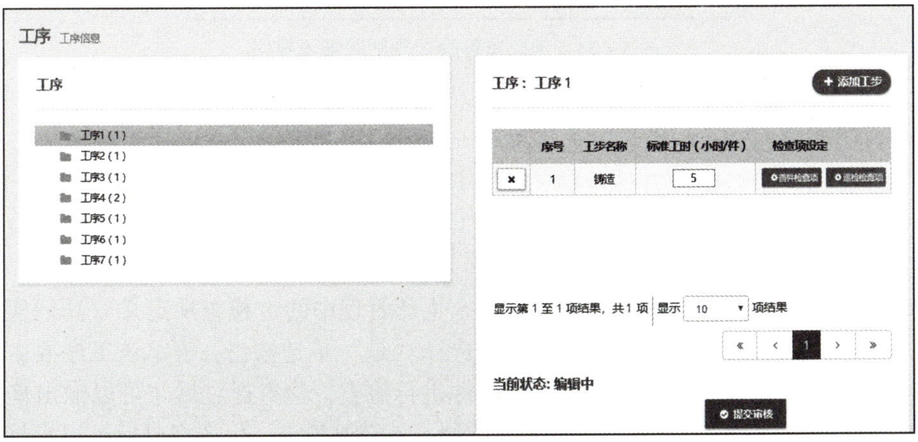

图 5-22 工序管理界面

单击工步列表中的"首件检查项"进入首件检查项的定义界面,如图 5-23 所示。在此界面中定义首件检查的详细规则。

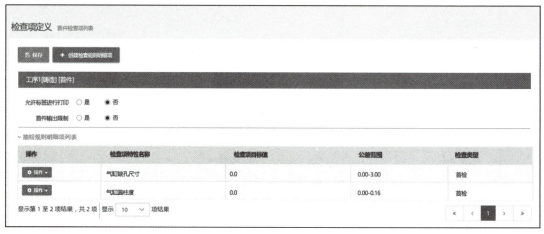

图 5-23　首件检查项定义界面

单击"创建检查规则明细项",可以在系统弹出的"创建首件检查规则明细项"界面中,添加新的检查项,如图 5-24 所示。

图 5-24　创建首件检查规则明细项界面

2. 定义工序首件规则

如果某道工序在产品的生产工艺流程中十分关键,则可以定义此道工序需要进行首件检验。对于任何一个需要做首件检验的生产订单,只要订单产品的生产要经过这道工序,则必须在此道工序上进行首件检验,首件加工完成的在制品必须检验合格并由质检人员确认通过后,才能输出到下一道工序。

工序首件规则定义的操作通过 CYL-MES 生产管理中的"检查项定义"功能实现,如图 5-25 所示。在"首件输出限制"栏中,选择"是"单选按钮,表示该工序要做首件检查。首件输出时会提示等待质检人员对该首件进行检查,检查通过后才可以输出首件(在制品);否则,首件输出将不受质检人员的控制,不需要检查,生产完成后可以直接输出首件(在制品)。

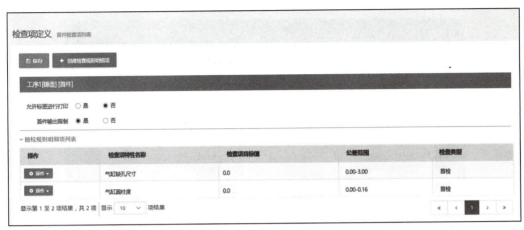

图 5 – 25　设定工序首检

3. 定义订单首件规则

除了针对工序设定首件检查要求，还可以针对订单设定首件检查要求。订单首件规则定义的操作通过 CYL – MES 生产管理的"订单首件管理"实现。订单首件管理界面如图 5 – 26 所示，当前显示的是订单列表。可使用"首件检测"栏中的选项设置是否需要执行首检，通过"保存"按钮执行修改操作。

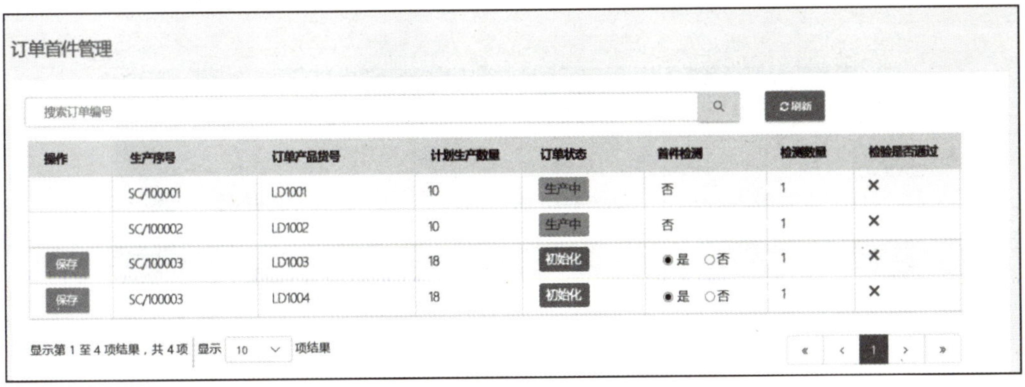

图 5 – 26　订单首件管理界面

4. 工序首件控制

（1）生产人员项之间发起首检生产请求。生产人员启动 CYL – MES 的工位生产客户端 App，进入工位生产客户端主界面，如图 5 – 27 所示。

在生产任务列表中选择带有"首件标志"的生产任务卡，单击该卡片，系统进入该生产任务的工作界面，如图 5 – 28 所示。

单击"开始"按钮，此时系统会弹出一个信息提示框，显示"您的首件生产申请已经发送给质检人员，请等待质检人员进行处理"。

（2）质检人员确定可以开始首件生产。CYL – MES 质量客户端 App 会收到提示消息，请质检人员进行处理。质检人员单击消息内容，进入订单首件管理界面，可以看到请求生产首检的工序。如果允许该工序开始首件生产，则选中该工序，然后单击"允许工序进行首件生产"按钮，如图 5 – 29 所示，允许工序进行首件的生产。

图 5-27 工位生产客户端主界面

图 5-28 生产任务的工作界面

此时，被允许开始生产首件的工序就出现在"正在生产首件的工序"列表中了，如图 5-30 所示。同时，生产人员在相应的工位客户端上就可以单击"开始"按钮进行生产了。

项目 5　MES 质量监控管理

图 5-29　选择允许进行首件生产的工序　　　图 5-30　正在生产首件的工序

（3）质检人员检验工序首件。在进行首件生产的过程中，质检人员要随时关注工位的生产情况，对工位的首件生产进行检查，记录检查项，记录异常情况。

在 CYL-MES 质量客户端 App 中，选中图 5-30"正在生产首件的工序"，单击"记录检查项"按钮，系统进入记录首件检查项界面，如图 5-31 所示。在记录首件检查项界面中，质检人员可以选择检查项并输入或上传检查的数据、检查情况描述、现场照片等，然后单击"保存并提交"，完成对首件检查记录的提交。

当质检人员在首检过程时发现异常时，可以选中图 5-30"正在生产首件的工序"，单击"记录异常"按钮，系统进入记录首件异常界面，如图 5-32 所示。在记录首件异常界面中，输入异常情况说明，进行现场拍照记录，然后单击"保存并提交"，反馈检查过程中的问题。

质检人员已经确认该工序首件检查合格后，选中要检查的工序，单击图 5-30 中的"工序首件通过"，系统操作成功后返回提示信息，如图 5-32 所示。首件检查通过的工序就出现在"已完成首件的工序"列表中了，如图 5-33 所示。

质检人员将重复以上的操作，逐个对每个需要做首件检查的工序进行"允许工序进行首件生产""记录检查项""记录异常"以及"工序首件通过"操作。

5. 订单首件控制

当所有需要做首检的工序都出现在"已完成首件的工序"列表中的时候，质检人员就可以在图 5-34 界面中单击"订单首件通过"按钮。订单首件检验通过以后，所有的工序就都可以继续生产了。

图 5-31 记录首件检查项界面

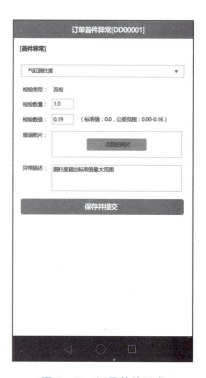

图 5-32 记录首件异常

图 5-33 工序检查通过提示信息

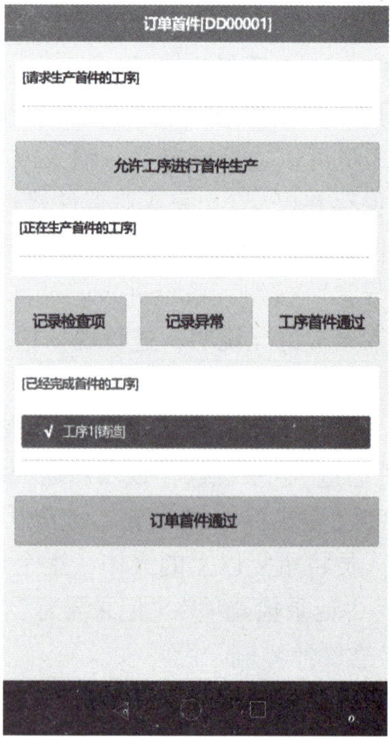

图 5-34 工序首件检查通过

三、成品入库检验

成品入库检验即末道工序检验，末道工序完工的产品，入库之前要进行末到工序检验，具体实施流程如下：

（1）末道工序报验。
（2）成品入库检验
（3）不通过则返工处理
（4）通过则生成成品入库单。

成品入库检验

1. 末道工序报验

在产品生产的最后一道工序输出了一批产品之后，即可对这批产品进行报验。末道工序工位生产人员通过单击工位生产客户端中工位任务处理界面上的"报验"按钮，如图 5-35 所示。系统会弹出对话框，让生产人员利用扫码枪扫描一个成品报验用的托盘条码，如图 5-36 所示，扫描成功后，报验托盘条码就与报验的产品完成了绑定。此时就可以把产品送到检验工位进行末道工序检验。

图 5-35 成品报验

2. 成品入库检验

成品入库检验通过 CYL-MES 中"成品入库检验"功能完成，当质检人员登录后，主界面如图 5-37 所示。在成品入库检验报检列表中，以卡片的形式显示等待末道工序检验的任务。

在报检任务列表中，通过单击待检任务卡右上角的"检验详细信息"按钮，系统将会弹出成品入库报验清单详情页面，对待检任务进行处理，如图 5-38 所示。在此界面中，可以记录和选择抽检数量、故障原因和检验情况描述等，用于反馈产品末道检验的相关情况。

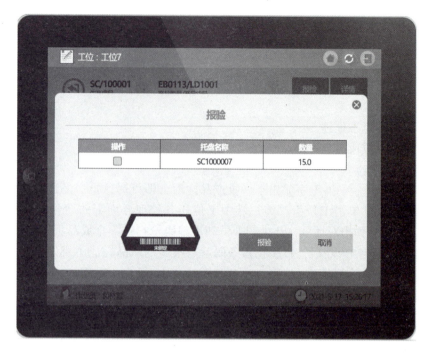

图 5-36　绑定报验托盘

图 5-37　成品入库检验（报检任务列表）主界面

当产品末道检验结果不合格，即在成品入库报验清单详情页面中，单击"拒绝"按钮，则系统生成拒绝报验单，并预览显示，如图 5-39 所示，可以打印或保存为 PDF 文件。

被产品末道检验拒绝后，系统将为末道工序推送一个返工任务，由生产车间对被拒绝的产品进行生产处理，然后进行二次报验。

项目 5　MES 质量监控管理

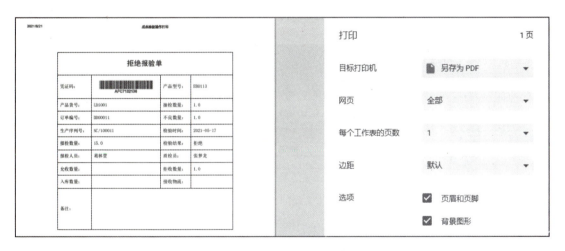

图 5-38　成品入库检验任务详情

图 5-39　拒绝报验单预览

3. 返工处理

在末道工位生产客户端 App 界面中，被末道工序检验拒绝的任务将显示在返工任务选项卡中，在任务的右上方状态栏中将显示"生产条件异常"的标志，如图 5-40 所示。

单击返工任务卡片，进入任务处理界面，如图 5-41 所示。被拒绝的产品处理完成后，可以单击"报验"按钮进行二次报验操作，系统会弹出对话框，让用户用扫码枪扫描一个成品报验用的托盘条码，如图 5-42 所示，扫描成功后，报验托盘条码就与二次报验的产品完成了绑定。此时就可以把产品送到质检工位进行二次末道检验。

4. 生成产品入库单

当产品在末道检验没有问题时，就可以在图 5-36 的成品入库报验清单详情页面中，

213

图 5-40 末道工序拒绝后的返工任务

图 5-41 返工任务处理界面

单击"通过"按钮,则系统会生成产品报验入库单,并预览显示,如图 5-43 所示,该单可以打印或保存为 PDF 文件。

项目5　MES 质量监控管理

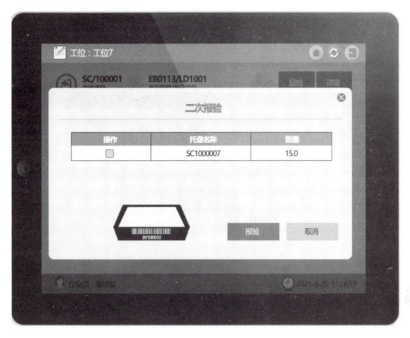

图 5-42　绑定报验托盘

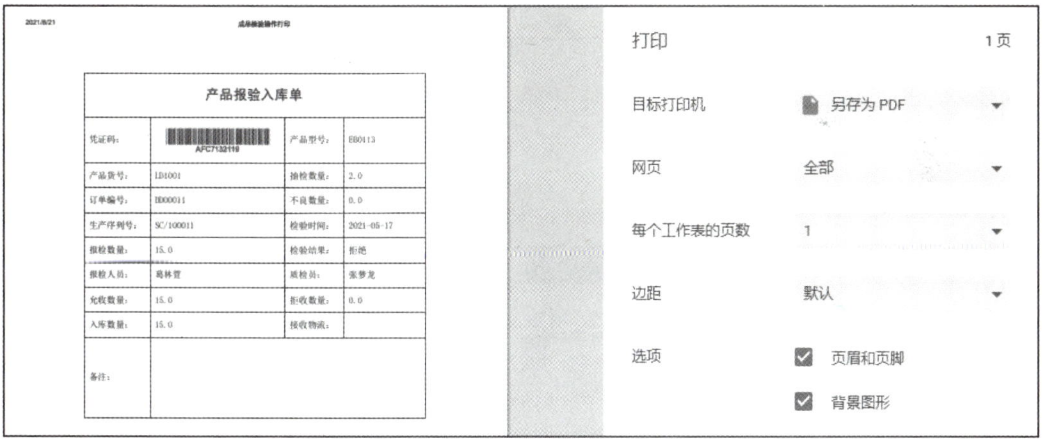

图 5-43　产品报验入库单预览

再次单击图 5-37 报检任务卡片上的"检验详细信息"按钮，系统会弹出成品入库报验清单详情页面，如图 5-44 所示。在此界面中，输入入库单上的凭证码，单击"校验"按钮，校验通过后对话框关闭；如果是二次报验的任务，则凭证码校验通过后，末道工序上的报验返工任务自动结束，报验任务处理完成。可以凭入库单到成品库房进行成品入库。

报验完成后，系统将显示当日完成的末道工序检验的数量，如图 5-45 所示。其中"抽检数量"为当日抽检的产品数量，"报验数量"为当日报验完成的产品总量。

单击"成品入库检验"的"历史清单"，系统将进入到成品入库报验的历史数据页面，如图 5-46 所示。

215

图 5－44　入库单校验

图 5－45　末道检验完成数量

项目 5　MES 质量监控管理

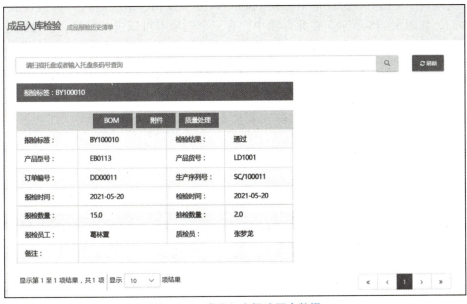

图 5-46　成品入库报验历史数据

四、出货检验

出货检验是生产检验的一种特殊形式，是指产品在出货之前为保证出货产品满足客户品质要求所进行的检验，发货检验的检验通过凭证通常被看作产品质量保证证书，而随同最终产品一起递交到客户手中。发货检验的工作流程如下：

（1）定义出货检验项。
（2）出货检验控制。
（3）检验结果处理。
（4）生成出货单。

出货检验

1. 定义出货检验项

在 CYL-MES 中，出货检验的入口是"出货检验管理"中"出货待报检列表"，如图 5-47 所示。在此界面中，列出了待检验的出货订单列表，包含待检订单中产品的基本信息，具体包括订单编号、生产序号、产品型号、产品货号、库存数量、出货数量和出货时间等。

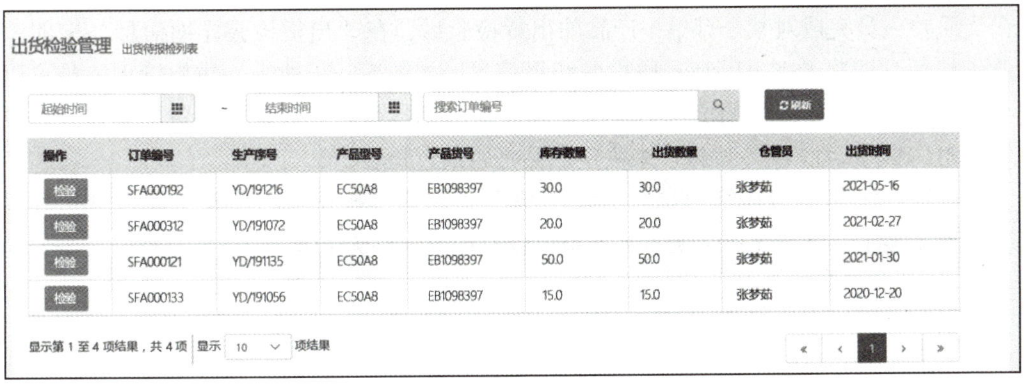

图 5-47　出货检验管理（出货待报检列表）

217

单击列表中待出货检验订单信息前列的"检验"按钮，系统进入"出货检验详细信息"界面，如图 5-48 所示。在此界面中，有三个选项卡可以进行切换："检验项设置""检验质量处理"和"检验历史信息"，默认显示"检验项设置"选项卡中的内容。在此界面中，上方列出了将要检验产品的基本信息，下方则列出了具体要检验的特征项、目标值、公差范围和检查类型等检验规则，通过单击"创建检查规则明细项"可以增加新的检验规则。

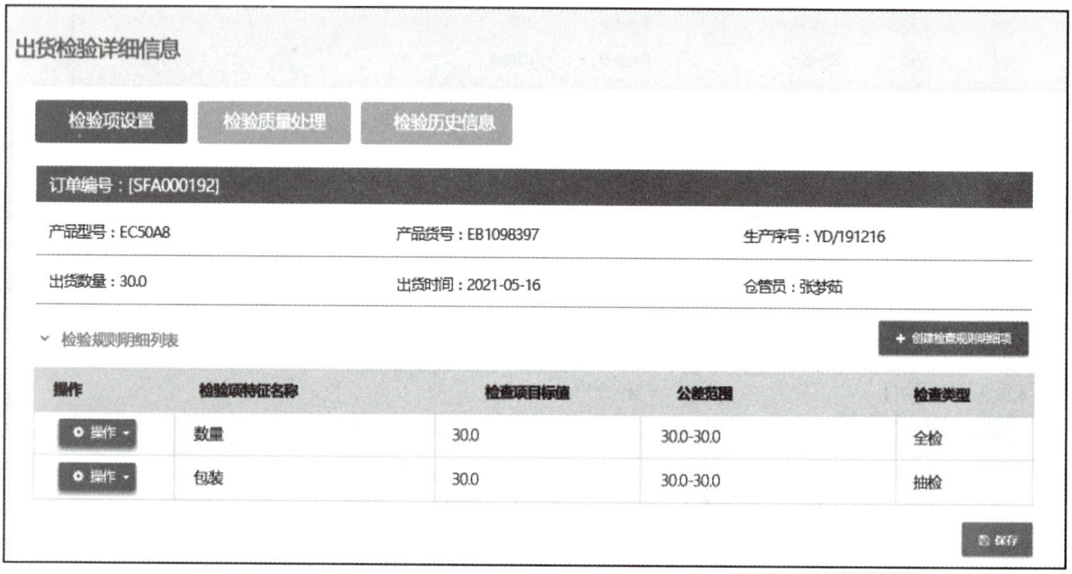

图 5-48 出货检验详细信息（检验项设置）界面

2. 出货检验控制

当生产管理人员设置好进货质检的约束条件后，质检工位客户端 App 将会显示需要质检的产品任务信息，如图 5-49 所示。质检人员单击任务卡中的"开始出货检验"后，系统进入"记录出货检验的检查项"界面，如图 5-50 所示。在此界面中，可以选择检查项，并输入检查项的检测值，对现场的产品进行拍照记录，输入检查的情况描述，然后单击"保存并提交"完成检验。

3. 检验结果处理

当质检人员完成对某个订单中产品的出货检验后，在"出货检验详细信息"中的"检验质量处理"选项卡就可以查看质检的结果信息，如图 5-51 所示。质检管理人员可以根据界面下方的质检特征项的检查结果，在界面上方选择是否有故障，并备注描述，通过单击"通过"或者"拒绝"按钮，来决定产品是否通过检验。

如果在"出货检验详细信息"界面中单击"拒绝"按钮，则系统生成进货拒绝报验单，并预览显示，如图 5-52 所示，该单可以打印或保存为 PDF 文件。

4. 生成出货单

如果在"出货检验详细信息"界面中单击"通过"按钮，则系统生成允许出库报验单，并预览显示，如图 5-53 所示，该单可以打印或保存为 PDF 文件。发货人员可以凭借出库报验单到成品仓库办理产品出库手续。

项目 5　MES 质量监控管理

 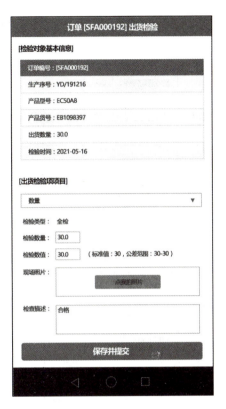

图 5-49　接受质检的订单任务　　　　图 5-50　记录出货检验的检查项界面

图 5-51　出货检验详细信息（检验质量处理）界面

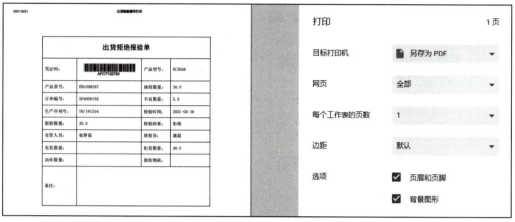

图 5-52 出货拒绝报验单预览

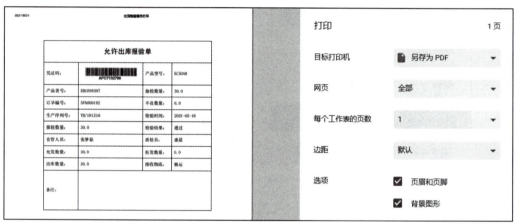

图 5-53 允许出库报验单预览

出货检验完成后，在"出货检验详细信息"界面中，在"检验历史信息"选项卡中，将会显示此物料的进货检验历史数据界面，如图 5-54 所示，方便生产管理人员对出货检验的历史数据进行追溯。

对于已经完成进货检验的订单物料信息，可以通过 CYL-MES"出货检验管理"中的"完成出货检验列表"进行查看，如图 5-55 所示。在此界面中，将列出所有的出货订单信息，通过单击按订单信息前列的"查看"可以进入图 5-54 所示的检查历史记录页面查阅质检详细信息。

5.3.4 任务评价

任务学习完成后，由教师、学生进行自评、互评和师评，评价学生是否完成对质检类型和质检流程内容的学习，是否能结合企业实际情况完成 MES 中生产过程检验活动的管理，包括进货检验、上料检验、成品入库检验和出货检验。评价完成后，将评价的结果填写到表 5-4 的评价表中。

项目 5　MES 质量监控管理

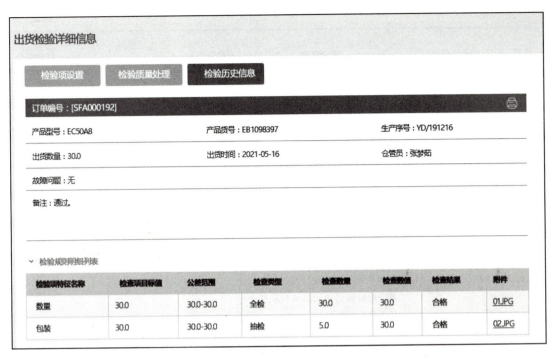

图 5-54　出货检验详细信息（检验历史信息）界面

图 5-55　出货检验管理（完成出货检验列表）界面

表 5-4　MES 中质检活动执行任务评价表

序号	评价指标	评分标准	满分	评价			综合得分
				自评	互评	师评	
1	质检类型	能正确描述质检中首件、巡检、全检和抽检的定义和作用	10				
2	质检流程	能正确描述质检中来料检验、上料检验、入库检验和出库检验的定义和检验流程	10				

续表

序号	评价指标	评分标准	满分	评价 自评	评价 互评	评价 师评	综合得分
3	MES 进货检验	能根据进货检验的流程，完成 MES 检验任务接收、检验规则设置、检验数据录入以及检验作业任务处理的操作	20				
4	MES 上料检验	能根据上料检验的流程，完成 MES 检验任务接收、检验规则设置、检验数据录入以及检验作业任务处理的操作	20				
5	MES 入库检验	能根据入库检验的流程，完成 MES 检验任务接收、检验规则设置、检验数据录入以及检验作业任务处理的操作	20				
6	MES 出货检验	能根据出货检验的流程，完成 MES 检验任务接收、检验规则设置、检验数据录入以及检验作业任务处理的操作	20				

5.4 任务 4：巡检和结果评估

5.4.1 任务描述

质量管理的主要任务是判断产品的质量，找出影响质量的主要因素。围绕质量管理的任务，需要提供有效的质量数据并采用合理的质量统计分析方法和工具，实施科学的质量管理。

本任务通过了解常用统计分析方法的原理，结合缸体智能车间 MES 系统案例，以一次产品巡查执行为例，获取车间生产线的质检数据，并利用 MES 中的统计分析功能对产品情况进行质量评估。

5.4.2 相关知识

一、描述统计方法

描述性统计是通过对质检得到的数据进行归纳分析从而反映产品各种质量特征的一种

质量数据的
描述性分析方法

分析方法。在描述性统计中，主要使用集中趋势、离散程度的分布形态描述数据的集中性、分散性，归纳出产品的质量状况。其中，集中趋势用来反映数据的代表水平，常用的指标有平均值、中位数和众数等；离散程度主要是用来描述数据之间的差异程度，反映了数据偏离中心的分布情况，常用的指标有方差和标准差等。

1. 数据的集中趋势分析

（1）平均值：描述的是所抽取样本质检数据的平均值，是用一组数据中所有数据之和除以这组数据的个数所得的结果。平均值是表示一组数据集中趋势的量数，反映数据集中趋势的一项指标。用平均数表示质量数据趋势，具有直观，简洁的特点。例如，在产品质量抽样调查中，可以利用样本的平均值判断某批次产品的质量。

对于某批次产品质量抽检数据集合为 $\{x_1, x_2, \cdots, x_n\}$，其平均值 $\bar{x}$ 的计算公式为

$$\bar{x} = \frac{x_1 + x_2 + \cdots + x_n}{n} = \frac{\sum_{i=1}^{n} x_i}{n}$$

（2）中位数：描述的是一组数据的典型情况，是按顺序排列在一起的一组数据中居于中间位置的数，又名中数。当数据数量为奇数时，中位数应该是在对一组数进行排序后，处于正中间的一个数；当数据数量为偶数时，中位数则应是中间两个数的平均数。因此，中位数可能是数据中的某一个，也可能根本不是原有的数。

例如，对于某批次产品质量抽检数据集合按顺序从小到大排列为 $\{x_1, x_2, \cdots, x_n\}$，当 n 为奇数时，中位数 $m_{0.5}$ 的计算公式为

$$m_{0.5} = x_{(n+1)/2}$$

当 n 为偶数时，中位数 $m_{0.5}$ 的计算公式为

$$m_{0.5} = \frac{x_{n/2} + x_{n/2+1}}{2}$$

（3）众数：指在统计分布上具有明显集中趋势点的数值，代表数据的一般水平。也是一组数据中出现次数最多的数值，有时众数在一组数中有好几个。

2. 数据的离散程度分析

（1）极差：极差为数据样本中的最大值与最小值的差值。它反映了数据样本的数值范围，是最基本的衡量数据离散程度的方式，受极值影响较大。极差的计算公式为

$$R = x_{\max} - x_{\min}$$

（2）方差：方差用来反映一组数据的变异程度。方差的计算公式为

$$S_n^2 = \frac{1}{n} \sum_{i=1}^{n} (x_i - \bar{x})^2$$

（3）标准差：标准差是每一个变量（观察值）与总体均数之间的差异，是方差的算数平方根。标准差的公式为

$$S = \sqrt{\frac{\sum_{i=1}^{n} (x_i - \bar{x})^2}{n}}$$

简单来说，标准差是一组数据平均值分散程度的一种度量。一个较大的标准差，代表大部分数值和其平均值之间差异较大；一个较小的标准差，代表这些数值较接近平均值。

例如，A、B两组各有3件螺母样品，A组螺母的直径分别为70 mm、74 mm、78 mm，B组螺母的直径分别为73 mm、74 mm、75 mm。这两组的平均值都是74 mm，但A组的标准差为3.27 mm，B组的标准差为0.82 mm，说明A组螺母直径之间的差距比B组大得多。

二、图形统计方法

在质量数据分析中，采用图形化的方式可以直观地分析数据，找出问题的原因。目前比较常见的图形统计方法包括直方图法、分层法、排列图法、控制图法、矩阵图法、矢线图法和关系图法等。下面重点介绍其中几个简单的方法。

质量数据的图形统计分析方法

1. 直方图法

（1）直方图法的作用。直方图法是由一系列高度不等的纵向条纹或线段表示质量数据特性分布的情况，一般用横轴表示数据类型，纵轴表示分布情况。通过观察直观图的形状，可以判断生产过程是否稳定，并预测生产过程的质量。直方图法适用于对大量质量数据的分析，根据数据找出质量规律，了解产品质量的分布情况和特征数量，一般对总体的质量情况进行分析。

直方图的作用主要包括以下三个方面：

显示质量波动的状态；较直观地传递有关过程质量状况的信息；在研究质量波动状况之后，就能掌握过程的状况，从而确定在什么地方集中力量进行质量改进工作。

图5-56所示为一个金属制品拉伸强度质量数据的直方图示例。其中，横坐标表示质量特性即拉伸的强度；纵坐标表示频数即符合该拉伸强度的制品个数；虚线为所有样本拉伸强度数据的均值。

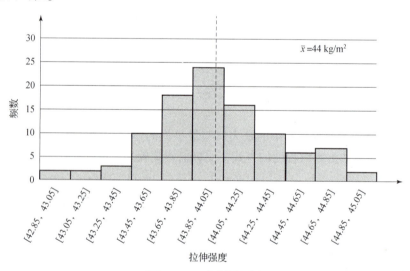

图5-56 直方图示例

（2）直方图的绘制。将收集到的质检数据划分为若干相等的区间，将各区间内质检数据数值出现的频数用柱状排列，具体步骤如下：

①收集数据，求出其最大值和最小值。数据的数量应在100个以上，在数量不多的情况下，至少也应在50个以上。

②将数据分成若干组，并做好记号。一般分组数量需要根据样本数据容量来确定，组

数的取值可以参考表 5–5。

表 5–5 样本容量与组数的对应参考值

编号	样本容量	组数
1	50~100	6~10
2	100~250	7~12
3	250 以上	10~20

③计算组距的宽度。用最大值和最小值之差去除组数，求出组距的宽度。

④计算各组的界限位。各组的界限位可以从第一组开始依次计算，第一组的下界为最小值减去最小测定单位的一半，第一组的上界为其下界值加上组距。第二组的下界限位为第一组的上界限值，第二组的下界限值加上组距，就是第二组的上界限位，依此类推。

⑤统计各组数据出现频数，作频数分布表。

⑥作直方图。以组距为底长，以频数为高，画出一系列的直方图。

（3）直方图的示例应用。

某工厂生产了一批金属制品，共 5 000 个，质检部采取抽检的方式对该批次产品进行质量检查，每天抽取 10 个，共 10 天对金属制品的拉伸强度进行检测，获取数据 100 个，质检数据如表 5–6 所示。

表 5–6 金属制品拉伸强度的样本数据（单位 kg/cm^2）

序号	第一天	第二天	第三天	第四天	第五天	第六天	第七天	第八天	第九天	第十天
1	43.8	44.2	43.9	43.7	43.6	43.8	43.8	43.6	44.8	44.0
2	44.2	44.1	43.5	44.3	44.1	44.0	43.0	44.2	43.9	43.7
3	43.4	44.3	44.2	44.1	44.0	43.7	43.8	44.8	43.8	43.7
4	44.2	43.7	43.8	44.1	43.5	44.1	44.0	43.6	44.3	44.3
5	43.9	44.5	44.0	43.3	45.0	43.9	43.5	43.9	43.9	44.0
6	44.1	42.9	43.9	44.1	43.7	44	44.1	43.7	43.8	44.7
7	44.6	44.0	44.0	44.4	44.0	43.2	44.5	43.9	43.7	44.3
8	44.4	43.7	44.7	43.6	43.9	44.8	43.6	44.0	44.2	43.5
9	43.1	44.0	43.7	44.1	43.5	43.9	44.0	44.7	44.2	44.8
10	44.6	44.4	44.4	44.9	44.4	44.5	43.8	43.3	44.5	44.0

经过计算，频数分布如表 5-7 所示。

表 5-7 频数分布表

组号	组界值	中心值（kg/cm^2）	频数
1	{42.85 – 43.05}	42.95	2
2	{43.05 – 43.25}	43.15	2
3	{43.25 – 43.45}	43.35	3
4	{43.45 – 43.65}	43.55	10
5	{43.65 – 43.85}	43.75	18
6	{43.85 – 44.05}	43.95	24
7	{44.05 – 44.25}	44.15	16
8	{44.25 – 44.45}	44.35	10
9	{44.45 – 44.65}	44.55	6
10	{44.65 – 44.85}	44.75	7
11	{44.85 – 45.05}	44.95	2
合计			100

绘制直方图，直方图效果如图 5-57 所示。

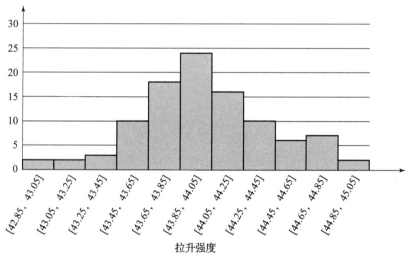

图 5-57 用直方图法分析拉伸强度

（4）直方图的形状分析。

通过对直方图的形状分析，可以了解质检特性是否正常，常见的直方图形状及其特性分析如表 5-8 所示。

表 5-8 直方图的形状分析

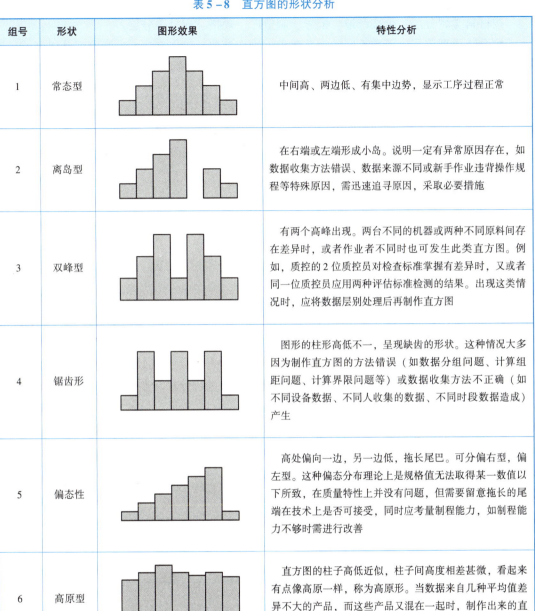

组号	形状	图形效果	特性分析
1	常态型		中间高、两边低、有集中边势，显示工序过程正常
2	离岛型		在右端或左端形成小岛。说明一定有异常原因存在，如数据收集方法错误、数据来源不同或新手作业违背操作规程等特殊原因，需迅速追寻原因，采取必要措施
3	双峰型		有两个高峰出现。两台不同的机器或两种不同原料间存在差异时，或者作业者不同时也可发生此类直方图。例如，质控的 2 位质控员对检查标准掌握有差异时，又或者同一位质控员应用两种评估标准检测的结果。出现这类情况时，应将数据层别处理后再制作直方图
4	锯齿形		图形的柱形高低不一，呈现缺齿的形状。这种情况大多因为制作直方图的方法错误（如数据分组问题、计算组距问题、计算界限问题等）或数据收集方法不正确（如不同设备数据、不同人收集的数据、不同时段数据造成）产生
5	偏态性		高处偏向一边，另一边低，拖长尾巴。可分偏右型、偏左型。这种偏态分布理论上是规格值无法取得某一数值以下所致，在质量特性上并没有问题，但需要留意拖长的尾端在技术上是否可接受，同时应考量制程能力，如制程能力不够时需进行改善
6	高原型		直方图的柱子高低近似，柱子间高度相差甚微，看起来有点像高原一样，称为高原形。当数据来自几种平均值差异不大的产品，而这些产品又混在一起时，制作出来的直方图往往就是高原形

2. 分层法

（1）分层法的作用。分层法又叫分类法、分组法。它是按照一定的标志，将收集到的大量有关某一特定主题的统计数据加以归类、整理和汇总的一种方法。分层的原则是使同一层次内的数据波动幅度尽可能小，而层与层之间的差别尽可能大，这样可以使数据反映的事实更加明显、更集中，从而找准问题，对症下药。

常用的分层标志如下。

按人员类型分层：可按产地、批号、制造厂、规格、成分等分层。

按设备类型分层：可按设备类型、新旧程度、不同的生产线、工夹具类型分层。

按材料类型分层：可按产地、批号、制造厂、规格、成分等分层。

按方法类型分层：可按不同的工艺要求、操作参数、操作方法、生产速度分层。

按测量类型分层：可按测量设备、测量方法、测量人员、测量取样方法、环境条件等分层。

按时间类型分层：可按不同的班次、日期等分层。

按环境类型分层：可按照明度、清洁度、温度、湿度等分层。

按其他条件分层：可按地区、使用条件、缺陷部位、缺陷内容等分层。

分层的一般步骤如下：

①收集数据。

②将采集到的数据根据不同的目的选择分层标志。

③分层。

④按层归类。

⑤画分层归类图。

(2) 分层法的示例应用。

在对某一批缸体缸盖连接情况的调查分析中，共检查了 50 个发动机缸体，其中不合格 19 个，不合格率为 38%。其存在严重的质量问题，试用分层法分析质量问题的原因。

现已查明这批缸体生产是由 A、B、C 三个师傅操作的，而气缸垫是由甲、乙两个制造厂家提供的，因此，分别按操作者和气缸垫制造厂家进行分层分析，即考虑一种因素单独的影响，如表 5-9 和表 5-10 所示。

表 5-9　按操作者分层

操作者	漏油	不漏油	漏油率（%）
A	6	13	32
B	3	9	25
C	10	9	53
合计	19	31	38

表 5-10　按制造厂家分层

工厂	漏油	不漏油	漏油率（%）
甲	9	14	39
乙	10	17	37
合计	19	31	38

通过表 5-9 和表 5-10 分层分析可以看出，在操作者层面上，操作者 B 师傅的质量较好，漏油率为 25%；在制造厂家层面上，甲厂和乙厂所提供的气缸垫，漏油率都较高且相差不大。为了找出问题所在，再进一步采用综合分层进行分析，考虑两种因素交叉影响的

结果，如表 5-11 所示。从对表 5-11 的综合分层法的分析可知，在使用甲厂提供的气缸垫时，应采用操作者 B 师傅的操作方法比较好；在使用乙厂提供的气缸垫时，应采用操作者 A 师傅的操作方法比较好，这样能够提高缸体缸盖连接的质量。

表 5-11 两种因素综合分层分析连接问题

操作者	漏油情况	甲厂		乙厂		合计	
		连接点	漏油率（%）	连接点	漏油率（%）	连接点	漏油率（%）
A	漏油	6	75	0	0	6	32
	不漏油	2		11		13	
B	漏油	0	0	3	43	3	25
	不漏油	5		4		9	
C	漏油	3	30	7	78	10	53
	不漏油	7		2		9	
合计	漏油	9	39	10	37	19	38
	不漏油	14		17		31	

3. 排列图法

（1）排列图法的作用。排列图法就是将影响质量的各种因素，按照出现的频数从大到小的顺序排列在横坐标上，在纵坐标上标出因素出现的累积频数，并画出对应的变化曲线的分析方法。其作用包括两个方面：一是按主要顺序显示出每个质量改进项目对整个质量问题的影响；二是识别进行质量改进的机会。

排列图由两个纵坐标、一个横坐标、若干个直方图形和一条曲线组成。其中左边的纵坐标表示频数，右边的纵坐标表示频率，横坐标表示影响质量的各种因素。

如图 5-58 所示，若干个直方图形分别表示质量影响因素的项目，直方图形的高度则表示影响因素的大小程度，按大小顺序由左向右排列，曲线表示各影响因素大小的累计百分数。这条曲线称为帕累托曲线。实际应用中，通常按帕累托曲线划分主次因素，其中 0~80% 为 A 类问题，即主要因素，要重点管理；80%~90% 为 B 类问题，即次要问题，要次重点管理；90%~100% 为 C 类问题，即一般问题，要适当加强管理。

（2）排列图的绘制。

选择要进行质量分析的项目；

选择用来进行质量分析的度量单位，如出现的次数（频数、件数）、成本、金额或其他；

选择进行质量分析的数据的时间间隔；

画横坐标；

画纵坐标；

在每个项目上画长方形，它的高度表示该项目度量单位的量值，显示出每个项目的影响大小；

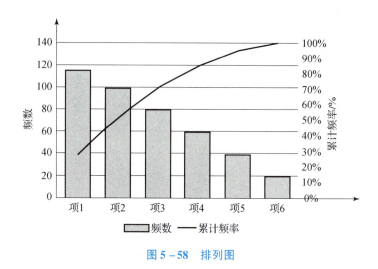

图 5-58 排列图

由左到右累加每个项目的量值（以%表示），并画出累计频率曲线（帕累托曲线），用来表示各个项目的累计影响；

利用排列图确定对质量改进最为重要的项目（关键的少数项目）。

（3）排列图法的示例应用。

某公司一周内对某一批次缸体产品进行多次检验，发现的不良记录如表 5-12 所示，根据统计的记录，运用排列图进行分析。

表 5-12 一周内产品不良记录

日期 项目	周一	周二	周三	周四	周五	合计
员工技术不足	10	11	8	12	9	50
员工缺岗旷工	15	18	16	14	17	80
原料品质欠佳	4	5	5	6	2	22
设备故障	4	4	3	4	3	18
作业流程不当	3	2	2	3	4	14
其他	3	3	4	3	3	16
不良数	39	43	38	42	38	200
检查数	800	800	800	800	800	800

按发生次数的顺序（由大致小，有其他项者无论是否为最小，一律放置于最后）将项目及次数计入不良分析统计表中，如表 5-13 所示。

表 5-13　不良分析统计表

编号	项目	频数
1	员工缺岗旷工	80
2	员工技术不足	50
3	原料品质欠佳	22
4	设备故障	18
5	作业流程不当	14
6	其他	16

对统计表中的不良数进行计算,获取各个项目的不良数量、累计数量、频率及累计频率,如表 5-14 所示。

表 5-14　不良分析换算统计表

项目	不良频数	累计不良频数	频率(%)	累计频率(%)
员工缺岗旷工	80	80	40	40
员工技术不足	50	130	25	65
原料品质欠佳	22	152	11	76
设备故障	18	170	9	85
作业流程不当	14	184	7	92
其他	16	200	8	100
合计	200		100	

建立坐标轴,以左纵轴表示不良数,右纵轴表示百分比,横坐标轴表示不良项目,根据不良数绘制柱形图,根据累计频率绘制帕累托曲线,最终绘制成排列图,具体如图 5-59 所示。

根据排列图,将累计频率按照 0~80%、80%~90 和 90%~100% 分为三个部分,各曲线下面所对应的影响因素分别为 A、B、C 三类因素。本例中 A 类即主要原因是员工缺岗旷工、员工技术不足和原料品质欠佳,B 类即次要原因是设备故障,C 类即一般原因是作业流程不当和其他等。因此后面改进的重点应主要放在 A 类问题上。

5.4.3　任务实施

本次任务即利用 CYL-MES 中相关功能完成巡检业务并实施检查结果评估,巡检及质量检查结果统计数据评估分析实施流程如下所示:
(1)定义巡检检查项。
(2)对订单生产实施巡检。
(3)质检统计数据评估分析。

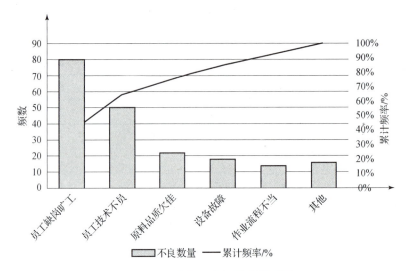

图 5-59　产品不良问题点排列图

一、巡检检验

1. 定义巡检检查项

巡检检查项管理通过 CYL-MES 系统生产管理中的"工序管理"实现，工序管理主界面如图 5-60 所示。当前显示的是已经添加到 MES 的工序列表和工步信息。

检验记录

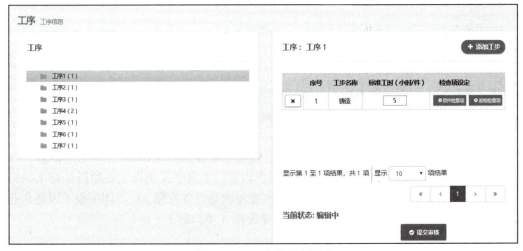

图 5-60　工序管理主界面

单击"巡检检查项"进入巡检检查项定义界面，如图 5-61 所示。在该界面中，可以通过单击"创建检查规则明细项"添加新的检查特性，检查特性将以列表的形式显示在工序的抽检规则明细项列表中。

2. 对订单生产实施巡检

对订单生产实施巡检功能的入口是 CYL-MES 质量客户端 App。当质检人员进入 App 后，进入订单列表，如图 5-62 所示。在订单列表界面中列出了当前可供巡查的所有订单

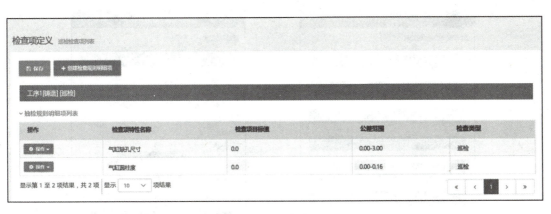

图 5-61　定义巡检检查项界面

信息，质检人员单击某个订单的"详细信息"按钮即可进入订单详细信息页面，如图 5-63 所示。在此页面中，提供了两个功能按钮，分别可以执行首检和巡检，单击"巡检"按钮即可进入巡检功能页面。

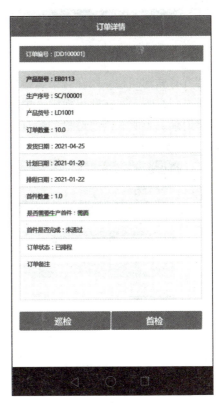

图 5-62　订单列表页面　　　　图 5-63　订单详情界面

当进入后，如图 5-63 所示。在界面中默认显示订单生产的所有工序列表，选择需要检查的工序即可进行检查。当在巡检过程中发现生产的异常情况，则要进行记录，通过单击巡检界面中的"记录异常"按钮，系统进入记录巡检异常界面，如图 5-64 所示。在界面中对出现的问题进行描述，并进行拍照记录，然后单击"保存并提交"进行反馈，如图 5-65 所示。

图5-64 订单巡检界面

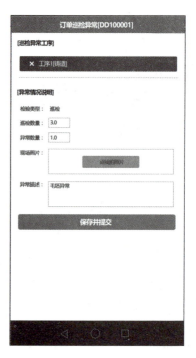
图5-65 记录巡检异常界面

如果没有异常问题，则在订单巡检界面中单击"记录检查项"按钮进入记录检查项页面，如图5-66所示。在此界面中，填写检查结果后，单击"保存并提交"完成对此项工序的巡检记录。当所有需要巡检的特征项全部检查完毕后，系统会弹出巡检结束的提示信息，如图5-67所示。

图5-66 记录检查项

图5-67 保存并提交成功

二、检验结果统计评估

为了能够构造生产过程质量改善的控制回路，必须准备可视化测量值和检验数据。因此，生产过程中的检验模块提供了一系列功能。

检验报告

1. 控制图表

通过使用具有强大过滤功能的标准化控制图标，如图 5-68 所示，CYL-MES 系统能够使用一些常见的方法来实现可视化。根据要求对相关的数据区域（例如，对一个特定工序的评估）进行过滤，并且配合和组合不同的表达方式。

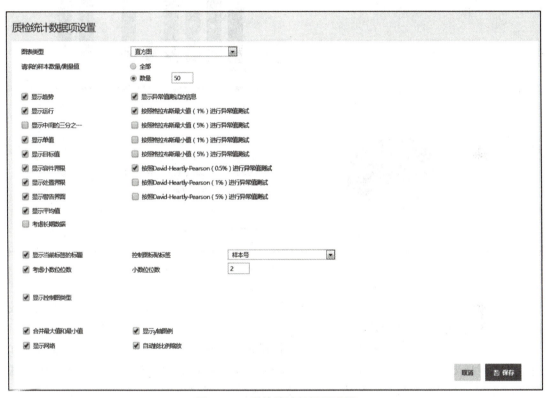

图 5-68　质检统计数据项设置

对于可变特性的可视化，可以使用直方图、Xq 图标、饼状图、单值图标和媒体图标等来进行显示。

由此，测量和检验数据分析提供针对性的结果，可以在控制图表范围内选择多种选择参数，如订单、工序、检验计划、检验步骤和取样等。若要长期监测显示长期的发展趋势，或者要求显示早期生产的产品质量证明时，已经存档的数据也可以在评估中使用。图 5-69 分别是以不同的图表、直方图和表格形式构造的个性化配置的巡检数据质量评估实例。

控制图表中包含一些监测功能如"趋势""运行""中间三分之一"，相比于单独使用控制图表，可以更好地对过程进行控制。通过对趋势的显示，可实现一个或多个样本上升或者下降过程经历的可视化。"趋势"功能显示了过程经过多次取样之后，从哪个位置开始高于或者低于平均值或者目标值。"运行"功能可以辨认连续值的预定数量是否达到了平均

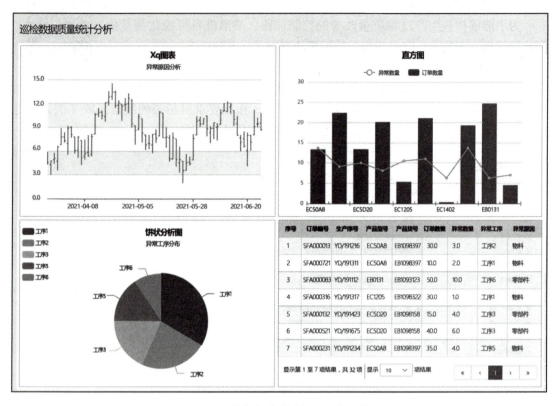

图 5-69 巡检数据统计分析图形化评估界面

值以上。"中间三分之一"是指所在检测的控制图片片段中，很多数值或者很少数值处于控制限制范围的中间三分之一处。

生产过程中检验能尽快地给相关负责人提供现状评估信息，从而使他们能够快速地和有目的地对故障做出反应。在这种情况下，CYL-MES 利用数据采集显示信息面板中特殊的显示方式，不仅能直接在设备或工作场地上实时展示所采集的测量值和检验数据，还可以设置控制图标的多种不同显示方式。这样，在这个层面上，具有详细的走向显示的原始值图表就有了特殊的意义。在工况数据采集终端和现场检验场地上显示的实施信息和统计值如图 5-70 所示。

2. 缺陷主因分析

利用 CYL-MES 中的缺陷主因分析，质量控制部门及其他生产相关部门可进行典型的评估分析。它是基于先前过滤的时间段，对每个产品按照故障类型、故障发生工段、故障发生原因和故障类型分布形式进行评估。基于这些分析就可以确定故障核心区域，这些区域需要引入质量改善措施。

对于这种必须分析大量数据的评估，数据透视功能就具备了决定性的优势，如图 5-71 所示。为了显示源数据的不同汇总，对关键词进行分类，通过具有信息筛选的"拖"和"放"按钮，很简单地实现数据过滤，并且以不同表格形式的交互式显示和不同的计算方法对数据进行汇总和分析。

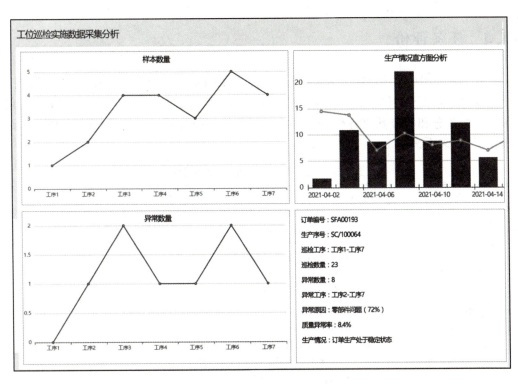

图 5-70　巡检工位现场数据采集的实时信息和统计值

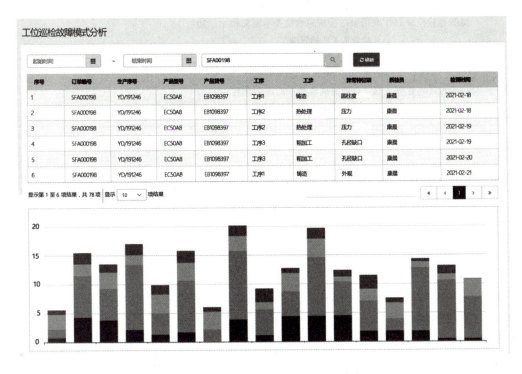

图 5-71　巡检故障分析数据透视功能

5.4.4 任务评价

任务学习完成后,由教师、学生进行自评、互评和师评,评价学生是否完成对质检数据描述性统计方法、质检数据图形统计方法等内容的学习,是否能结合企业实际情况完成 MES 中巡检业务和检查数据评估分析的管理过程。评价完成后,将评价的结果填写到表 5-15 的评价表中。

表 5-15 MES 中巡检和结果评估任务评价表

序号	评价指标	评分标准	满分	评价 自评	评价 互评	评价 师评	综合得分
1	描述性统计方法	能正确描述数据集中趋势分析和离散程度分析相关关键词的概念,能正确使用算法完成数据项的计算	20				
2	质检管理活动	能正确理解数据图形统计方法的作用,能利用图形统计方法的原理将数据表述成数据统计图	20				
3	MES 巡检检验	能根据巡检检验的实施流程,利用 MES 完成巡检检查项定义和巡检业务工作的管理	30				
4	MES 质检计划管理	能利用 MES 提供的可视化功能,合理完成源数据的图表化转换,能正确地评估检验结果	30				

5.5 任务 5:质量投诉管理

5.5.1 任务描述

质量投诉管理不仅仅是客户与供应商之间无障碍合作的重要前提,同时也可以作为企业生产过程优化的重要工具。

本任务结合缸体智能车间 MES 系统案例,以产品质量检查数据统计分析结果为依据,追溯出现问题的根源,并利用 MES 中投诉功能对生产问题进行投诉。

5.5.2 相关知识

一、质量追溯

质量追溯

"追溯"有追踪和溯源两个含义,因此质量追溯也包含正向追溯和反向追溯两种类型。

(1)正向追溯:指从供应链的上游至消费端的方向。例如,根据采购物料的批次号,找出哪些生产的产品使用了本批次的物料。

(2)反向追溯:指从消费端至供应链上游的方向。例如,根据质量问题产品反向找出生产订单、加工工序和物料批次号。

为了实现对产品生产的质量追踪,需要建立起对物料、工位、工序和成品等的编码体系,保证各个项目编码的唯一性,详细记录每个批次产品生产过程中用到的物料批次号、经过的工位号、设备号和生产班号等,并给产出的每个产品或每个产品批次号赋予唯一标识的追溯码。这个唯一的追溯码关联产品从生产投入到产出一系列加工过程用到的所有资源,当产品出现质量问题时,质检人员可以通过追溯码快速、准确地追溯到出现问题产品涉及的物料、设备、生产班组等信息,有利于精准定位生产问题。

在图 5-72 中示例了从追溯码逐步追踪到原料批次或销售记录的过程。当发生产品质量问题时,在企业外部,应紧急切断问题产品的供应链,定向召回并及时处置问题产品,防止风险范围扩大;在企业内部,要追踪溯源,在产品物料投入到产出全过程中查找问题,借助编码系统,精确定位各个资源的节点。

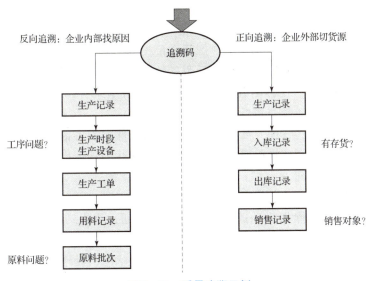

图 5-72 质量追溯示例

二、PDCA 循环法

PDCA 循环法

PDCA 循环又称戴明环,是推进全面质量管理的重要思想基础和主要管理方法。PDCA 循环将质量管理的过程划分为四个主要的阶段,即实施计划

(Plan)、执行（Do）、检查（Check）、效果（Action）。以上四个管理过程都是周而复始地进行，一个阶梯式的循环已经进行完了，解决一些问题，未解决的一些问题进入了下一个阶梯式的循环，这样阶梯式的循环是上升的，如图5-73所示。

（1）计划（Plan）：包括方针和目标的确定以及质量活动计划的制订。

（2）执行（Do）：就是具体实施，实现计划中的内容。

（3）检查（Check）：就是要总结执行计划的结果，分清哪些做对了，或者哪些做错了，明确效果，找出问题。

（4）效果（Action）：对总结检查的结果进行处理，成功的经验加以肯定，并予以标准化，或制定作业指导书，便于以后工作时遵循；对于失败的教训也要总结，以免重现。对于没有解决的问题，应提给下一个PDCA循环中去解决。

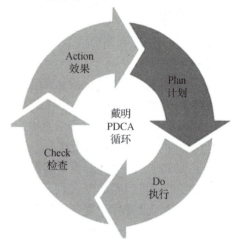

图5-73 PDCA示意图

5.5.3 任务实施

在CYL-MES中，质量投诉管理的实施流程包括：
(1) 投诉信息采集。
(2) 监测与分析。

一、投诉信息采集

投诉信息采集

投诉信息的采集通过CYL-MES中"产品质量投诉"管理完成，如图5-74所示。投诉信息可以通过手工录入或者从ERP中售后服务数据库的接口直接导入。投诉采集到的信息包括投诉人、投诉类型、投诉内容、投诉状态和投诉结果等，到时管理人员可以利用MES中的汇总功能，对投诉信息进行分类汇总分析。

在投诉信息采集之后，管理人员可以按照相应的条件对投诉信息进行过滤，具体的过滤条件包括投诉的时间区间、投诉原因类型、投诉处理状态和被投诉的订单编号等，方便用户进行信息的分类和查询。

当需要查看投诉的具体信息或者修改投诉的处理状态时，可以在产品质量投诉管理界面中，单击投诉信息前"操作"功能下的"编辑"按钮，进入"质量投诉编辑"进行设置，如图5-75所示。在此界面中，上方列出了投诉的详细信息，下方则提供了对处理的结果处置功能，管理人员可以选择和录入负责人、处理状态、处理结果、处理措施和客户反馈等内容，并单击"保存"按钮，对投诉进行处置安排反馈。

二、监测与分析

监测与分析

投诉管理模块也提供了数据评估功能，对那些引起投诉故障的情况进行分析评估，这部分的操作可以通过CYL-MES中"产品质量投诉数据监测分析"功能实现，如图5-75所示。在此界面中，利用表格化和图形化

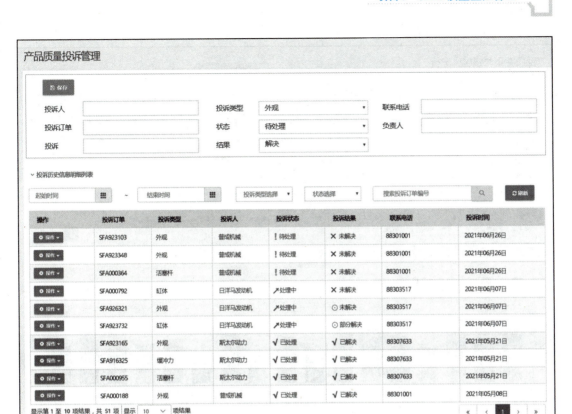

图 5-74 产品质量投诉管理界面

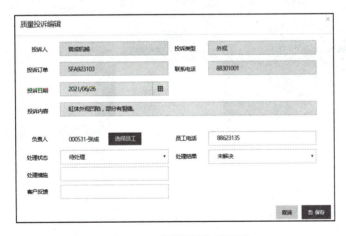

图 5-75 质量投诉编辑界面

的形式对投诉信息进行汇总表示。其中，图形化显示主要是数据透视图，管理人员可以按照投诉订单、投诉类型、投诉人、投诉状态和投诉结果分别生成数据透视图，评估质量投诉的关键原因。

对于投诉的相关订单，在订单信息的前列提供了"追溯"功能，用户单击"追溯"按钮后，系统将弹出对话框，如图 5-77 所示，显示此订单产品的整个生产流程，包括物料、工序、操作员工等，方便生产管理人员找到问题根源。

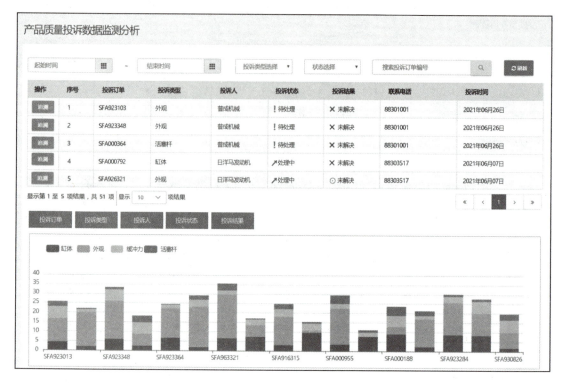

图 5-76 产品质量投诉数据监测分析

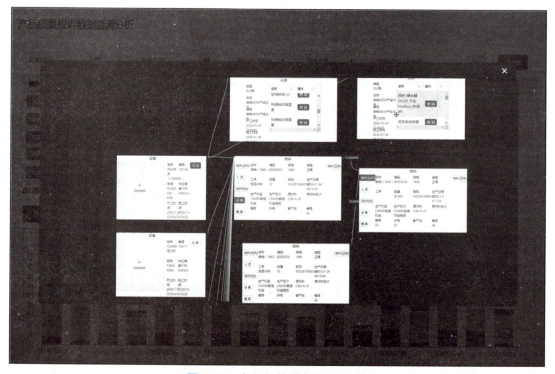

图 5-77 投诉订单生产追溯对话框

5.5.4 任务评价

任务学习完成后,由教师、学生进行自评、互评和师评,评价学生是否完成对质量追溯、PDCA 质量管理循环法等内容的学习,是否能结合企业实际情况完成 MES 中质量投诉信息采集和投诉信息监测分析评估的管理过程。评价完成后,将评价的结果填写到表 5-15 的评价表中。

表 5-16 MES 中质检计划管理任务评价表

序号	评价指标	评分标准	满分	评价 自评	评价 互评	评价 师评	综合得分
1	质量追溯	能正确理解正向追溯和反向追溯的含义,并能描述正向追溯和反向追溯的业务流程	20				
2	PCDA 循环法	能正确理解 PCDA 循环法的作用,并且能解释四个要素的含义	20				
3	MES 投诉信息采集	能利用 MES 中的相关功能采集产品质量的投诉信息,并进行分类汇总管理	30				
4	MES 监测与分析	能利用 MES 提供的数据透视表功能,对投诉信息的根本原因进行剖析,并通过追溯功能准确定位问题根源	30				

5.6 项目总结

本项目从认识质量数据、质检管理、质检管理活动、质检类型、质检流程、质检数据统计方法和质量追溯等内容开始详细分析 MES 系统中质量数据管理、质检计划制订、质检活动执行、质检数据评估和质检结果反馈等业务流程的处理过程,并以缸体智能加工车间 MES 系统为例,对 MES 系统中质检数据采集定义、质检计划管理制订、质检活动业务处理、质检数据统计评估以及产品投诉检测分析等功能操作做了说明。具体知识结构导航如图 5-78 所示。

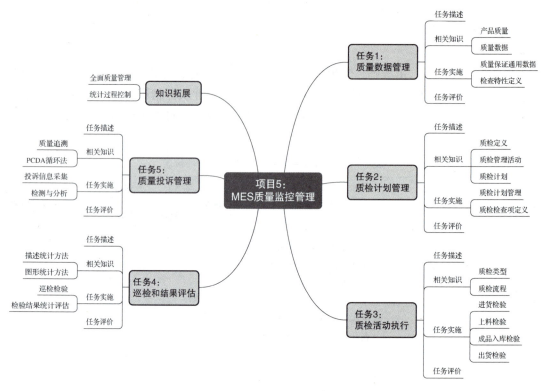

图 5-78 具体知识结构导航图

5.7 知识拓展

一、全面质量管理

质量管理是质量方面的组织管理活动,包括质量目标、方针、策划、控制、保障与改进。质量管理是工业革命后发展起来的并且每20年发生一次重大变革。质量管理的发展阶段有三个:质量检验阶段(20世纪20年代)、质量控制阶段(20世纪40年代)、全面质量管理阶段(20世纪60年代),使得质量管理由纯粹的事后检验到科学预防,最后发展为满足客户需要而关注各个方面。

1. 全面质量管理的内容

ISO 9000 标准中对全面质量管理的定义为:一个组织以质量为中心,以全员参与为基础,目的在于通过让顾客满意和本组织所有成员及社会受益而达到长期成功的管理途径,这个定义是学界广泛认同的全面质量管理概念。全面质量管理必须满足"三全一多样"的基本要求,即全员的质量管理、全过程的质量管理、全方位的质量管理和多方法的质量管理。

(1)全员的质量管理

全员的质量管理是企业全体人员参加的质量管理。人是影响质量管理的最显著因素,以人为本，充分发挥人在质量管理过程中的主观能动性。因为全面质量管理不是质管部门和生产主管的专职，而是全体员工的共同责任，依靠企业员工的共同努力，保证和提高产品质量。产品质量是企业全体员工工作质量的综合体现，这与员工的素质、技术水平、管理水平、领导水平等密切相关，任何一个环节、任何一个人的工作质量都会影响产品质量，所以全体人员要树立全面质量管理观念，加强全面质量管理教育和培训，明确每一个部门、每一个岗位的质量职责，让全体员工更加积极主动地参与到质量管理之中。

（2）全过程的质量管理

全过程的质量管理是对产品质量产生、形成和实现的全过程进行的质量管理，从产品的设计、制造、辅助生产、供应服务、销售直至使用的全过程全部纳入质量管理范畴。企业对产品生产的每一道工序、每一个环节都严格控制，以预防为主，防检结合，保证工序和环节的"零失误"，从而保证产品质量。全面质量管理所指的顾客不仅指产品或服务的消费者，还将生产过程中下一工序定义为上一道工序的顾客，所以所有环节都是相互联系、相互制约的，要对生产过程中的每一道工序加强管理，从而保证过程的质量。

（3）全方位的质量管理

全方位的质量管理对象包括工作质量、产品质量及有关的过程质量。要求企业所有部门参与质量管理，共同围绕质量方针制定质量目标并有效落实，部门之间还要做到质量信息的共享，重视影响企业产品质量的所有因素，并努力有效控制，从而提高工作质量和产品质量。此外，还要管理产量、成本、生产效率和交货期等，预防和减少不合格产品，确保低消耗、低成本、按期交货和服务周到，满足顾客需求。

（4）多方法的质量管理

多方法的质量管理即多种方法的质量管理。质量管理中广泛使用各种方法，统计方法是重要的组成部分，除此之外，还有很多非统计方法。常用的质量管理方法有七种工具，包括因果图、排列图、直方图、控制图、散布图、分层图、调查表；此外还有新的七种工具，包括关联图法、KJ法、系统图法、矩阵图法、矩阵数据分析法、PDPC法、矢线图法。

2. 全面质量管理的原则

全面质量管理总共有七项基本原则，内容为以客户为关注焦点、领导作用、全员积极参与、过程方法、改进、循证决策和关系管理。其相互联系如图5-79所示。

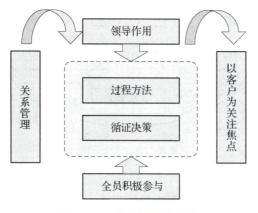

图5-79 基本原则关系图

(1) 以客户为关注焦点。

全面质量管理第一原则是满足顾客要求并且努力超越顾客期望。顾客就是上帝，企业依存于顾客，因此企业应了解顾客现在和未来的需求，满足且超越顾客的期望。如果企业不能满足顾客需求，就无法获得利润，企业将无法生存。顾客不仅仅包括消费者，还包括单位内部生产、服务和活动中在产品被接受之前所产生的工序、岗位和个人。当今市场环境，企业需求趋向于个性化，所以设计产品时应充分调查顾客需求，设计出顾客满意的商品。

(2) 领导作用。

所谓领导者就是企业的最高管理者，领导作为企业质量方针目标和战略规划的制定者，在生产经营中发挥重要作用。企业决策层必须重视质量管理，企业的管理层和员工也必须参与质量管理活动。最高管理者应确保组织的目标和方向一致，规划企业发展方向和战略方向，并且协调各部门，营造的内部环境使企业员工能充分参与并实现组织目标，调动员工的积极性，带领大家朝着共同的目标奋进。

(3) 全员积极参与。

企业不能只靠管理层，员工参与也至关重要。各级人员是企业组织之本，整个企业拥有能够胜任且积极参与的人员是提高组织创造和提供价值能力的必要条件，员工的充分参与能充分发挥才干为组织带来收益。人才是第一资源，只有全体人员充分参与，企业才能良好运作。全员参与原则主要是正确处理好人员配备和人员激励。

(4) 过程方法。

企业要想高效地达到一致的和可预期的效果必须将相关的资源和活动作为相互关联和连贯的过程来进行识别、理解和管理，如图 5-80 所示。质量管理体系就是由各个过程构成，不应将它们以单独的过程眼光来看待，而应以系统的角度来管理，这样才能高效满足顾客需求。ISO 9001 质量管理体系就属于通用的标准化体系，它是以顾客满意为输出，由管理职责、资源管理、产品实现与测量、分析与改进的质量管理体系构成。通过 ISO 9001 质量管理体系认证是企业开展国际贸易的前提条件，这为企业开展质量管理工作提供了思路。

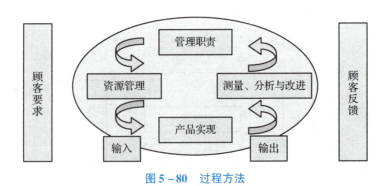

图 5-80　过程方法

(5) 改进。

改进应是企业永恒的目标，是全面质量管理不可或缺的一部分。依据顾客需求，运用 PDCA 循环法，结合纠正与预防措施，与时俱进，使管理更加完善。

(6) 循证决策。

在充分分析数据和信息基础上建立有效决策，更能产生期望的结果，最高管理者必须以事实为基础，以公司的实际情况为出发点，制定企业的发展规划。

(7) 关系管理。

企业与供方相互联系，相互依存。加强企业联系，企业与供方之间保持互利关系，实现优势互补，可增强企业和供方共同创造价值的能力，建立战略合作伙伴关系，实现合作共赢。供方产品的好坏直接影响到最终产品的质量，企业在采购产品时应充分地评价，这样才能确定合格的供应商，其次要多渠道、多信息沟通，帮助供方改进产品或原材料的质量，实现互利互惠，共同发展。

3. 全面质量管理的特点

全面质量管理具有五个特点，具体如下：

(1) 全方位：进行管理的内容在企业经营和管理的每个流程都需要有体现。

(2) 全员参与管理：指的是全部人员都需要执行全面质量管理。

(3) 预防性：要具有一定的预防性思维，对管理过程中可能会出现的一些问题要积极地进行计划和预见。

(4) 需求性：将客户的需求作为根本，秉承顾客第一、竭诚为人服务的理念。

(5) 科学性：以科学的管理方法作为基础，使得管理手段的实施具有可行性。

全面质量管理和旧时普通的质量管理相对比，两者具有四项不同点：

(1) 在全面质量管理中，参与主体的范围有所扩大，该项管理活动包含了以往参与管理活动的所有人员，还包括了企业的员工。

(2) 在全面质量管理中，其管理流程和企业的各项因素都有紧密联系。

(3) 相比于以往的管理活动，全面质量管理更强调理念和实施方法的科学性，并运用各种专业技术，如数理统计方法等手段来实现科学性的提升。

(4) 在全面质量管理实施过程中，我们更需要关注管理方法的改进和革新，要随着时代的发展，不断完善管理的制度，切实追求实现高质量管理的目标。

二、统计过程控制

统计过程控制（Statistical Process Control，SPC）是一种借助数理统计方法的过程控制工具。它对生产过程进行分析评价，根据反馈信息及时发现系统性因素出现的征兆，并采取措施消除其影响，使过程维持在仅受随机性因素影响的受控状态，以达到控制质量的目的。

统计过程控制

1. SPC 技术原理

SPC 是一种借助数理统计方法的过程控制工具。它对生产过程进行分析评价，根据反馈信息及时发现系统性因素出现的征兆，并采取措施消除其影响，使过程维持在仅受随机性因素影响的受控状态，以达到控制质量的目的。它认为，当过程仅受随机因素影响时，过程处于统计控制状态（简称受控状态），随机误差具有一定的分布规律，即总体质量特性服从正态分布，产品特性值出现在 $(\mu \pm 3\sigma)$ 中的概率为 99.73%，超出 $\pm 3\sigma$ 范围的概率仅为 0.27%，即几乎全部产品特性值都落在 6σ 范围内。其中 μ 为产品特性值的总体均值。当过程中存在系统因素的影响时，过程处于统计失控状态（简称失控状态），过程分布将发生改变。在工程领域，习惯把 6σ 定义为过程能力，它的值越小越好。SPC 正是利用过程波动的统计规律性对过程进行分析控制的。因而，它强调过程在受控和有能力的状态下运行，从而使产品和服务稳定地满足顾客的要求。

实施 SPC 的过程一般分为两大步骤。第一步用 SPC 工具对过程进行分析，如绘制分析用控制图等；根据分析结果采取必要措施：可能需要消除过程中的系统性因素，也可能需要管理层的介入来减小过程的随机波动以满足过程能力的需求。第二步则是用控制图对过程进行监控。

控制图是 SPC 中最重要的工具。控制图中三条平行于横轴的直线，分别称为上控制线（Upper Control Line，简称 UCL）、下控制线（Lower Control Line，简称 LCL）和中心线（Central Line，简称 CL）。其中，CL 是所控制的统计量的平均值，UCL、CLC 与 CL 相距数倍标准差，通过检查控制图中描点在 UCL 和 CLC 的位置判断工作过程是否存在异常因素。

国家标准 GB/T 4091—2001《常规控制图》给出了八种类型的控制图（如表 5 – 17 所示）和检验控制图的八个准则（如表 5 – 18 所示）。

表 5 – 17 控制图类型

数据类型	数据	分布类型	控制图种类
计量型	计量值	正态分布	平均值——极差控制图
			平均值——标准差控制图
			中位数——极差控制图
			单值——移动极差控制图
计数型	计件值	二项分布	不合格品数控制图
			不合格品率控制图
	计点值	泊松分布	缺陷数控制图
			单位缺陷数控制图

表 5 – 18 控制图检验示意

检验	检验说明	控制图示例
检验 1	1 个点落在控制线外	

续表

检验	检验说明	控制图示例
检验 2	连续 9 点落在中心线同一侧	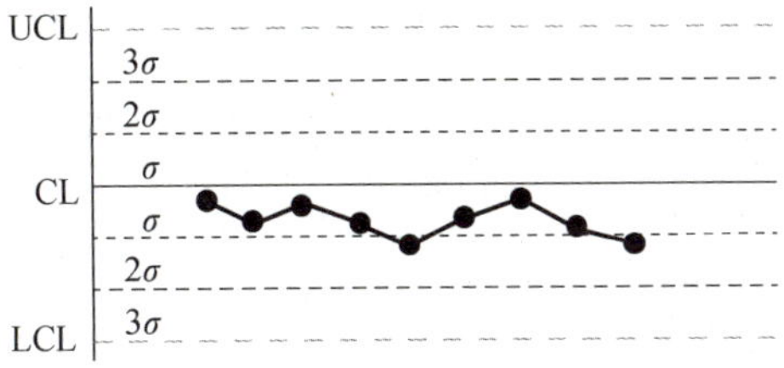
检验 3	连续 6 点递增或递减	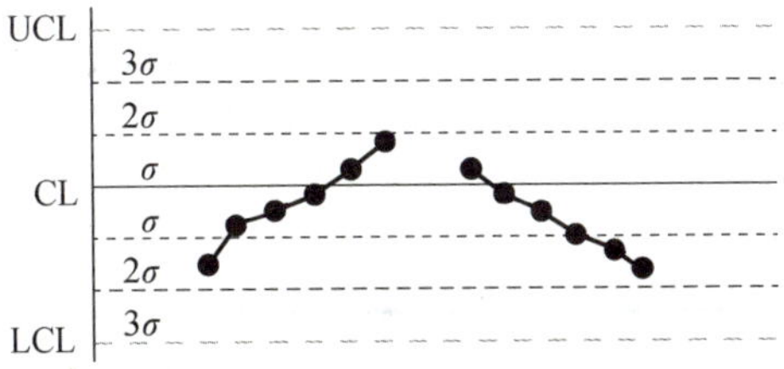
检验 4	连续 14 点中相邻点交替上下	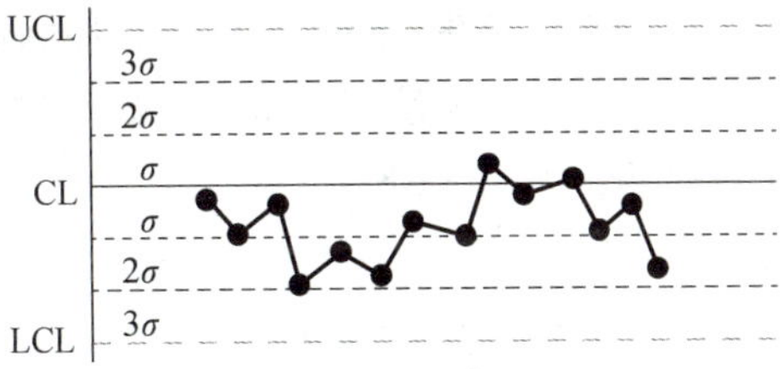
检验 5	连续 3 点中有 2 点落在中心线同一侧两倍标准差范围外	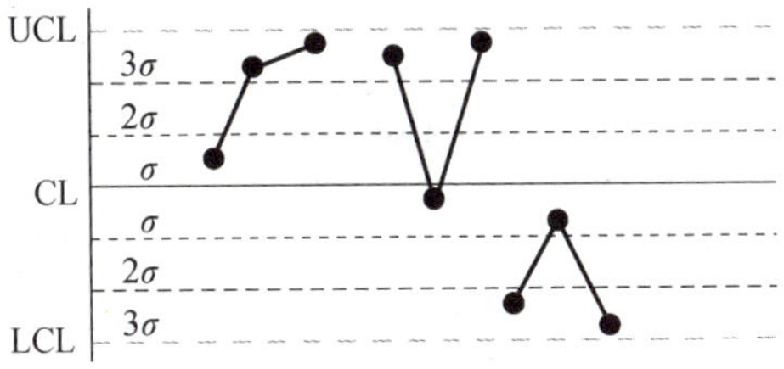
检验 6	连续 5 点中有 4 点落在中心线同一侧的一倍标准差范围外	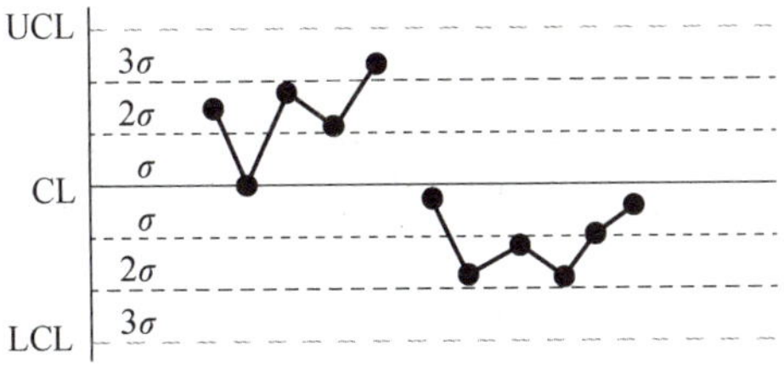

续表

检验	检验说明	控制图示例
检验 7	连续 15 点落在中心线两侧 1 倍标准差的范围内	
检验 8	连续 8 点落在中心线两侧且无一在 1 倍标准差的范围内	

2. MES 中 SPC 的运用

一些 MES 系统采用 SPC 技术对关键工序质量进行控制。与传统的 SPC 不同，MES 利用系统中成熟的数据采集、分析、处理和控制技术实现对质量数据的管理，将质量参数选取、质量数据采集、控制图绘制、质量诊断与过程调整等质量管理模块集成在一起，实现动态工序质量控制，如图 5-81 所示。

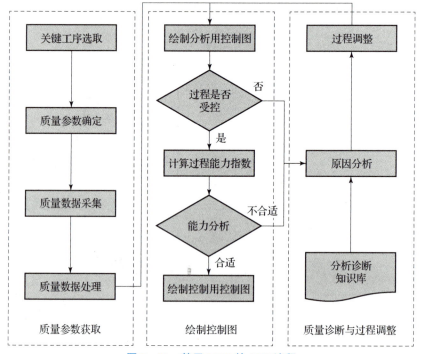

图 5-81 基于 MES 的 SPC 流程

（1）质量参数获取。在车间制造过程中，要系统地识别、分析产品或零部件工艺流程，找出影响产品质量的因素，并根据各工序对最终产品质量影响程度的大小及相互关系，绘制关键工序流程图；根据该图确定质量控制点及关键参数，绘制工序质量管理网络图，对影响产品质量的关键工序实施监控。在确定了关键工序及其参数后，就要对这些参数进行及时准确地采集和处理，为后续计算、控制和分析诊断做准备。

（2）绘制控制图。根据控制图使用的目的不同，可分为分析用和控制用两个阶段，因此要分别绘制分析用和控制用控制图。一道工序的初期或进行系统改进后，总存在不稳定因素，因此，先要绘制分析用控制图来判断过程是否受控。在分析用控制图阶段，如果过程有异因存在，应积极采取措施分析原因，调整过程，直到剔除所有异因，过程受控。在保证过程受控的情况下，通过查表 5-19 中计算过程能力指数 C_P，判断过程能力是否合适。如果过程能力充足，就用稳态下控制图的控制线控制生产过程；如果过程能力不充足，则要采取措施分析原因，调整过程，然后重新进行过程判断和过程能力评价。

表 5-19 过程能力分级

范围	等级	判断	措施
$C_P > 1.67$	特级	工序能力过高	缩小关键项目公差，提高产品质量
$1.67 \geq C_P > 1.33$	一级	工序能力充分	放宽非关键项目波动范围
$1.33 \geq C_P > 1$	二级	工序能力尚可	用控制图控制和监督工序
$1 \geq C_P > 0.67$	三级	工序能力不充分	分析原因制定措施加以改进
$0.67 \geq C_P$	四级	工序能力不足	停工，找出原因，改进工艺

其中，过程能力是指过程输出符合公差范围的能力。通常将允许的公差范围除以 6σ 的比值称为过程能力指数。当公差的中心值 M 与数据分布的中心一致时，称为过程能力"无偏"，指数用 C_P 表示；不一致时称为"有偏"，指数用 C_{PK} 表示。其计算公式如下：

$$C_P = \frac{T}{6\sigma} \qquad (公式 5-1)$$

$$C_{PK} = (1-K)C_P \qquad (公式 5-2)$$

在公式中：T 为公差范围，$T = T_U - T_L$，T_U 为上公差界限，T_L 为下公差界限；K 为 μ 与 M 的偏移度，$K = 2|M - \mu|/T$。

（3）质量诊断与过程调整。在绘制控制图的过程中，过程判断和过程能力分析是两个非常重要的环节，如果出现过程不稳定或过程能力不足的情况，必须进行质量诊断。通过查询质量分析诊断知识库，发现上述情况的原因及解决办法，然后进行过程调整，最终达到稳定的制造过程和合适的过程能力。

5.8 课后练习

一、名词解释

1. 产品质量。
2. 质检定义。

3. SPC。

4. 首检。

5. IQC。

二、单选题

1. 制造车间的质量管理活动主要由三个环节组成，以下哪一种不属于质量管理活动的主要环节？（　　）

　　A. 检验　　　　　B. 分析　　　　　C. 控制　　　　　D. 管理

2. 质检管理活动共分为质检前、质检中和质检后三个阶段，以下哪种不属于质检中阶段的质量管理活动？（　　）

　　A. 质检调度　　　B. 质检分派　　　C. 统计分析　　　D. 质检执行

3. 对采购进来的原材料、部件或产品做品质确认和查核，最后做出判断该批产品是允收还是拒收的质检活动是（　　）。

　　A. IPQC　　　　　B. IQC　　　　　C. FQC　　　　　D. OQC

4. 在末道工序完成后，最后做出判断该批产品是否可以进入成品库的质检活动是（　　）。

　　A. IPQC　　　　　B. IQC　　　　　C. FQC　　　　　D. OQC

5. （　　）是指检验员在生产现场按一定的时间间隔对有关工序的产品和生产条件进行的监督检验，目的是能及时发现质量问题。

　　A. 首检　　　　　B. 巡检　　　　　C. 全检　　　　　D. 抽检

6. 在抽样检查中，将总体分成均衡的几个部分，然后按照预先定出的规则，从每一部分抽取一个个体，得到所需要的样本，这种抽样叫做（　　）。

　　A. 随机抽样　　　B. 分层抽样　　　C. 整体抽样　　　D. 系统抽样

7. 根据数据的特性，质检数据主要分为计量数据和计数数据两种，以下哪种质量特性常用计数数据表述？（　　）

　　A. 废品量　　　　B. 光通量　　　　C. 辐射功率　　　D. 温度

8. 数据质量集中趋势描述用来反映数据的代表水平，其中不属于其常用的指标是（　　）。

　　A. 平均值　　　　B. 中位数　　　　C. 标准差　　　　D. 众数

9. PDCA 循环将质量管理的过程划分为四个主要的阶段，以下哪个不属于 PDCA 质量管理方法中的环节？（　　）

　　A. 计划　　　　　B. 执行　　　　　C. 检查　　　　　D. 反馈

10. 在 SPC 中，过程处于受控状态时，其产品特性出现在 $\mu \pm 3\sigma$ 中的概率以及超出 $\pm 3\sigma$ 范围的概率应该分别为（　　）。

　　A. 99.73%，0.27%　　　　　　　　B. 99.74%，0.26%

　　C. 0.27%，99.73%　　　　　　　　D. 0.26%，99.74%

三、简答题

1. 根据质量检测的时间和提取样品的方式，质检主要有哪几种常见类型，区别是什么？

2. 简要描述直方图的绘制过程。

3. 简要描述 MES 中 SPC 的流程。

4. 某焊接车间有 A、B、C 三位师傅，各自有自己的焊接工艺方法，也就是说 A 师傅使用 A 方法、B 师傅使用 B 方法、C 师傅使用 C 方法。电焊用的焊条有来自甲厂和乙厂。本周总共焊接了 100 个零件，不合格率超过了 25%，存在严重的质量问题。本周质检数据如下：

（1）使用甲厂焊条：

人员	不合格（个）	合格（个）
A	6	13
B	1	18
C	6	10

（2）使用乙厂焊条：

人员	不合格（个）	合格（个）
A	1	11
B	6	10
C	6	12

请分别按人员分类、焊条厂家分类列表计算不合格率，并用分层法分析解决如何提高质量。

5. 某车间 A、B 两组各生成出一组螺母样本，每组螺母样本的个数为 3 个，其中 A 组螺母的直径为 68 mm、78 mm、70 mm，B 组螺母的直径为 73 mm、72 mm、71 mm。分别求这两组的平均值，并比较 A 组和 B 组之间标准差的大小。

项目 6

MES 设备检验管理

【知识目标】

(1) 理解设备信息、设备分类以及设备台账等基本概念。
(2) 理解设备维护管理活动、维护类型和主要的维护方法。
(3) 理解设备运行统计分析的方法。

【能力目标】

(1) 能够利用 MES 管理车间的生产设备。
(2) 能够利用 MES 管理车间设备的备件。
(3) 能够利用 MES 管理车间的设备维护活动。
(4) 能够利用 MES 对车间设备运行进行统计分析。

【素质目标】

(1) 培养学生信息收集、筛选、整理的能力。
(2) 培养学生的判断分析能力和敏锐的观察力。
(3) 培养学生系统思考和独立思考的能力。
(4) 培养学生养成科学严谨、耐心专注和求真务实的工程素养。
(5) 培养学生利用科学的思维方式认识事物、解决问题的意识。
(6) 培养学生理解现代化生产设备的重要作用,将大国重器的理念根植在心中。
(7) 培养学生树立设备管理意识和预防性维护的理念。

【项目背景】

"工欲善其事,必先利其器",设备是提高企业经济效益的重要物资技术基础,设备管理工作是增强企业综合竞争力的重要物质保证。随着工业生产的发展,设备在现代化生产中作用和影响日益扩大,设备管理在企业管理中也显得越来越重要。

在制造企业车间生产中,生产设备处在车间生产活动的中心地位。设备的运转情况会影响产品产量和质量,设备发生故障停机检修会影响调度。可以说,设备管理是企业生产活动的物质技术基础,决定着企业生产效率和质量,要维持正常的生产效率就离不开对设备的管理。对于设备工作者而言,如何做好工作以适应当今飞速发展的形势,如何以优异的设备管理来完成《中国制造2025》,是很多设备工作者共同探索的方向。

在数字化转型升级的浪潮下，制造企业现代化装备水平不断提高，生产设备日趋自动化、智能化、复杂化。但多数制造企业虽斥巨资引进工业 4.0 的设备，对设备的管理维护却仍停留在"设备管理靠纸、设备分析靠猜、设备维保靠人"的工业 2.0 阶段，造成异常停机和备件浪费等隐形损失。因此在智能制造新形势下，需要提供更高的生产设备技术管理服务，这样才能满足企业对设备运行维护的要求。

6.1 任务 1：设备信息管理

6.1.1 任务描述

通过学习相关的知识，了解车间生产设备信息的构成，掌握利用 MES 管理生产设备信息的基本方法。

结合缸体智能车间 MES 系统案例，完成 MES 收集车间设备相关信息的过程，体验设备维护和设备档案管理的管理过程，为后期实施设备维护管理做好准备。

6.1.2 相关知识

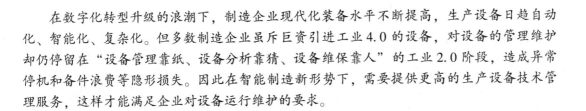

设备信息

一、设备信息

设备信息是生产排程调度的对象，也是设备维护管理业务的基础。设备信息包括本身固有的基本信息和设备运行时产生的运行信息。

1. 设备基本信息

设备作业车间生产的物理资源，在 MES 初始化阶段应定义好其基本信息方便统筹管理。设备的基本信息主要包括以下几个方面：

（1）设备类型。设备类型是生产企业对设备的分类。将具有类似特征的生产设备分组归类，每个设备类型都具有明显的相同特征，如拧紧机、打标机、检测机、压装机和翻转机等。

（2）设备台账。设备台账是掌握企业设备资产状况，反映企业各种类型设备的拥有量、设备分布及其变动情况的主要依据。主要包括设备名称、型号规格、购入日期、使用年限、折旧年限、资产编号、使用部门使用状况等。

（3）设备档案。设备档案，是指设备从规划、设计、制造、安装、调试、使用、维修、改造、更新至报废的全过程中形成的图纸、文字说明、凭证和记录等文件资料，通过不断收集、整理、鉴定等工作建立的档案。设备档案是设备管理工作的重要组成部分，为能够顺利、经济的实现设备的正常运行及维护保养提供基本技术支持。

2. 设备运行信息

设备运行信息是设备在使用过程中产生的活动信息，如设备运行监控记录、设备故障维修记录、设备点检和巡检记录等。

二、设备分类

设备分类是为了方便企业对生产设备的统计和查询,同时,为 MES 对设备的生产调度提供数据支持。MES 在生产排程时,将同一类别的设备视为一个独立的生产单元和维护单元。当业务管理部门发出生产指令后,MES 根据工艺对设备的要求,如生产设备类型、数量和时间需求等,自动从满足条件要求的这类设备中调取并分配给生产线使用。

设备分类

例如某个产品在不同生产工段可能需要不同轴数、不同加工精度的机床,因此可以将轴数相同、加工精度相同的机床归为一种机床类型。

另外,如果生产线作为一个生产调度单元,那么也可以把生产线看作一个设备类型。

例如,缸体生产线会因为产品类型的不同,可能有不同的工艺指标,如缸体尺寸(如 875 mm×525 mm×479 mm、756 mm×365 mm×423 mm 等)、缸径(如 80 mm、50 mm 等)。这些不同工艺指标的生产线就可以归为一个设备类型,因此可设定如下两种类型的设备:

(1) A 类缸体生产线,其特性为:缸体尺寸 875 mm × 525 mm × 479 mm,缸径尺寸 80 mm。

(2) B 类缸体生产线,其特性为:缸体尺寸 756 mm × 365 mm × 423 mm,缸径尺寸 50 mm。

可以参照表 6-1 给出的设备分类示例构建设备类型信息,主要内容包括设备类型编号、设备类型名称、设备类型特性名称及度量单位等。

表 6-1 设备分类示例

设备类型信息项		示例1——设备	示例2——生产线
设备类型编号		SK01	SC01
设备类型名称		数控机床	缸体生产线
设备特性	特性 1 名称及单位	轴属(个)	缸体尺寸(mm)
	特性 2 名称及单位	加工精度(mm)	杠径(mm)
	特性 3 名称及单位	主轴进给速度(m/min)	输出功率(kW/h)
	……	……	……

三、设备台账

1. 设备台账信息结构

为了设备管理工作的顺利进行,必须建立完善的设备台账,设备台账是掌握企业设备资产状况,反映企业各种类型设备的拥有量、设备分布及其变动情况的主要依据。

设备台账

在 MES 系统中建立设备台账和设备档案后,就可以根据当前设备运行的状态、设备的性能规格,合理安排符合生产条件要求的设备进行生产。而且,当设备发生故障时,可以快速调取设备构造图样、安装说明书以及维护保养历史记录等信息,快速经济地为设备维修提供技术支持。

设备台账主要由设备基本信息构成,设备台账信息项的建立可以参照表 6-2。

表 6-2 设备台账信息

编号	设备信息项	示例
1	设备编号	SK010001
2	设备名称	CK6156YG 数控机床
3	设备类型编号	SK01
4	设备类型	数控机床
5	设备规格	最大工件回转直径 $D560$ mm
6	设备型号	CK6156YG
7	使用部门	缸体加工车间
8	设备状态	运行（或者停用、维修、故障）
9	启用时间	2019-11-10
10	设备责任人	张成
11	生产厂家	西安数控设备制造有限公司
12	出厂编号	23019010102
13	出厂日期	2019-01-01
14	价格	70 000
15	折旧年限	5 年

在设备台账中，每一台设备都用唯一的设备编号进行标识，以便能够快速地找到对应设备。作为唯一标识符的设备编号，其号码通常采用以下两种办法进行编码：

(1) 以国家统计局编写的《统计用产品分类目录》为依据，按类组代号分页，按资产编号顺序排列，便于新增设备的资产编号和分类分型号统计。

(2) 按照车间、班组顺序使用单位的设备编号，这种形式便于生产维修计划管理及年终设备资产清点。

值得注意的是，以上两种办法也可以综合起来使用，规定对设备的编码，例如，某企业指定的设备轴承编码规则如图 6-2 所示。

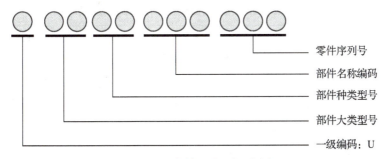

图 6-1 设备轴承编码规则示例

生产车间购入用于缸体生产的一批轴承,对于某个轴承的编码为 U-35-24-UBS-001。从左至右,U 是企业规定的轴承一级编码,35 是《统计用产品分类目录》中轴承对应的大类型号,24 是《统计用产品分类目录》中轴承对应的中类型号,UBS 是轴承名称(优必胜轴承),001 表示这是购进的该批产品的第一个轴承。

2. 设备台账建立方法

为了方便设备的生产调度和统计管理,应在 MES 中建立起设备台账信息,规范设备的分类、名称、规格型号和维修保养记录等。一般步骤如下:

(1) 建立设备类型信息。

收集、整理生产车间所有设备的基本信息。

根据要求,梳理出设备类型表,主要内容包括设备类型名称、设备类型特性和度量单位等。

在 MES 中逐项添加设备类别,形成设备类别信息。

(2) 添加设备信息。

通过人工录入或扫码枪自动录入的方式,录入每一台设备的信息。

将设备信息导入到 MES 系统中,形成设备信息,做好设备与设备类型之间的数据关联。

四、故障字典

企业设备的维护经验是维修人员在长期实践中积累的成果。为了提高设备维护能力和故障诊断速度,生产企业通常将故障诊断经验总结并整理出来,形成故障字典手册。故障字典既可以帮助提出设备维修申请的人方便描述故障信息,又可以指导设备维修人员采用正确的方法,对故障发生的部位进行检修,及时排除故障。一旦发生异常,维护人员可以立即根据故障字典,采用正确的方法,对故障的发生部位进行检修,及时排除故障,以保证设备的正常运行。

故障字典

设备故障字典信息一般包括故障编号、故障现象、故障诊断、故障原因和维修措施等,具体内容可以参考表 6-3。设备故障字典的内容既可以来源于企业自身维修设备的经验,也可以通过参照设备制造厂商提供的设备故障排除手册来建立。

表 6-3 设备故障字典信息表

编号	信息项	示例
1	故障编号	GZ2021033001
2	故障描述	数控机床工作台不能快速移动,主轴制动失灵
3	故障诊断	首先检查接线有无松动,整流变压器 T2,熔断器 FU3、FU6 的工作是否正常,整流器的四个整流二极管是否损坏
4	故障原因	如果二极管损坏,将导致输出直流电压偏低,吸力不够;电子离合器线圈散热条件差,容易发热烧毁;离合器的动摩擦片和静摩擦片经常摩擦,容易磨损
5	故障元件	二极管或电子离合器
6	维修措施	更换损坏的元件

6.1.3 任务实施

本次任务即利用 CYL‐MES 中相关功能完成设备资源的定义和管理，任务实施流程如下所示：

(1) 定义设备类型。
(2) 管理设备信息。
(3) 管理设备故障字典。

一、定义设备类型

生产车间中的设备一般是按类别进行管理的，因此，在 MES 中采集设备信息之前，首先需要定义好车间的生产设备类型。

定义设备类型

在 CYL‐MES 系统中，设备类型管理通过生产管理中的"设备类型管理"功能实现，界面如图 6-2 所示。在此界面中分成上下两栏，在上方栏目中，设备管理人员可以通过输入设备类型的名称和描述信息，单击"保存"后添加新的设备类型；在下方栏目中，则列出了已经存储在 MES 中的所有设备类型信息。

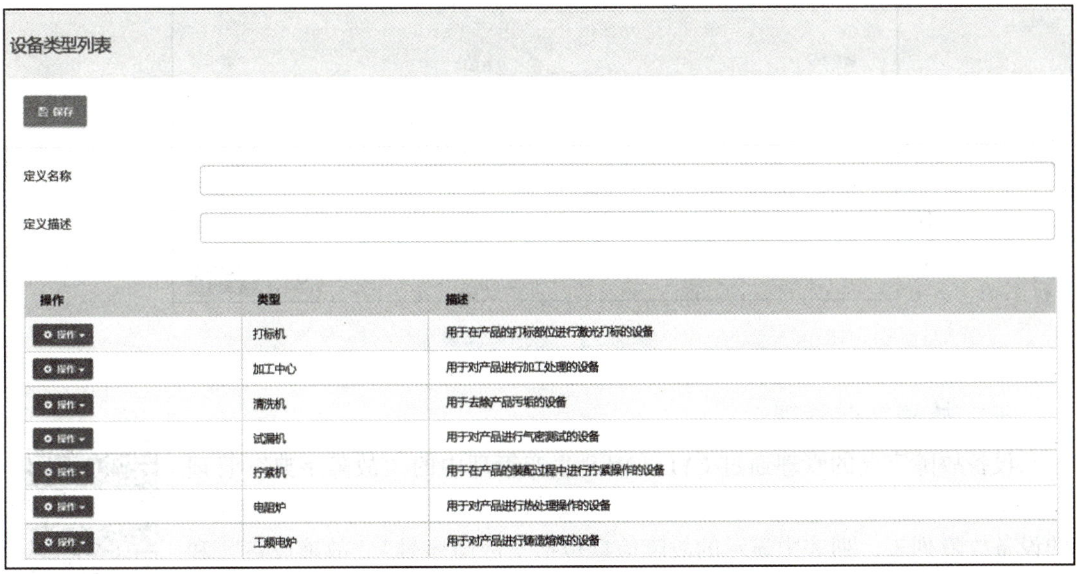

图 6-2 设备类型管理界面

二、设备信息管理

设备档案

生产设备的管理通过 CYL‐MES 系统生产管理功能中的"设备管理"实现，设备管理界面如图 6-3 所示。在此界面中，默认显示的是已经添加到 MES 中的生产设备列表，显示的信息包括设备编号、设备名称、状态、所在区域和供应商等信息。

当在设备管理主界面中，单击上方的"创建设备清单"按钮，系统会弹出对话框用于添加新的生产设备，如图 6-4 所示。在此界面中，用户可以选择和录入新增设备的信息，单击"保存"后即可完成新的生产设备的添加。

259

图6-3 设备管理主界面

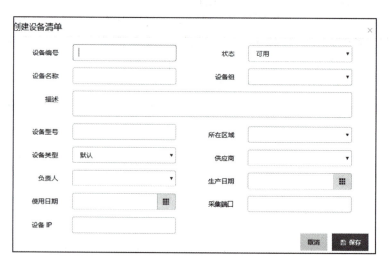

图6-4 添加设备界面

三、故障字典管理

设备故障字典的管理通过 CYL – MES 生产管理中的"故障字典"管理功能实现，如图6-5所示。在此界面中，默认显示的是已经添加到 MES 中的设备故障列表，列表中显示的故障信息包括"故障序号""故障设备"和"故障描述"。通过每一栏的故障信息前列的"操作"功能，可以完成查看、编辑和删除故障信息的相关操作。

报警维护

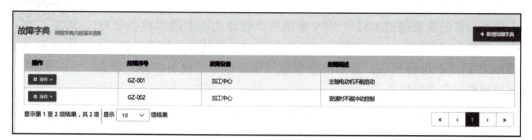

图6-5 设备故障字典界面

项目 6　MES 设备检验管理

当在设备故障字典界面单击上方的"添加新设备故障"后,系统会弹出"添加新设备故障"对话框,如图 6-6 所示。在此界面中,输入和选择新设备故障的相关特征项内容,单击"保存"后,完成新设备故障字典内容的添加。

图 6-6　添加新设备故障字典项

6.1.4　任务评价

任务学习完成后,由教师、学生进行自评、互评和师评,评价学生是否完成对设备信息、设备分类、设备台账和设备故障字典等内容的学习,是否能结合企业实际情况完成 MES 中设备台账信息和设备故障字典信息管理过程。评价完成后,将评价的结果填写到表 6-4 的评价表中。

表 6-4　MES 中设备信息管理任务评价表

序号	评价指标	评分标准	满分	评价			综合得分
				自评	互评	师评	
1	设备信息与设备分类	能正确理解生产设备基本信息和运行信息相关组成要素的内涵和作用;能依据不同特性对设备类别信息进行描述	20				
2	设备台账与故障字典	能正确描述设备台账和故障字典的建立方法,并能对设备创建台账数据字段和故障字典数据字段信息表	20				

261

续表

序号	评价指标	评分标准	满分	评价 自评	评价 互评	评价 师评	综合得分
3	MES 设备信息管理	能利用 MES 中的相关功能管理设备类型信息和设备信息	30				
4	MES 故障字典	能利用 MES 提供的功能完成对设备故障字典信息的管理	30				

6.2 任务2：设备维护管理

6.2.1 任务描述

生产设备是为企业带来绩效的最重要的资产，为了达到对这些资产有效利用和经济利用的目的，就必须要保证这些设备的效率、利用率和完好性。为了做到这点，必须提供关于设备全面的和可再现的工况信息。

同时，设备的工况信息能为工作人员指明易发生故障的区域，并能够提供必要的处理意见，挖掘隐藏的设备生产能力，从而对设备更有效地加以利用。

本任务结合缸体智能车间 MES 系统案例，使用 MES 的设备维护管理功能，监测设备运行状态、处置故障维修工单、制订维护保养计划、实施定期预防性维护并管理设备备件的业务流程。学生需要理解和掌握 MES 的设备维护工作。

6.2.2 相关知识

一、设备维护管理活动

设备维护管理活动

设备维护管理属于制造执行的运动维护活动，是一组协调、指导和跟踪设备的活动，其目的在于保证设备处于良好的技术状态，以便更好地提高设备的生产能力。设备维护管理由八个活动组成。各个活动的关系描述如图6-7所示。

从图6-7中可以看出，设备维护管理活动分为维护前、维护中和维护后三部分，这三个部分内的八个活动的具体作用如下：

（1）维护资源管理：提供对维护设备、工具和人员等资源的管理。当分派维护任务时，维护管理人员可以从 MES 系统中选取可以派工的维修人员、工具，对需要维护的设备等进行维护工作安排。

（2）维护定义管理：提供对维护设备资料的管理，如设备使用说明书、设备结构样图、保养手册和维护操作手册等，用于指导维护人员的维修活动。

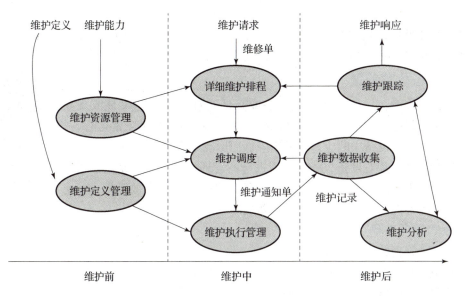

图 6-7　设备维护管理活动模型

（3）详细维护排程：根据维护请求以及当前生产计划、可用资源制订维护计划，明确维护执行人（部门）、维护时间等。维护请求的类型可以是纠正的、预防的、提前的或基于状态的维护；维护请求的申请可以是来自业务部门的，也可以是来自智能控制系统自动产生的基于设备状态的请求；维护请求的内容主要包括维护设备、维护申请时间、维护优先级、维护内容描述和维护申报人等。

（4）维护调度：发出维护通知单，将维护请求发送给维护执行人，维护通知单的主要内容包括参与维护的人员、维护工具、维护物料和维护优先级等。

（5）维护执行管理：对维护请求进行响应，执行维护的具体操作，并反馈维护过程中的维护信息，主要内容包括维护响应的事件、维护人、维护情况描述和处理结果等。

（6）维护跟踪：对维护过程进行监控，反映维护情况，形成维护活动报告。维护活动报告中应详细记录设备异常的问题原因、具体的维修方案和对设备日后保养的建议等。

（7）维护数据收集：收集设备维护请求时间、维护时间、维护成本、设备当前状态和维护人员等信息，通过人工录入或者自动化的方式将数据保存到系统中。

（8）统计分析：对收集的数据进行分析，追溯设备异常的根本原因，制订改进措施并纠正对设备的不当操作，对维护的成本和绩效进行分析。

二、设备维护类型

设备维护可以分为以下四种类型：

（1）基于设备故障的响应性维护：当设备出现故障后才响应实施的维护，是响应性的维护，有时又被称为矫正维护。

设备维护类型

（2）基于时间周期的预防性维护：按照规定的时间或者周期实施的维护，是预防性的维护。通常所说的巡检、点检、保养等都属于此类维护。

（3）基于设备状态的预见性维护：从采集的设备数据预测设备可能发生的故障而预先实施的维护。这种维护是在设备出现异常情况或破坏性现象之前执行的维护，是预见性维护。

（4）基于性能优化的改进性维护：企业由于进行资源运行绩效和效率优化，对生产设备提出更新要求，通过对设备进行优化以提高运行效率，这是改进性维护。

三、设备故障管理

设备故障管理

所谓设备故障，一般是指设备失去或降低其规定功能的事件或现象，表现为设备的某些零件失去原有的精度或性能，使设备不能正常运行、技术性能降低，致使设备中断生产或效率降低而影响生产。

设备故障管理是对设备故障发生后进行的管理操作，是用来动态维持设备正常运行并达到一定生产水平的一系列活动，包括故障处理请求、派发故障处理任务、执行故障处理以及记录故障处理情况等，属于基于设备故障响应的维护。

1. 故障管理步骤

设备故障管理的一般步骤如下：

（1）发出设备故障处理请求，描述设备出现的异常情况，将信息保存到 MES 中，并在电子看板上发出设备警报。

（2）管理人员通过 MES 平台所述故障信息响应故障处理请求，安排维护计划，调度维修人员、工具和物料等资源，并派发故障处理任务工单。

（3）维护人员接收故障处理任务工单，到现场修复设备故障。

（4）维护人员记录故障维修情况，将故障维修记录提交到 MES 中。

（5）管理人员根据设备故障处理情况，在 MES 中处理是否结束故障维修任务。对于故障维修超时的设备在电子看板中用不同的颜色区分，帮助管理人员掌握设备状态并合理进行生产调度。

设备故障维修管理流程如图 6-8 所示。

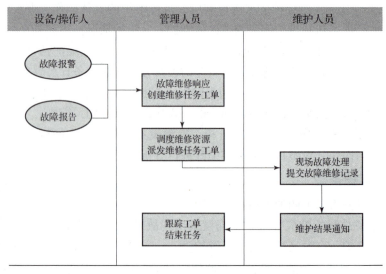

图 6-8 设备故障维修管理流程

2. 故障维修记录

在故障维修过程中，需要记录下设备故障现象、故障诊断和故障维修情况等。故障维修记录信息可以参考表 6-5。

表 6-5 故障维修记录信息

编号	信息项	示例
1	故障记录单号	GZ1306310001
2	设备编号	SK010001
3	维修日期	2021-03-21
4	完成日期	2021-03-24
5	设备停机时间	48 h
6	诊断时间	2 h
7	技术支援时间	2 h
8	排障时间	12 h
9	备件等待时间	48 h
10	故障类别	一般
11	故障现象描述	电动机停机
12	故障原因	轴承合金烧毁
13	维修措施	更换电动机轴承
14	维修费用	1 000
15	故障损失	10 000
16	负责人	张三
17	维修结果	完成

四、设备运行监控

1. 设备运行状态

目前，制造类企业的设备都在向大型化、高速化、精密化以及自动化的方向发展，一方面给企业带来了很高的效益，另一方面也带来了高磨损、停机损失大、维修难度大、成本高的一系列问题。而造成这些问题的最主要的原因，在于不了解设备的运行状态，致使设备使用不当，维护保养不到位。

设备的运行状态可以通过一系列的指标反映出来，这些指标主要包括设备完好率、设备故障率、设备的役龄和设备的新度等。

（1）设备完好率：表示设备技术状态的完好程度，是检查企业进行设备维修工作水平的指标。

（2）设备故障率：反映设备技术状态的一项指标，是故障停机时间与设备运转时间之比。

（3）设备的役龄：指设备在生产中的使用年限。一个企业所有设备的平均役龄高低，反映了该企业设备的总平均新旧程度或更新程度。

（4）设备的新度：指设备中已提折旧后的净值占原值的比值，设备役龄越长，提的折旧越多，净值越少，设备新度越小。

设备运行状态的评价等级，一般情况下主要分为状态正常（维护阶段）、状态一般（局部维修或改造阶段）、状态较差（大修阶段）和状态极差（报废更新阶段）四个状态等级。设备运行状态评价的具体流程如图6–9所示。

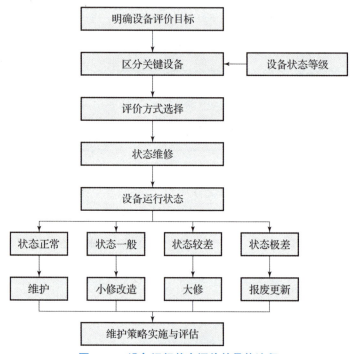

图6–9 设备运行状态评价的具体流程

对各个状态等级的描述及相应的处理方法如下：

（1）状态正常：表明该设备运行状态良好，无明显故障发生，各项运行指标数据监测正常。虽然运行正常的设备无须花费过多人力和物力在设备维护上，但也应该做好对该设备的日常监测和状态参数统计工作。

（2）状态一般：表明该设备有潜在的故障发生的可能，各项运行状态指标参数达不到或略低于正常状态标准，虽然此类设备仍能正常工作，但必须做好对其运行状态的监测工作，对不正常数据进行详细记录和分析，同时做好设备故障的预防工作。

（3）状态较差：表明设备虽能勉强维持运行，但已经属于"生病"状态，该设备的多项状态检测指标均出现异常现象，设备需要经常维修才能维持工作状态。此时应立即查找状态异常原因，分析异常状态指标，制定设备的维护策略。

（4）状态极差：表明设备已基本不能正常工作，各项状态监测指标均已达到劣化水平，如不及时采取措施有可能会导致设备停工或者机械故障，甚至会造成人员的意外伤害。应立即维修或者更换此设备。

2. 设备状态数据采集

车间设备的良好状态需要通过精心的维护和正确的保养才能实现，而正确维护保养依赖于对设备的日常运行状态进行监控和记录，能针对出现的异常问题及时处理。

设备运行状态监控的数据采集方式主要有以下三种：

（1）自动采集方式：利用物联网感知技术获取采集设备的信息和状态，如速度、温度、压力和位移等数据，将采集到的设备状态信息以图表的形式展现，方便相关管理人员随时查看，分析设备是否处于异常状态，也为生产现场设备可视化管控提供所需的数据。

（2）人工介入方式：采用 PDA、条码扫描器和触摸屏看板等人机交互设施，将采集到的设备运行信息（如设备运行时间、启动时间、停止时间、停机时间和运行状态等）录入到 MES 中。

（3）数据交换方式：通过第三方系统提供的数据接口 API、物联网中间件、数据采集和监控系统等自动获取有关设备的采集信息，读取的过程实际上是数据交换的过程，不需要人工介入，确保数据的准确性。

3. 设备状态数据特点

设备特征状态数据是从设计、工艺、生产到管理贯穿整个生命周期的重要记录，它使得制造系统的每一阶段可以被直观描述出来以便相关人员对生产制造活动做出决策，如图 6-10 所示。系统主动通过对海量设备的特征状态数据进行分析来寻找设备故障预测的方法是智能制造的一个重要标志，它的兴起是由以下因素决定的：

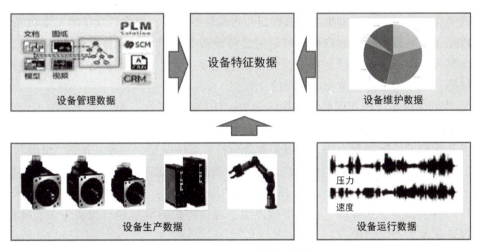

图 6-10　设备数据分布图

（1）制造流程和用户需求越来越复杂，依靠个人经验和分析无法满足复杂制造系统的管理和优化。分析技术的运用使得人们能够从大量数据中发现更多的价值。

（2）同时在设备自动化生产过程中生产系统积累了大量的历史数据，这些数据蕴含的信息和价值并没有被人们完全发现和利用。

（3）随着工业以太网技术的发展，生产环境内设备的数据采集频率能够满足设备自动化生产过程中的数据产出频率。

（4）微处理器、嵌入式系统技术的发展使得设备产生数据的频率更高，分布更广泛。

（5）分布式计算等技术的发展，使得处理实时大数据的能力得到保障。

制造设备特征状态数据呈现出以下特征：

（1）数据量大，数据源分散广，大量设备同一时间产生的数据量大，并且随着产线的扩充和设备的增加，数据量会以几何形式递增。

（2）设备种类多，数据类型复杂，不同的设备具有不同的特征状态。

（3）设备以毫秒级别不断产生数据，采集到的数据需要马上转化为有效的控制指令，具有一定的时效性并呈现高通量特征。

（4）数据质量低，需要通过专业的分析才能从海量的数据中提炼出其价值。

因此，只有将设备数据与先进的分析技术相结合，实现设备的智能化维护，才是提升制造设备管理的最好途径。

五、预防性维护管理

预防性维护是指定期、例行的维修，以帮助设备保持正常运转，防止任何计划外的停机和设备意外故障造成的昂贵费用。它要求在实际问题出现之前仔细规划和安排设备维修，并准确记录过去的检查和维修报告。预防性维护包括大修、小修和保养等基于时间或周期的循环性维护。

1. 常见的设备维护概念

（1）大修与小修：根据维修内容、技术要求、工作量大小和时间长短，设备维护可以分为大修和小修。

小修主要是根据设备日常点检、定期检查和状态监测诊断所发现的设备缺陷或劣化征兆，在故障发生之前及时进行排除性的修理，以保证设备的正常功能。

大修是工作量最大的计划维修，其目的是将设备全部或大部解体，修复基准件，更换或修复全部不合格的零件；修复和调整设备的电气液、启动系统等；达到全面消除维修前存在的缺陷，恢复设备的规定功能和精度。

（2）计划保修制：计划保修制是我国于20世纪60年代在总结计划预修制的经验和教训的基础上建立的一种专群结合、以防为主、防修结合的设备维修制度，明确了进行设备三级保养和大修理的体制和方法。三级保养分为日常维护保养、一级保养和二级保养。

（3）巡检与点检：巡检和点检是广泛应用于车间设备管理的一种管理方法，主要是通过人的五感或借助工具、仪器，按照预先设定的周期和方法，准确地掌握设备技术状况，达到维持和改善设备工作性能、预防事故发生、减少停机时间、延长设备寿命、降低维修费用、保证正常生产的目的。

巡检是按照预先设定的标准、周期和方法进行的设备巡视检验。通过巡检掌握设备运行状况及周围环境的变化，发现设施缺陷和危及安全的隐患，及时采取有效措施，保证设备的安全和系统稳定。

点检是对设备上的规定部位进行有无异常的预防性周密检查，期望设备端的隐患和缺陷能够得到早期发现、早期预防和早期处理。点检周期、点检内容应根据设备说明书、操作规程制定，不同行业、不同车间、不同设备会有所不同。

2. 工作步骤

在预防性维护前，应编制计划，做好维修的各项准备工作。在实施维修过程中，应根据维修计划形成维修工单，维修后需要对维修工作进行详细记录。预防性维护一般工作步骤如下：

（1）制订设备保养、巡检、点检和大修小修等维护计划。

(2) 分派维修任务，包括工单准备、工单签发等。

(3) 执行工单，包括维修人员通过人工或者现场终端执行设备巡检、点检工作，登记设备维修和检查情况，对设备异常状态进行记录和分析。

(4) 工单完成后反馈设备的检修数据。

(5) 维护管理人员监督维修工单执行和完成情况。

3. 设备维护计划

设备维护计划是指导企业对设备进行维护保养和检查修理等工作的方案，是企业生产管理的重要组成部分。设备维护计划信息的制订可以参照表 6-6。

表 6-6 设备维护计划信息的制订

编号	设备维护信息项	示例
1	维护计划工单号	WX1306310001
2	设备编号	SK010001
3	设备名称	CK6156YG 数控机床
4	计划停机时长	24 h
5	计划开始时间	2020-03-16
6	计划结束时间	2020-03-18
7	维护开始时间	2020-03-16
8	维护结束时间	2020-03-17
9	维护内容	检查油压系统，检查润滑与冷却系统
10	维护部门	后勤部
11	结论	设备正常
12	验收部门	设备部
13	维护人员	张三
14	计划状态	完成

6.2.3 任务实施

在 CYL-MES 中对于生产设备的维护管理功能主要包括四个方面：故障维修、预防性维护、运行统计和备件管理。

一、设备故障维修

设备故障维修用于对发生故障的设备进行维修处理，设备故障维修实施步骤如下：

(1) 申请设备故障维修。

(2) 设备故障维修响应。

点检维护

(3) 故障维修记录。

1. 申请设备故障维修

当生产车间发现某个设备发生故障时，可以立刻在 MES 中提交设备维修申请。设备维修申请功能入口在 CYL – MES 中设备维修管理的"维修登记"功能完成。在维修登记对话框窗口中，选择"故障描述"选项卡，维修申报人员可以录入和选择维修设备编号、所属区域、设备分类、故障描述、报修人和报修时间等信息，并单击"保存"提交维修申请，如图 6 – 11 所示。

图 6 – 11 故障维修登记申请

2. 设备故障维修响应

设备故障维修申请首先送达设备管理人员，设备管理人员可以在 CYL – MES 中"维修管理"功能中查看需要维修的设备信息，如图 6 – 12 所示，并根据资源分配情况分派设备维修任务。

图 6 – 12 故障维修管理任务列表

3. 故障维修记录

当维修人员在 CYL – MES 的维修客户端看到自己的维修任务后，就可以开始根据维修任务单对设备进行维修。在维修过程中，维修人员可以在"维修登记"窗口中填写维修记录，如图 6 – 13 所示，对当前的维修状态进行记录，维修人员可以通过单击"保存"多次记录维修的过程信息。对于已经处理完毕的维修任务，需要将"维修结果"设置为完成，并经过验收人验收通过后，才可以单击"保存"按钮，告诉 MES 当前的维修任务已经完成了。

图 6 – 13　填写设备维修信息

二、设备保养计划

预防性维护即设备保养计划用于对设备进行定期、例行的维修，以帮助设备保持正常运转。预防性维护的实施步骤如下：

（1）制订设备保养计划。

（2）设备保养计划响应和记录。

设备保养计划

1. 制订设备保养计划

（1）建立保养内容。维护保养的目的在于保证每一个维护设备的生产能力和保持其持久耐用性。因此，在保养计划中需要规定设备的具体保养内容，这些保养内容将指导之后保养任务的实施和保养活动的安排。在 CYL – MES 中，保养内容的管理通过设备管理中的"保养内容"功能实现，如图 6 – 14 所示。在此界面中列出了所有保存在 MES 中的保养内容。

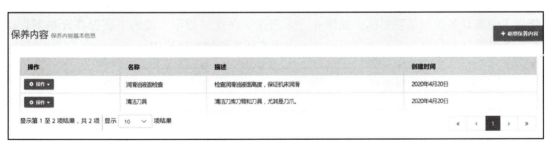

图 6 – 14　保养内容管理界面

当需要添加新的保养内容时，可以通过在保养内容管理界面中单击"新增保养内容"按钮，在系统弹出的"新增保养内容"对话框中，输入保养的名称和描述信息，如图 6 – 15 所示。

（2）制订保养计划。保养计划是对生产设备采用周期性维护保养的计划管理，在 CYL – MES 中保养计划的制订通过"保养计划"管理功能实现，如图 6 – 16 所示。在此界面中，列出了已经存储在 MES 中的保养计划任务列表。

图 6-15 新增保养内容

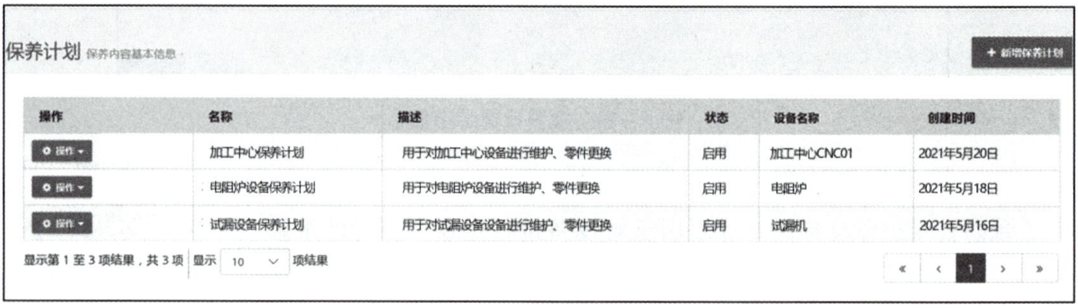

图 6-16 保养计划管理界面

通过单击"保养计划"管理界面上的"新增保养计划"按钮,系统将弹出新增保养计划的对话框,如图 6-18 所示。维修管理人员可以在该对话框中输入和选择保养计划的名称、描述信息、是否启用和关联设备等,单击"保存"即可在 MES 中创建一个新的保养计划。

(3) 确定保养任务。保养任务是保养计划中具体执行的保养活动,它规定了保养计划中具体的保养内容、保养级别、保养时长、保养模式和维保人员等信息,是保养计划是否完成的检验标准。通过在图 6-17 中,单击保养计划前操作菜单下的"保养任务明细",系统进入保养任务明细信息界面,如图 6-18 所示。在此界面中,列出了该保养计划下具体执行的保养任务信息,以列表的形式显示在保养任务明细列表栏中。

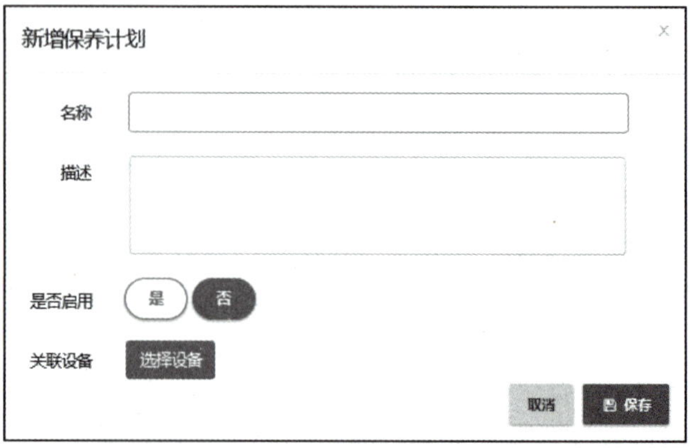

图 6-17 新增保养计划

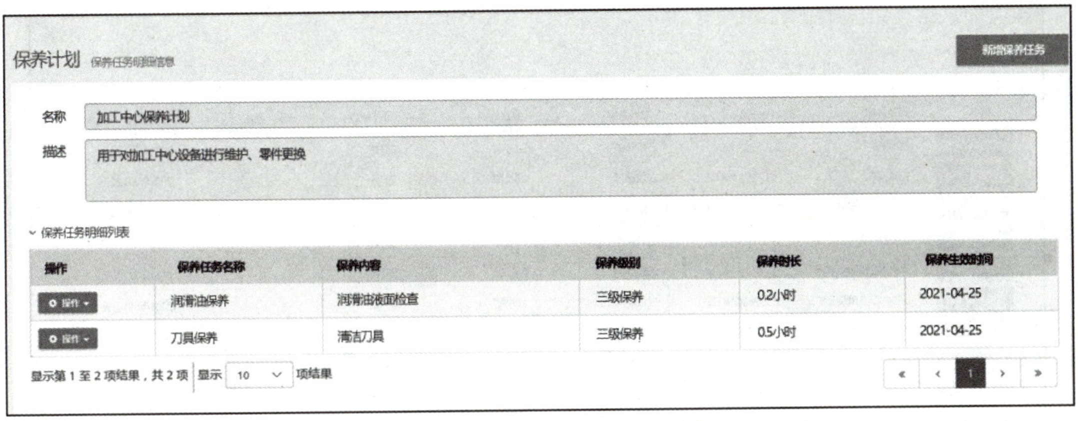

项目 6　MES 设备检验管理

图 6-18　保养计划任务明细列表

维护管理人员可以单击"新增保养任务",在系统弹出的新增保养任务对话框中为保养计划添加新的保养任务,如图 6-19 所示。在此界面中,需要选择和输入保养任务名称、保养内容、保养级别、保养时长、维保角色、维保人员、保养周期、生效时间、提醒方式和保养模式等信息。

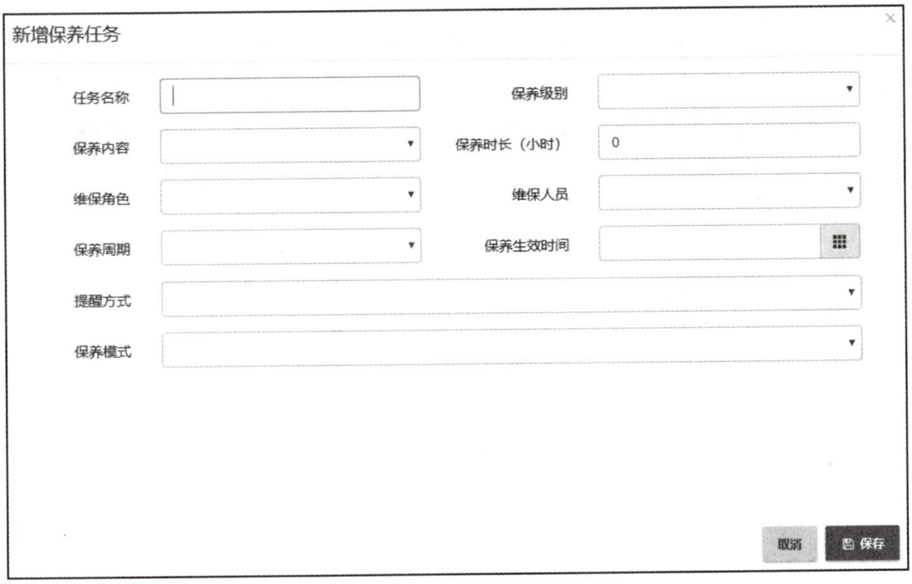

图 6-19　新增保养任务

2. 设备保养计划响应和记录

当设备维护保养计划制订完成,以及保养计划中的保养任务时间生效后,系统会自动产生设备保养维护请求。设备维护人员将在自己的维护任务中看到分派的设备保养维护任务,如图 6-20 所示。在此界面中,将以列表的形式显示保养任务活动的名称、关联设备以及当前保养进行状态等,维护人员可以单击保养活动前的"保养活动事项"按钮进入保养活动执行页面,对设备开始进行保养。

当维护人员进入"保养活动事项"页面后,可以根据保养的活动要求,新增保养活动事项。通过单击界面上的"新增保养事项"按钮,即可在系统弹出的新增保养活动事项对

273

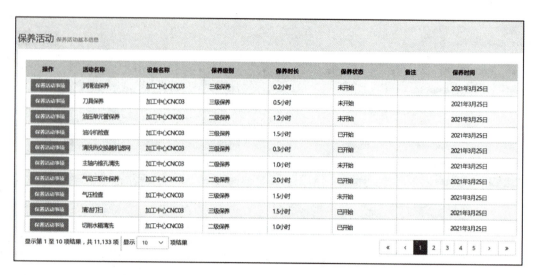

图 6-20 保养活动任务列表

话框中为此次保养活动添加新的保养项目，包括保养部位、保养要求、保养动作和注意事项等，如图 6-21 所示。

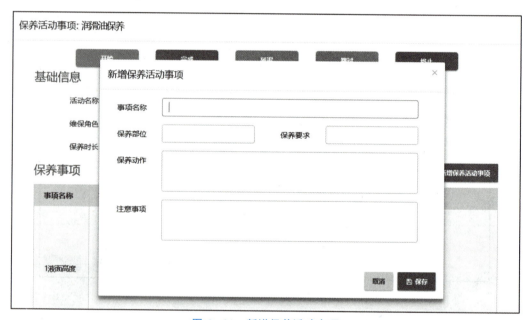

图 6-21 新增保养活动事项

当完成对保养活动中具体事项的定义后，维护人员就可以通过单击"开始"按钮告诉 MES 系统当前已经开始对设备进行保养维护了，保养活动的具体实施根据保养事项进行，当保养活动中所要求的所有保养事项都已经完成保养维护后，维护人员就可以单击"完成"按钮，告诉 MES 该保养活动已经完成。如果在对保养事项的保养维护中发生异常，可以通过"延迟""跳过"或"终止"等功能对该保养活动进行延后或强行结束处理，如图 6-22 所示。

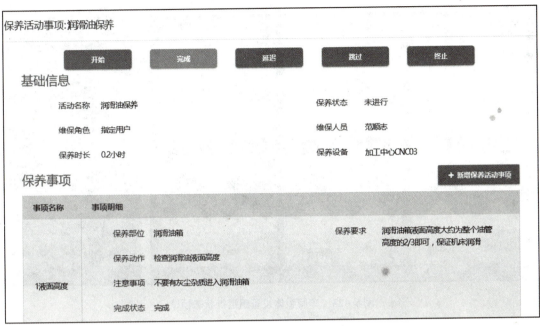

图6-22 保养活动任务流程

三、设备运行统计

设备运行统计用于掌握设备的运行状况,并根据不同角度处理和显示设备的运行数据,并从中获取所期望的结论,设备运行统计的实施步骤如下:

(1) 查看运行状态。

(2) 统计运行情况。

OEE

1. 查看运行状态

设备的运行状态通过 CYL-MES 设备管理中的"查看运行状态功能"进入。设备运行状态可以反馈出当前设备的运行状况,为了使生产管理人员和设备维护人员能在现场快速地浏览整个车间设备组的状态,从而对生产过程出现的问题进行及时反应,CYL-MES 提供了图形化设备组的显示功能,该可视化功能可以直接连接显示器和投影仪,如图6-23所示。

图形化设备组通过图形符号形式展示生产车间中每个生产设备的运行状况、能耗信息及其他状态参数的实时信息,管理人员和维护人员可以通过这个功能实现对生产设备的虚拟巡视。

CYL-MES 系统也为用户提供一个详细的关于过去某台设备所有状态和事件的概览功能。当在图6-23的界面中,单击某一个设备后,系统会弹出该设备的详细信息页面,如图6-24所示。在该界面中,通过表格化和图形化的显示方式,提供了 MES 所采集到的该设备在生产过程中发生的事件和状态,以便为后续对设备的各种评估和维护活动打下基础。

2. 统计运行状态

设备运行统计状态的入口是 CYL-MES 系统中的"OEE 统计分析"功能,如图6-25所示。在状态统计分析中,通过柱状图的方式对车间设备的等待和生产时间进行对比,可以以此为线索,得出该在何处进行优化才会有最好的效果。

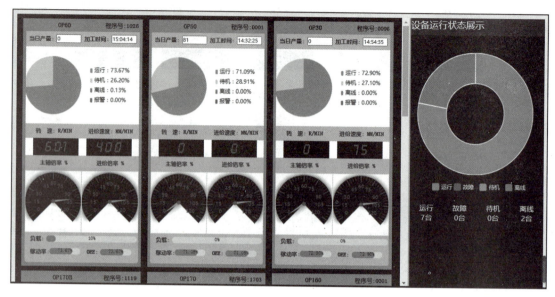

图 6-23 车间整体设备组运行状态预览

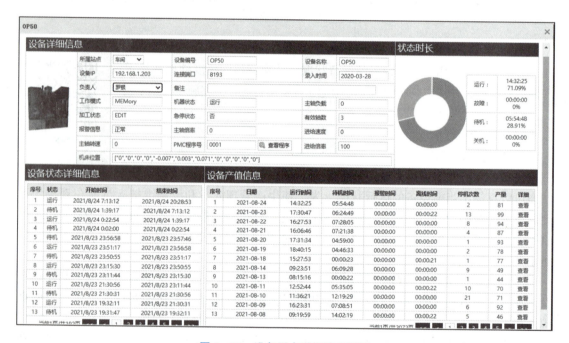

图 6-24 设备历史详细信息界面

设备产量统计分析的入口是 CYL-MES 系统中的"产量分析"功能，如图 6-26 所示。在产量分析报告中，通过柱状图的方式对生产设备每日的产量进行对比分析，界面中列出了当日产量、累计产量、累计运行时长等信息，可以以此为线索，分析当前车间设备运行状态是否平稳，并预估生产任务是否能够及时完成。

项目 6　MES 设备检验管理

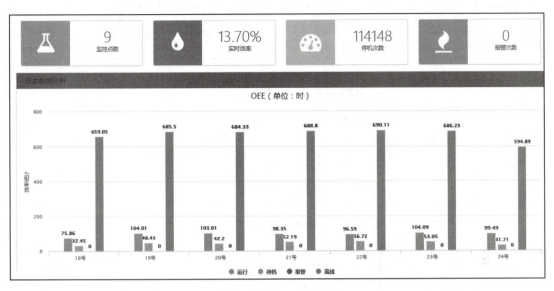

图 6-25　设备 OEE 统计分析

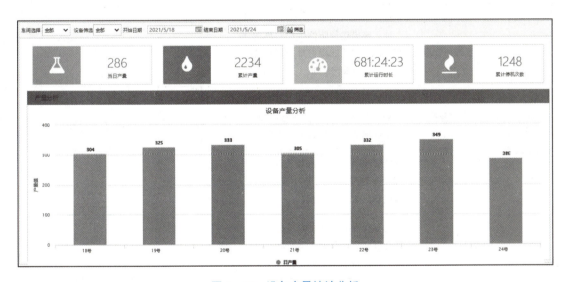

图 6-26　设备产量统计分析

6.2.4　任务评价

　　任务学习完成后，由教师、学生进行自评、互评和师评，评价学生是否完成对设备维护管理活动、设备维护类型、设备故障管理、设备运行监控和预防性维护管理等内容的学习，是否能结合企业实际情况完成 MES 中设备故障维修、设备保养计划管理和设备运行统计等业务功能操作。评价完成后，将评价的结果填写到表 6-7 的评价表中。

表 6-7 MES 中设备信息管理任务评价表

序号	评价指标	评分标准	满分	评价 自评	评价 互评	评价 师评	综合得分
1	设备维护管理活动	能正确描述设备维护管理活动的八个管理活动的定义和关系	10				
2	设备维护类型	能正确描述四种设备维护管理类型的概念,并能分析出四种设备维护类型的区别	5				
3	设备故障管理	能正确描述故障管理的概念并能梳理故障管理的实施步骤,能编制故障维修记录信息表	10				
4	设备运行监控	能正确理解设备运行监控的相关指标作用,掌握设备状态评价的决策流程及处理方式,学会如何使用不同的采集方式采集设备运行数据	10				
5	预防性维护管理	能正确描述预防性维护管理的相关概念,并能根据维护流程合理制订设备维护计划	10				
6	MES 设备故障维修	能够利用 MES 中的相关设备管理功能处理设备故障维修申请、响应和记录的业务过程	20				
7	MES 保养计划管理	能够利用 MES 中的相关设备管理功能处理设备保养计划制订、响应和记录的业务过程	20				
8	MES 设备运行统计分析	能够利用 MES 中的相关统计分析功能,处理对设备运行状态查看、统计和分析的业务过程	15				

6.3 项目总结

本项目从认识生产设备信息、设备台账、设备字典、设备维护管理活动、设备故障管理、设备运行监控和预防性维护管理控制等内容开始详细分析 MES 系统中生产设备信息管理、生产设备台账管理、设备故障字典管理、设备故障维修、设备保养维护和设备运行统计等业务流程的处理过程,并以缸体智能加工车间 MES 系统为例,对 MES 系统中设备信息维护、设备台账管理、设备字典管理、故障维护响应记录、保养计划制订实施和设备统计分析评估功能的操作做了说明。具体知识结构导航如图 6-27 所示。

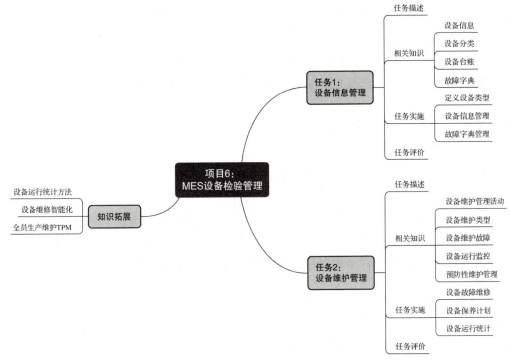

图 6-27 具体知识结构导航

6.4 知识拓展

一、设备运行统计方法

MES 中的设备管控功能记录了设备运行过程中的各项信息，设备统计分析的作用就是对这些信息分类汇总，并运用统计方法，计算用户关心的统计指标，从而达到优化设备管理方法的目的。

设备运行统计分析通常包括对设备投资效益、设备新度系数、设备可靠性和设备综合效率等指标的统计分析，统计结果可以通过图形化的方法，从多个维度直观展示关键性指标，将隐藏在数据中的设备状态显示出来，便于管理人员对异常情况及时反馈，避免损失。

下面介绍一些常用的设备运行统计指标，如新增设备投资效益、设备可利用率、生产设备完好率和设备综合效率等。

1. 新增设备投资效益

新增设备投资效益是指企业通过技术改造新增设备投资所创利润、新增生产能力或节约的原材料、能源的价值。

（1）投资利润率：

$$投资利润率 = \frac{设备年创利率}{设备投资额} \times 100\%$$

设备运行统计
分析方法

（2）投资回收期：

$$设备投资回收期 = \frac{设备投资额(元)}{采用新设备后的年均收益额(元/年)}$$

2. 设备资产总原值和总净值变化率

设备资产原值又称为"原始购置成本"或"历史成本"。资产原值反映企业在设备资产方面的投资和企业的生产规模、装备水平等。它还是进行固定资产核算、计算折旧的依据。

设备资产净值也称为折余价值，是指资产原值减去已提折旧后的净额。它可以反映企业实际占用在设备资产上的资金数额和设备资产的新旧程度。

$$设备资产总原值变化率 = \frac{本年末设备资产总原值}{上年末设备资产总原值}$$

$$设备资产总净值变化率 = \frac{本年末设备资产总净值}{上年末设备资产总净值}$$

原值变化率>1，表明资产增值，这项指标可以防止资产转移，保证资产价值的完整。

净值变化率>1，表明设备折旧费已完全用于更新改造，这项指标可防止企业行为短期化，装备素质不致劣化。

3. 设备新度系数（或固定资产净值率）

设备新度系数是指企业设备固定资产净值占设备固定资产原值的百分比。所谓设备固定资产的净值是指其原值减去逐年提取积累的折旧费。很明显，对于一台固定原值的设备来说，其使用的年限越长，逐年提供积累的折旧费就越多，其净值也就越低。所以，企业设备新度系数的高低直接反映了该企业所有设备的新旧程度。

$$设备新度系数 = \frac{年末企业全部生产设备固定资产净值(万元)}{年末企业全部生产设备固定资产原值(万元)} \times 100\%$$

4. 设备重大事故率

设备重大事故率是指因设备故障，导致生产停滞，出现重大经济损失或者人员伤亡的比率，是企业安全生产的重要指标。

$$设备重大事故率 = \frac{年设备重大事故次数}{实际开动的设备台数} \times 100\%$$

5. 设备可利用率（有效利用率）

设备可利用率是指设备的使用效率，即每年度设备实际使用时间占计划用时的百分比，是反映设备工作状态及生产效率的技术经济指标。

$$设备可利用率 = \frac{MTBF}{MTBF + MTTR + MWT} \times 100\%$$

（1）MTBF（Mean Time Between Failures）即平均故障间隔，表示设备故障发生期间的时间平均值，标志设备的可靠性。MTBF的值越大越好。计算公式为

$$MTBF(时间/次) = \frac{总运行时间}{总故障次数}$$

例如，某设备在一个统计时间段内的使用情况为：400 h 运行→2 h 修理→1 200 h 运行→4 h 修理→800 h 运行→3 h 修理，MTBF是多少？

$$MTBF = \frac{400 + 1\,200 + 800}{3} = 800(h/次)$$

MTBF 可以有效反应设备的运行状态，可以将 MTBF 的公式稍微变换一下，即"MTBF = 产量/修理次数"，表示的是修一次设备可做多少个产品，从公式上可以看出 MTBF 越大，则表示设备的状态越好。

设备管理人员可以根据 MTBF 指标为设备维护提供依据，当设备的 MTBF 指标小于规定的标准值时即可安排设备维修，使 MTBF 始终维持在一个较高的水平。

（2）MTTR（Mean Time To Repair）即平均修理时间，表示设备故障发生期间修理时间的平均值，标志设备的可维修性。MTTR 的值越小越好。计算公式为

$$\text{MTTR(时间/次)} = \frac{\text{总修复时间}}{\text{总故障次数}}$$

例如，某设备在一个统计时间段内的使用情况为：600 h 运行→4 h 修理→1 500 h 运行→9 h 修理→900 h 运行→5 h 修理，MTTR 是多少？

$$\text{MTTR} = \frac{4+9+5}{3} = 6(\text{h/次})$$

同样的，把 MTTR 计算公式稍微变换一下，即"MTTR = 维修时间/产量"，表示的是每做一个产品的平均修理时间。MTTR 的值越小，设备的状态就越好。

（3）MWT（Mean Wait Time）即平均等待时间，表示设备故障发生后至维修时所需要等待时间的平均值，标志设备维修的组织效率。MWT 的值越小越好。计算公式为

$$\text{MWT(时间/次)} = \frac{\text{总等待时间}}{\text{总故障次数}}$$

例如，某设备出现过 3 次故障，各个故障在等待维修时分别花费的时间为 24 h、12 h 和 24 h，MWT 是多少？

$$\text{MWT} = \frac{24+12+24}{3} = 20(\text{h/次})$$

MWT 的值越小，表示故障等待的修理时间就越短，设备修理的效率就越高。

根据设备在数据采集周期内计算得到的 MTBF、MTTR 和 MWT，进行分析筛选。找出那些 MTBF 小、MTTR 大和 MWT 大的设备，这些设备就是需要进行预防保全的重点设备。

6. 生产设备完好率

生产设备完好率是指完好的生产设备在全部生产设备中的比重，是反映企业设备技术状况和评价设备管理工作水平的一个重要指标，也是设备管理的基本依据。

$$\text{设备完好率} = \frac{\text{完好设备台数}}{\text{设备总数}} \times 100\%$$

7. 设备故障停机率

设备故障停机率是指设备故障停机时间与设备应开动时间的百分比，反映了设备故障对生产活动的影响程度，也用于评价企业的维修水平。

$$\text{设备故障停机率} = \frac{\text{设备故障停机时间}}{\text{设备实际开动时间} + \text{设备故障停机时间}} \times 100\%$$

8. 设备综合效率

设备综合效率（Overall Equipment Effectivemess，OEE）是全面生产维护（Total Productive Maintenance，TPM）的重要组成部分。设备综合效率的本质是设备实际产量与设备理论产量的比值，它能够全面地反映设备的有效利用率，并通过时间损失分析为改善生

产模式提供必要的信息。在产品生产中，一般每台生产设备都有规定的理论产量，但是由于在实际使用过程中受到各种因素的影响，设备在生产过程中都会产生时间损失和质量损耗，致使设备难以达到最大利用率，导致实际产量和理论产量之间存在一定的差距。国际上通常采用 OEE 指标来反映设备实际生产能力和理论生产能力的差别。

OEE 作为一种独立测量工具用来表现实际的生产能力和理论产能的比值，是由时间开动率、性能开动率以及产品合格率三个关键要素的乘积组成的：

$$OEE = 时间开动率 \times 性能开动率 \times 产品合格率$$

其中，时间开动率是用来评价停工所带来的损失，包括引起计划生产发生停工的任何事件，如设备故障、换线换模、原材料短缺以及生产工艺的改变等。

$$时间开动率 = \frac{实际工作时间}{计划工作时间}$$

性能开动率是对生产速度损失的评价，所有对设备运行其最大速度产生影响的事物都是考虑的因素，如设备的磨损、设备的短暂停机、原材料的不合格以及操作人员的失误等。

$$性能开动率 = \frac{理论周期时间}{操作时间/总产量} = \frac{总产量/操作时间}{生产速率}$$

产品合格率是用来评价质量的损失，主要用来反映未达到质量要求的产品数量（包括返工、报废的产品），其计算为

$$产品合格率 = \frac{合格品数量}{总产量}$$

从设备管理的角度分析生产过程中的各种停机与损失，可以概括为六种损失，分别为停机损失、换线调试损失、暂停机损失、减速损失、启动次品损失、生产次品损失，六大损失与 OEE 的对应关系如表 6 – 8 所示。

表 6 – 8　六大损失与 OEE 的对应关系

六大损失类别	OEE 损失类别	说明
停机损失	时间开动率	表示由于大故障或突发故障导致的设备停机
换线调试损失	时间开动率	因更换装夹工具、设备调试等准备工作导致的损失
暂停机损失	性能开动率	常指 5 min 以下的停机，由操作员工能快速解决的停工问题
减速损失	性能开动率	任何影响设备达到最大运行速度的因素
启动次品损失	产品合格率	设备未达到正常运行速度时生产的不合格品
生产次品损失	产品合格率	设备正常运行过程中生产的不合格品

例如，某个设备某天工作时间为 8 h，班前计划停机 15 min，故障停机 30 min，设备调整 25 min，产品的理论加工周期为 0.6 min/件，一天共加工产品 450 件，有 20 件废品，求这台设备的 OEE。

（1）计算时间开动率。

计划工作时间 = 8 × 60 – 15 = 465（min）

实际工作时间 = 465 – 30 – 25 = 410（min）

时间开动率 = 410/465 ≈ 0.882（88.2%）

（2）计算性能开动率

性能开动率 = 450/410 × 0.6 ≈ 0.659（65.9%）

（3）产品合格率

产品合格率 =（450 − 20）/450 ≈ 0.956（95.6%）

（4）设备综合效率 OEE

OEE = 0.882 × 0.659 × 0.956 = 0.556（55.6%）

如果车间有 n 台设备，应先分别计算出各台设备的 OEE 数值，然后计算车间设备的整体综合效率，计算公式为

$$车间设备整体综合效率 = \frac{\sum_{i=1}^{n} 第\,i\,台设备\,OEE \times 第\,i\,台设备产量}{总产量}$$

二、设备维修智能化

设备维修智能化

众所周知，目前制造业生产领域中，设备的维修、更新换代不仅影响业务的发展，还是厂商控制成本增加竞争力的重要砝码。如何让自己的设备在激烈的市场竞争中保持良好的生产状态，最大化地发挥效能，节省成本、创造利润，这是厂商们亟须解决的问题，故此利用信息技术进行设备智能化维护的需求越发强烈，IT 解决方案便被推到企业面前。

依托日益发展的人工智能技术和大数据技术，设备维修智能化的应用场景包括以下两个方面：

（1）人工智能维修诊断与辅助。

设备维修过程中工人的经验是一笔巨大的财富，但是由于缺少有效的记录以及人才的流失，致使这些经验无法重用，造成维修资源的浪费和知识共享的缺乏。因此，需要借助人工智能技术，对海量的设备维修报告、设备运行参数中各类异常数据以及设备维修的操作记录等进行保存和挖掘，对设备故障诊断知识进行归类总结，构建设备故障诊断知识图谱，协助检修人员提升工作效率，缩短检修作业时间。人工智能维修诊断与辅助的示例如图 6 - 28 所示。

图 6 - 28　人工智能维修诊断与辅助的示例

（2）预测性智能诊断和远程运维。

预测性维修是在故障早期发现设备隐患和缺陷，进而主动采取干预措施的维修策略，这将大幅减少非计划性停机，从而提高制造效率、降低维修成本，是工业互联网重要的应用场景。采用智能传感单元 + 工业 App 的创新模式结合，同时将云计算和智能应用高度融合，提高用户体验和智能诊断准确性。结合 AR 智能眼镜的应用，构建现场故障监测→云

计算隐患排查→远程诊断报告→AR 辅助现场故障排查与处理的预测性智能维修闭环，如图 6-29 所示。

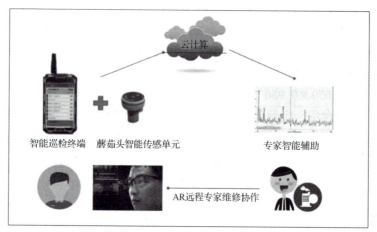

图 6-29　预测性智能诊断 + AR 远程维修协作系统

三、全员生产维护 TPM

TPM（Total Productive Maintenance），译为全员生产维护，是指从设备管理改善入手，由公司内全体部门、全部层级组织、所有人员参与的，以改善小组活动为载体的，最大限度地提高现有设备的利用率，实现设备利用的高安全性、高质量和防错性的设备维护管理制度。TPM 能使公司治理能力优化，创建能不断自我完善的企业生产经营管理体系，最终达到设备全生命周期内设备综合效率最大化，从而使企业达到降低成本和全面提升效率的目的。TPM 管理体系如图 6-30 所示。

全员生产维护

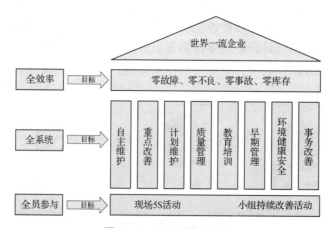

图 6-30　TPM 管理体系

1. TPM 的特点和目标

概括地说，TPM 的特点就是三个"全"，即全效率、全系统和全员参加。

（1）全效率：指设备寿命周期费用评价和设备综合效率。

（2）全系统：指生产维修系统的各个方法都要包括在内，即 PM（预防维修）、MP（维修预防）、CM（改良维修）、BM（事后维修）等都要包含。

（3）全员参加：指设备的计划、使用、维修等所有部门都要参加，尤其注重的是操作者的自主小组活动。

TPM 的目标可以概括为四个"零"，即停机为零、废品为零、事故为零、速度损失为零。

（1）停机为零：指计划外的设备停机时间为零。计划外的停机对生产造成冲击相当大，使整个生产过程发生困难，造成资源闲置等浪费。计划时间要有一个合理值，不能为了满足非计划停机为零而使计划停机时间值达到很高。

（2）废品为零：指由设备原因造成的废品为零。"完美的质量需要完善的机器"，机器是保证产品质量的关键，而人是保证机器好坏的关键。

（3）事故为零：指设备运行过程中事故为零。设备事故的危害非常大，影响生产不说，可能会造成人身伤害，严重的可能会"机毁人亡"。

（4）速度损失为零：指设备速度降低造成的产量损失为零。由于设备保养不好，设备精度降低而不能按高速度使用设备，等于降低了设备性能。

2. TPM 的内容

TPM 的主要内容分八个方面：

（1）自主维护。自主维护就是每一个操作人员维护和保养自己的设备，对自己的设备进行日常点检、加油、更换零件、修理、早期发现故障和校正精度等。

（2）个别改善。个别改善就是为了实现公司的经营方针和经营目标而进行的一些具体和重大的项目改善活动。开展个别改善需要解决三个问题：一是有效把握自己部门及岗位存在的问题和损耗；二是对照公司或部门目标，决定在某个时期内需要解决的项目；三是以最短的时间完成课题改善活动，达到改善目标。

（3）专业维护。专业维护就是专门的设备维护部门对设备进行预防维护和计划维护，并通过诊断技术来提高设备状况的预知力。将设备管理的职能进行细分是必要的，设备的日常管理交给生产部门进行自主管理，同时要拥有高水平、专业化的维护队伍。

（4）初期管理。设备和生产技术的初期管理是指通过生产技术革新，达到新产品的垂直导入（即在很短的时间内完成新产品的试验，并快速开始批量生产）以及设备的维护预防设计。

（5）事务改善。事务改善是间接部门的事务革新活动，TPM 是全员参与的持久的集体活动，没有管理间接部门的支持，活动是不可能持续下去的。活动的内容包括生产管理、销售管理、行政后勤管理以及其他间接管理业务的改善活动。事务改善的目的是改进管理系统，消除各类管理损耗，减少间接人员，提高办事效率，更好地为生产活动服务。

（6）环境改善。环境改善就是确保活动中的安全，消除困难作业、危险作业，消除任何可能引发灾害的各种隐患，创造适合人和设备的良好工作环境。企业应该杜绝污染、减少废弃物、节能降耗和实现资源再利用，全面开展环境保护活动。

（7）人才培养。企业的发展是靠培养人才和完全发挥人才的能力来达到的。为了有效推进 TPM 的实施，实现对现有工作的改进，企业的员工必须具备改善的意识，掌握各种必需的技能。企业和各个部门应该根据活动的要求，积极开展对员工的教育和培训工作，全面提升员工素质和各方面的能力。

（8）质量维护。质量维护就是进行抓住源头的事前管理质量活动，控制生产制造过程的各个环节，完成质量目标。传统的质量活动重点放在结果上，企业应该改变这种通过检查来确保产品质量的做法。

3. TPM 的推进

TPM 的推进，一般分四个阶段进行：

（1）准备阶段。引进 TPM 计划，创造一个适宜的环境和氛围。

（2）开始阶段。TPM 活动的启动仪式，广泛宣传，造出声势。

（3）实施、推进阶段。制定目标，落实各项措施，步步深入。

（4）巩固阶段。检查评估推行结果，制定新的目标。

TPM 推进各阶段的步骤和内容如表 6-9 所示。

表 6-9　TPM 推进各阶段的步骤和内容

阶段	步骤	主要内容
准备	①领导层宣传引进 TPM 的决心	以领导讲演宣布 TPM 开始，表示决心，公司报纸刊登
	②TPM 引进宣传和人员培训	按不同层次组织培训，宣传教育
	③建立 TPM 推进机构	成立各级 TPM 推进委员会和专业组织
	④制定 TPM 基本方针和目标	找出基准点和设定目标结果
	⑤制定 TPM 推进总计划	计划从 TPM 引进开始到最后评估为止
开始	⑥TPM 正式起步	举行仪式，宣布 TPM 正式开始
实施推进	⑦提高设备综合效率措施	选定典型设备，由专业指导小组协助攻关
	⑧建立自主维修体制	步骤、方式及诊断方法
	⑨维修部门建立维修计划	定期维修，预知维修，备品、工具、图纸及施工管理
	⑩提高操作和维修技能的培训	分层次进行各种技能培训
	⑪建立前期设备管理体制	维修预防设计，早期管理程序，寿命周期费用评估
巩固	⑫总结提高，全面推行 TPM	总结评估，接受 PM 奖审查，制定更高目标

6.5　课后练习

一、名词解释

1. 设备台账。

2. 故障字典。

3. 设备故障。

4. 预防性维护。

5. OEE。

二、单选题

1. 设备信息包括设备基本信息和设备运行信息，以下属于设备基本信息的是（　　）。

A. 设备台账　　　B. 设备监控　　　C. 设备故障　　　D. 设备巡检

2. 设备的运行状态可以通过一系列指标来反映，其中哪个指标反映了企业中设备的更新程度？（　　）

A. 完好率　　　B. 故障率　　　C. 役龄　　　D. 新度

3. 应对设备运行状态的评价等级主要分为四种状态，每种状态都对应相应的处理方式，其中对应小修改造处理方式的状态等级是（　　）。

A. 状态正常　　　B. 状态一般　　　C. 状态较差　　　D. 状态极差

4. 设备维护管理中有八个活动，其中用于对维护请求进行响应的活动是（　　）。

A. 维护定义　　　B. 维护调度　　　C. 维护执行　　　D. 维护跟踪

5. 设备维护活动中，通常所说的巡检、点检和保养属于以下哪一种类型的维护？（　　）

A. 响应性维护　　　B. 预防性维护　　　C. 预见性维护　　　D. 改进性维护

6. 计划保修制将设备维修分成了三级保养，以下哪种不属于三级保养中的内容？（　　）

A. 日常保养　　　B. 一级保养　　　C. 二级保养　　　D. 三级保养

7. 设备可利用率中，用于表示平均修理时间的对象是（　　）。

A. MTBF　　　B. MTTR　　　C. MWT　　　D. MDT

8. 设备可利用率中，用于表示平均故障间隔的对象是（　　）。

A. MTBF　　　B. MTTR　　　C. MWT　　　D．MDT

9. TPM 的特点不包括（　　）。

A. 全效率　　　B. 全系统　　　C. 全设备　　　D. 全员工

10. TPM 包含四个重要的目标，其中保证不能出现"机毁人亡"的现象属于（　　）目标。

A. 零停机　　　B. 零废品　　　C. 零事故　　　D．零损失

三、简答题

1. 设备维护管理中的八个活动是什么，各自起到什么样的作用？
2. 请简要描述设备维护的分类及相关含义。
3. 某设备一周的使用情况如下表：

	星期一	星期二	星期三	星期四	星期五
正常运行（小时）	12	16	8	12	12
维修（小时）	1		4	2	1

（1）计算该设备本周 MTBF（平均故障间隔时间）。

（2）计算该设备本周 MTTR（平均修理时间）。

4. 假设某台设备理论上加工 1 件产品只需 30 s，某一天的运转情况如下：运行时间为 12 h，分为 2 班运转；每班开始的前 10 min 开班会计划停机；这天发生了故障停机 50 min，设备参数调整花费 20 min；这天共加工产品 1 000 件，其中 50 件为废品。求这天该设备的 OEE。

5. 什么是 TPM？TPM 的主要内容是什么？

参 考 文 献

[1] 肖立埔,苏宏业,褚健. 基于IEC/ISO 62262标准的制造运行管理系统 [J]. 计算机集成制造系统,2011(17):1420-1429.

[2] IEC. Enterprise – control system integration Part 1:Models and terminology:IEC 62264 – 1:2013 [S]. Geneva:IEC,2013.

[3] IEC. Enterprise – control system integration Part 2:Objects and attributes for enterprise – control system integration:IEC 62264 – 2:2013 [S]. Gennva:IEC,2013.

[4] IEC. Enterprise – control system integration Part 3:Activity models of manufacturing operations management:IEC 62264 – 2:2013 [S]. Gennva:IEC,2016.

[5] 中华人民共和国国家质量监督检验检疫总局,中国国家标准化管理委员会. GB/T 4091—2001常规控制图标准 [R]. 北京:中华人民共和国国家质量监督检验检疫总局,2001.

[6] 工业和信息化部,国家标准化管理委员会. 国家智能制造标准体系建设指南(2018年版)[R]. 北京:工业和信息化部,2018.

[7] 工业互联网产业联盟. 工业互联网平台白皮书(2017)[R]. 北京:工业互联网产业联盟,2017.

[8] 中国电子技术标准化研究院. 制造执行系统(MES)规范:第9部分:机械加工行业制造执行系统软件功能:SJ/T 11666.9—2016 [S]. 北京:中国电子技术标准化研究院,2016.

[9] 彭振云,高毅,唐昭琳. MES基础与应用 [M]. 北京:机械工业出版社,2019.

[10] 邓华. 生产计划与控制 [M]. 北京:中国纺织出版社,2017.

[11] 王爱民. 制造执行系统(MES)实现原理与技术 [M]. 北京:北京理工大学出版社,2014.

[12] 刘小棠,杨涛. 车间管理与MES的基础应用 [M]. 四川:西南交通大学出版社,2020.

[13] 江平宇,张富强,付颖斌. 服务型制造执行系统理论与关键技术 [M]. 北京:科学出版社,2019.

[14] 黄培. MES选型与实施指南 [M]. 北京:机械工业出版社,2021.

[15] 陈明,梁乃明. 智能制造之路:数字化工厂 [M]. 北京:机械工业出版社,2020.

[16] 柯裕根,雷纳尔·戴森罗特. HYDRA制造执行系统指南:完美的MES解决方案 [M]. 北京:电子工业出版社,2017.